國家圖書館出版品預行編目資料

六朝形神思想與審美觀念　周靜佳　著／六朝美學中的形神思
想之研究　呂昇陽　著 — 初版 — 台北縣永和市：花木蘭文化
出版社，2008〔民 97〕
目 2+112 面＋序 2+ 目 2+96 面：19×26 公分
（中國學術思想研究輯刊 二編：第 16 冊）
ISBN：978-986-6528-17-0（精裝）
1. 魏晉南北朝哲學　2. 玄學　3. 自然美學
123　　　　　　　　　　　　　　　　　　97016544

ISBN - 978-986-6528-17-0

9 789866 528170

中國學術思想研究輯刊
二　編　第十六冊　　　　　ISBN：978-986-6528-17-0

六朝形神思想與審美觀念
六朝美學中的形神思想之研究

作　　者　周靜佳／呂昇陽
主　　編　林慶彰
總編輯　杜潔祥
出　　版　花木蘭文化出版社
發 行 所　花木蘭文化出版社
發 行 人　高小娟
聯絡地址　台北縣永和市中正路五九五號七樓之三
　　　　　電話：02-2923-1455 ／傳眞：02-2923-1452
網　　址　http://www.huamulan.tw 信箱 sut81518@ms59.hinet.net
印　　刷　普羅文化出版廣告事業
封面設計　劉開工作室
初　　版　2008 年 9 月
定　　價　二編 28 冊（精裝）新台幣 46,000 元

六朝形神思想與審美觀念

周靜佳 著

作者簡介

周靜佳，台北市人。國立台灣大學中國文學系、中國文學研究所碩士畢業，台灣大學中國文學研究所博士生。現任南台科技大學通識中心專任講師，著有《六朝形神思想與審美觀念》，編撰《相遇的因果與緣份》。

提　　要

　　本論文從六朝名士風神，上述其精神之源，以及「形」「神」的含義與形神思想的背景，並旁及當時相關的藝術觀念。除了緒論、結論之外，從調理自身、入處人群、面對自然，及至感物而作的藝術，依序展開討論：

　　首章說明六朝形神觀念運用的範圍及意義；第一節基於釋名彰義的原則，就先秦以來的材料，分別界定「形」「神」的意義；第二節則交代促進形神觀念與思考的背景，就當時量才觀人、見貌徵神的方法，玄學思想有無本末的討論，以及佛教在這個問題上所帶來的影響，分三段加以討論，以了解形神觀念運用廣泛的原因。

　　第二章體道養神，論述精神的自覺與生命的態度：第一節討論莊子道與神的意義，以及養神的工夫；第二節就現實人生形神關係加以討論，認識形神的主從性與依存性；第三節依序由王何、嵇阮、向郭的觀念，討論當時理想人格的境界。

　　第三章名士風神，主要說明人物風神的展現與互相賞美的活動：第一節從言語思理、神采風儀乃至姿貌形容，敘述人物賞美由形得神的美感活動與美感滿足；第二節從人物賞美的讚辭與高下的評斷，歸結名士風流的精神特質；第三節說明形神相親的意義，並討論名士風神與莊子精神的差異，以及名士末流忘本學跡的現象。

　　第四章興會感神，說明人與自然的關係，以及興會感應乃至創作的問題：第一節從自然山川與自自然然之道的關係，說明慕求自然之道而寄身自然山川，怡志養神的原因；第二節討論人們對自然山川的賞美，並以之譬喻理想人格之美；第三節由自然物色起情興感，談藝術創作之動機，並說明藝術創作以自然為美的原則。

　　第五章藝術創作的形與神，分別討論作者、作品、讀者的問題：第一節從文學構思的神與物遊，以及繪畫遷想妙得的方法，討論藝術創作的神思活動，以及作者精神在整個創作過程的地位；第二節從繪畫的以形寫神，文學創作的巧構形似，討論從情思表現為作品，形式與風格的問題；第三節由欣賞者乃至創作者，說明藝術創作與欣賞皆是暢神的活動，從中可得精神的悅樂。

　　結論綜合人物、自然與作品，說明精神活動的意義，並從神形不離的觀點，說明精神活動與形體形式的問題，進而探討作者、作品、讀者三者之間的關係，用以總述六朝發揚精神情性與創造藝術形象所成就的美感意識與活動。

目次

序　言

　　在我研究所修課的過程中，《世說新語》一書的研讀，引起我很大的興趣。書中「形神相親」的人物風采，「神超形越」的悠然遠想，以及傳神阿堵的藝術手法……等，多處涉及「形」與「神」的概念，並皆與美感的活動相關；本論文即由此引發，從六朝名士風神，上溯其精神之源，以及「形」「神」的含義與形神思想的背景，並旁及當時相關的藝術觀念。除了緒論、結論之外，從調理自身、入處人群、面對自然，乃至感物而作的藝術，依序展開討論：

　　第一章緒論，首先說明六朝形神觀念運用的範圍及意義：第一節基於釋名章義的原則，就先秦以來的材料，分別界定「形」「神」的意義；第二節則交代促進形神觀念與思考的背景，就當時量才觀人、見貌徵神的方法，玄學思想有無本末的討論，以及佛教在這問題上所帶來的影響，分三段加以討論，以了解形神觀念運用廣泛的原因。

　　第二章體道養神，論述精神的自覺與生命的態度：第一節論莊子道與神的意義，以及養神的工夫；第二節就現實人生形神關係加以討論，認識形神的主從性與依存性；第三節依序由王何、嵇阮、向郭的觀念，討論當時理想人格的境界。

　　第三章名士風神，主要說明人物風神的展現與相互賞美的活動；第一節從言語思理、神采風儀乃至姿貌形容，敘述人物賞美由形得神的美感活動與美感滿足；第二節從人物賞美的讚辭與高下的評斷，歸結名士風流的精神特質；第三節說明形神相親的意義，並討論名士風神與莊子精神的差異，以及名士末流忘本學跡的現象。

　　第四章興會感神，說明人與自然的關係，以及興會感應乃至創作的問題：

第一節從自然山川與自自然然之道的關係，說明慕求自然之道而寄身自然山川，怡志養神的原因；第二節討論人們對自然山川的賞美，並以之譬喻理想人格之美；第三節由自然物色起情興感，談藝術創作的動機，並說明藝術創作以自然爲美的原則。

第五章藝術創作的形與神，分別討論作者、作品、讀者的問題：第一節從文學構思的神與物遊，以及繪畫遷想妙得的方法，討論藝術創作的神思活動，以及作者精神在整個創作過程的地位；第二節從繪畫的以形寫神，文學創作的巧構形似，討論從情思表現爲作品，形式與風格的問題；第三節由欣賞者乃至創作者，說明藝術創作與欣賞皆是暢神的活動，從中可以獲得精神的悅樂。

結論綜合人物、自然與作品，說明精神活動的意義，並從神形不離的觀點，說明精神活動與形體形式的問題，進而探討作者、作品、讀者三者之間的關係，用以總述六朝發揚精神情性與創造藝術形象所成就的美感意識與活動。

六朝文士在混亂黑暗的環境中，掙扎追求精神生命的自由；用自然眞誠的情意，滋潤綻放藝術的風華。探討六朝由思想至審美的「形」「神」觀念，亦正是由人的問題出發，對生命與美的深思。

形神問題是與生命同在的問題，在探討六朝形神觀念的同時，亦有助於自身的反思。然而才既不敏，慮復不周，以至論文的進展一再落後，感謝廖師蔚卿的指導與提醒，以及這段期間爲我的延宕而擔心。無論在家中或研究室，廖師爲我解說疑義、討論問題，乃至興起，不禁起身而笑的神采，使我不需揣想古人，而親見人物之美，只惜無傳神之筆，可使躍然紙上。

第一章　緒　論

　　形神問題，在中國思想史上，自先秦便已提出，兩漢也有陸續的討論。直至六朝，玄學家注《易》解《莊》，都曾就「神」字申論；道教徒服食養生，亦不免「形」「神」的探討；加以佛教神滅、神不滅的激烈論辯，更促使文人學者對「形」「神」的注意與反省。又如人物品鑒的「瞻神見貌」、《世說新語》的名士風神，以及文論的「神思」、畫論的「傳神」，可見六朝關於形神的討論，並不止於哲學思想的論題，實擴及生活動靜舉止的美感與藝術創作評賞的要求。

　　宗白華在《美學散步》中曾說：「漢末魏晉六朝是中國政治上最混亂，社會上最苦痛的時代，然而卻是精神史上極自由、極解放，最富於智慧、最濃於宗教熱情的一個時代。因此也就是最富有藝術精神的一個時代。」如其所言，六朝書畫詩文、造象寺院光芒萬丈的成就，乃是美感心靈高度的創作，而美感心靈──藝術精神則來自精神的自由、解放，更植基於錢穆先生所言「個人之自我覺醒」。〔註 1〕形神問題正是扣緊了人生命的問題，是對人存在本質的覺醒與辨析，唯有在自我生命醒悟與自覺之下，才可能開展蓬勃豐沛、推陳出新的文學藝術。因此，六朝藝術多彩多姿、璀璨驚人的成就，與此時形神問題的擴大面向，並不能視爲偶然的關聯，反而透過了「形」「神」的角度，可以幫助我們思考六朝對人與藝術的整體概念，了解「形」「神」如何成爲六朝（以至於後代）審美的觀念與理想。

〔註 1〕錢穆先生〈國學概論〉

第一節　形神釋義

一、釋　形

　　《說文》：「形，象也。」段注：「象，當作像，謂像似可見者也。」如《說文·敘》所言：「象形者，畫成其物，隨體詰詘。」雖然是說明造字的方法，但同時也指出「形」乃是可見可辨的物狀象貌，故可「擬諸其形容」。〔註2〕《易·繫辭》：「在天成象，在地成形，變化見矣。」《呂氏春秋·君守篇》：「天無形而萬物以成，至精無象而萬物以化。」又如《孟子·梁惠王上》：「不為者與不能者之形何以異？」可見由宇宙自然形形色色的物象、生態，乃至人身的體貌形容，因其可見，皆以「形」稱之，如形勢、形態、形跡、形器，以及形相、形容、形貌、形狀、形藏、形體、形骸等等，甚至人文繪畫雕塑之圖象造形，亦不離「形」的範疇。〔註3〕

　　《易·繫辭疏》又解「形」為「有質之稱」。「質」有本質、形質等義，如《論語·衛靈公》：「君子義以為質。」也就是說，「形」——可見可辨的狀貌樣態，乃是某種本體、本質因內符外的表現。《廣雅·釋詁三》：「形，見（現）也。」可見「形」也有表現、顯示等動詞性的意義，如：

　　　　誠則形，形則著，著則明。（《禮記·中庸》）

　　　　有諸內必形諸外。（《孟子·告子下》）

　　　　唯仁之為守，唯義之為行，誠心守仁則形。……善之為道者，不誠
　　　　則不獨，不獨則不形，不形則雖作於心，見於色，出於言，民猶若
　　　　未從也。（《荀子·不苟篇》）

由此，可以對「形」字有更深入的了解。亦即具體可見的外形，實與一內在的本質本體密切相關，是此一內在本質的外符，且是自然流露、無可偽作的。前例中，外在的聲色雖可強作，但若不是「有諸內」而「形諸外」，仍是會被

〔註2〕　《易·繫辭》：「聖人立象以盡意」「夫象，聖人有以見天下之賾，而擬諸其形容。象其物宜，是故謂之象。」「象」在《易》中有特殊的指稱，但實本於其「形象」（名詞）、「象法」（動詞）的意涵而來。前者與「形」同義，後者則有模擬，象徵，取法的意思，如「象其物宜」之「象」即是。又如《國語·周語》：「釐改制量，象物天地。」注云：「取法天地之物象也。」

〔註3〕　《爾雅·釋言》即云：「畫，形也。」繪畫雕塑本身即是形象的藝術，至於創作者如何構思、呈現這藝術形象，也未嘗脫離「形」——成形，表現的問題。由此，即連文藝創作的表達，也屬於這個問題。詳後章。

識破的。是以沛然盈滿的內質必流露成形於外，而外在的形貌亦必根源於其內裡的質性；無論因內符外，或是持外以驗內，具體可見、可辨之「形」，便是唯一可以把持、檢驗的憑藉。因此，天地變化的作用，必藉天之「象」、地之「形」以顯；人物內在的本質、活動，亦必顯示於形容色貌、肢體動靜，乃至其所創作的藝術形象。明乎此，則「形」除了具象可見的本義外，更值得注意的是「形」作為其內在質性的外在符驗，其間的關聯與意義。唯有如此，才能深究「形」的意涵及根源，而非僅止於表象而已。相對的，「神」字的意義與用法，卻因無可執之表象，而顯得抽象難明。

二、釋　神

《說文》：「天神，引出萬物者也。」（徐灝箋云：「天地生萬物，物有主之者曰神。」）在此所謂「神」，是指超自然性質的崇拜對象，如同《禮記・祭法》所言：「山陵、川谷、丘陵、能出雲、為風雨、見怪物皆曰神。」是具有不可知力量的多數存在，故有所謂四方之神、山川之神。《尚書・堯典》有「徧於群神」之說，他如「諸神」、「百神」之語亦極普遍。然而當其用為「一神」的觀念，則與「天」（人格天）或「帝」同義，為原始信仰中，天地人間的最高主宰。如《左傳・莊公三十二年》：「吾聞之，國將興，聽于民，將亡，聽于神。神，聰明正直而壹者也。」

「神」作為自然界多神的崇拜，以及最高的主宰。隨著此最高主宰——「神」「帝」，政治意味的增強（具有禍福、興亡國家、政治的權力），在政治上，前代死去的先王亦以「神」字冠於其上，如《尚書・盤庚》之「予念我先神后之勞我先」，所謂「我先神后」乃指前代死去的殷王。如此以死去的祖先（特別是君王的祖先）為「神」，可見「神」作為超自然的存在，除了山川陵谷、天地間不可知的人格神等，亦包含有人死而成者。古籍中常以「鬼神」並稱，固包含「人鬼」與「天神」，《禮記・祭法》即明言：「人死為鬼」，然而「神」字是否也用於人？《禮記・祭義》所記宰我與孔子的問答，有如下的說明：

> 宰我曰：「吾聞鬼神之名，而不知其所謂。」

> 子曰：「氣也者，神之盛也；魄也者，鬼之盛也；合鬼與神，教之至也。眾生必死，死必歸土，此之謂鬼。骨肉斃於下，陰為野土；其氣發揚于上，為昭明，焄蒿，悽愴，此百物之精也，神之著也。」

又如《論衡·論死篇》所言：

> 鬼神，荒忽不見之名也。人死精神升天，骸骨歸土，故謂之爲鬼。
> 鬼者歸也。神者荒忽無形者也。或説鬼神，陰陽之名也。陰氣逆物
> 而歸，故謂之鬼；陽氣導物而生，故謂之神。神者伸也，申復無已，
> 終而復始。人用神氣生，其死復歸神氣。陰陽稱鬼神，人死亦稱鬼
> 神。

《禮記·祭義》以眾生死歸於土爲鬼，指的是骨肉形骸的部份，同時仍有「百
物之精」的「氣」發揚于上，爲「神之著」。《論衡》則明白指出「人死亦稱
鬼神」，而以陰氣、陽氣來分別。因此，「鬼神」除了指「人鬼與天神」，也可
專就人之死者而言鬼神，如勞思光先生所言：

> 「神」與「鬼」並稱，遂與「天」或「帝」之意義益遠，而轉與「人
> 之靈魂」一觀念接近。〔註4〕

由此可知，人死非僅稱鬼，亦可稱之爲「神」：

> 於是，諭其志意，以其恍惚以與神明交，庶或饗之。（《禮記·祭義》）

> 故葬埋，敬藏其形也；祭祀，敬事其神也。（《荀子·禮論》）

六朝名教社會討論禮法，對招魂安葬的爭議，也牽涉到人死之「神」：

> 聖人制殯葬之意，本以藏形而已，不以安魂爲事，故既葬之日，迎
> 神而返，不忍一日離也。（晉、孔衍〈禁招魂葬議〉）

> 神靈止則依形，出則依主，墓中之座，廟中之主，皆有綴意仿佛耳。
>
> （晉·公沙歆〈宜招魂葬論〉）

又如潘岳爲其亡友之妻，敘孤寡之心，則有〈寡婦賦〉云：「痛存亡之殊制兮，
將遷神而安厝」。至於六朝盛行的形盡神滅、或神不滅的論辯，以其所辯爲人
死之後是否有輪迴的主體，則其所謂「神」，亦與招魂之「神」、安厝所遷之
「神」同義，皆就人死之後而言。

　凡此，作爲「人格神」的崇拜，除了天神、百神、群神等，指稱自然界
神祕力量的主宰外，鬼神、神仙，都與人死、或人的神化有關。其他如神明、
神靈、神祇，亦不專指自然界的主宰。前二者已分見於前例，神祇之例，如：

> 子疾病，子路請禱。子曰：「有諸？」子路對曰：「有之。誄曰：『禱
> 爾於上下神祇。』」子曰：「丘之禱久矣。」（《論語·述而篇》）

〔註4〕 《中國哲學史》一冊第二章〈古代中國思想〉C之（二）中國古代之「神鬼」
　　　觀念。

紂越厥夷居，不肯事上帝，棄厥先神祇不祀。（《墨子・天志中》）

天曰神，地曰祇，子路所謂的上下神祇，指的是天地之神（自然）；墨子所謂的「先神祇」，則是指殷的先王（人）。至於專指人死之神者，除了前文之例，尚有王粲〈傷夭賦〉「強魂神之形影，羌幽冥而弗迕」、高貴鄉公〈傷魂賦〉「精魂忽已消散，神眇眇而長違」、潘岳〈寡婦賦〉「亡魂逝而永遠兮，時歲忽其遒盡」等。（其中多涉及精、靈、魂、魄等詞。由於這些詞語，在下文討論人的精神主體時又會出現，故留後討論。）

由此觀之，超自然的人格神，大部份仍指向人自身，特別是人對死後荒忽無形、幽微難測所作的存在想像。至於天神等自然主宰，未嘗不是人對於自然界種種奇異力量的臆測想像和人格投射。而「人格神」的臆想與崇拜，實又與「神」字所指涉的隱匿微妙的變化作用密切相關：

神也者，妙萬物而爲言者。（《易・説卦》）

一陰一陽之謂道……陰陽不測之謂神。（《易・繫辭》）

《易・繫辭注》云：「神也者，變化之極，妙萬物而爲言，不可以形詰者也，故曰『陰陽不測』……是以明兩儀以太極爲始，言變化而稱極乎神也。」便是以「神」爲微妙難窮，不可形見的莫測變化。程伊川在《周易傳》中解釋〈觀卦・彖傳〉「觀天之神道，而四時不忒。聖人以神道設教而天下服矣。」即言「天道至神，故曰神道。觀天之運行，四時無有差忒，則見其神妙。……」類似的用法在《易・繫辭》中隨處可見，如：

神而明之存乎其人。

精義入神，以致用也。

窮神知化，德之盛也。

以「神」爲宇宙自然之氣聚散不測之妙，是偏重作用而言，《近思錄》引程顥云：「蓋上天之載，無聲無臭，其體則謂之易，其理則謂之道，其用則謂之神」，即是就作用而言「神」。然而當其「體」「用」難分，則形況作用之「神」，未嘗不指稱著作用的本體，如《易・繫辭》：

範圍天地之化而不過，曲成萬物而不遺，通乎晝夜之道而知，故神無方而易無體。

子曰：「知變化之道者，其知神之所爲乎？」

易無思也，無爲也，寂然不動，感而遂通天下之故。非天下之至神，

　　其孰能與於此？

至於《易‧繫辭》「以通神明之德，以類萬物之情」，《莊子‧天下篇》「獨與天地精神往來，而不敖倪於萬物。」更清楚地指向宇宙自然的本體。

三、精神與神氣

　　「神」字扣緊它「變化莫測」、「精微靈妙」、「無可形見」的意涵，在宇宙自然的範疇中，用以形況其作用，甚而就自然的奇異作用，想像此作用之主——人格神超自然的存在，乃至脫離人格神的神祕質性，直指宇宙自然的形上本體。至於「神」字施用於人者，前文關於人死之後的神靈、神魂等，雖是就人來討論，卻是對人死之後存在的臆想，實應判入超自然的部份。真正涉及人生現實層面者，則可依宇宙自然的本體、作用之例來討論。

　　　　人之神則天地之神，……神無所在，無所不在。至人與他人心通者，

　　　　以其本於一也。道與一，神之強名也。（邵雍〈觀物外篇〉）

人本自然而生，天地有「神」，人亦有「神」，人之「神」上與道通，是人之主宰、生命的主體，是感通物我、交通人際之本。人之「神」又稱為「神明」、「精神」，乃至「靈神」、「神爽」、「精爽」、「魂爽」以及「魂」「魄」等，以人的「氣」為動力，「情」、「性」為內涵，是人思慮、志意等一切活動之所出。亦即人一切精微的精神心靈活動，如心智、思想、感情、想像，乃至言語、創作等，都由此廣義的「精神主體」所出，皆屬於此「神」的作用。

　　《楚辭‧遠遊》云：「保神明之清澄兮，清氣入而粗穢除。」「神明」一詞，不只用於自然之人格神與人死受饗之神，亦用於人的精神。至於「精神」一詞，首見於《莊子》外雜篇，「精」字本義為米之潔美者，有粹潔專一的意思，《管子‧內業篇》注云：「精謂神之至靈者也」。《魏書‧管輅傳》注引〈管輅別傳〉亦云：「夫物不精不為神」。由於「神」為人之本質，亦即人之精粹所在，故「精」「神」二字並稱，以至連用成詞。「精神」一詞例多不舉，以下舉並稱之例，如：

　　　　外乎子之神，勞乎子之精。（《莊子‧德充符》）

　　　　聖人愛寶其神則精盛。（《韓非子‧解老篇》）

　　　　精通乎天地，神覆乎宇宙。（《呂氏春秋‧本生篇》）

　　　　精移神駭。（曹植〈洛神賦〉）

　　精浮神淪，忽在世表。（陸機〈歎逝賦〉）

　　存神忽微，遊精域外。（張華〈歸田賦〉）

　　豈值驚安竦寐，乃以暢精悟神。（顧愷之〈雷電賦〉）

「靈」字本指事神之巫，亦用以指神，如《楚辭・九歌雲中君》即用指雲神：「靈皇皇兮既降，猋遠舉兮雲中」。至如「靈座」「靈襯」等，則用以指人死之神。同時「靈」字亦有精明機敏之意，與「神」字精微變化的意思接近，故有「神」「靈」並用及連用之例，如曹植〈七啓〉：「澄神定靈，輕祿傲貴」，及阮籍〈詠懷詩〉「樂極消靈神，哀深傷人情」。至於「神爽」、「精爽」、「魂爽」等詞，由於「爽」意為「明」，乃是仿「神明」而結合成詞者，如：

　　多惡則神爽奔騰。（後人僞託老子之〈養生要訣〉）

　　營魄懷茲土，精爽若飛沈。（陸機詩）

　　形影尸立，魂爽飛沈。（王粲詩）

《左傳・昭公二十五年》有：「心之精爽，是謂魂魄」，精爽即是神明，故魂魄與人之神明關係密切。關於魂魄的解釋極多，《左傳疏》言之最明：「附形之靈爲魄，附氣之神爲魂」。《禮記・郊特性》即有所謂「魂氣歸于天，形魄歸於地」之說。魂魄是人生命的要質，故以魂飛魄散喻死，「魂魄去而精神亂」（《韓非子・解老篇》）。詩文中並常以「魂遷」、「魂遊」來比喻人因心思情意專注而忘形「出神」的情景，如應瑒〈正情賦〉「魂翩翩而夕遊，甘同夢而交神」、謝朓〈宣城郡內登望詩〉「恨望心已極，惝怳魂屢遷」。

　　討論過總稱人「神」各種詞彙之後，首待說明的是神與氣的關係。《易・乾卦・彖辭》：「大哉乾元，萬物資始」，《九家易》謂「元者，氣之始」，於是便將最根本，最原始與最初狀態的氣稱作「元氣」，如《淮南子・天文訓》言：「道始於虛霩，虛霩生宇宙，宇宙生元氣，元氣有涯垠」（「元氣」原作「氣」，依莊逵吉校補）以「元氣」爲實存世界之始並作成萬物。人的生命便與氣密切相關，《莊子・知北遊》曰：「人之生，氣之聚也。聚則爲生，散則爲死。」《淮南子・原道訓》云：「氣者，生之充也。」由於「元氣」又分化成各種不同性質的氣，如陰氣、陽氣、形氣、精氣等，則不僅人的身體由氣（形氣）所構成，「氣者，身之充也」（《管子・心術下》），人的精神也是由特殊的氣——「精氣」所構成，故《管子・內業》言：「精也者，氣之精者也」《白虎通・性情篇》云：「精神者何謂也？精者，靜也，太陰施化之氣。……

神者，恍惚，太陽之氣也。」《大戴禮記‧曾子天圓篇》謂：「陽之精氣曰神。」《禮記‧聘義》鄭玄注曰：「精神，亦謂精氣也」。都是將人的精神現象，看成是「精氣」活動的表現。從這個角度，不僅對「精」「神」合稱，有更根源性的了解，同時也能了解道教思想煉氣養神之所本。無論形氣或精氣，「氣」作為構成生命的物質基礎則一，是以徐復觀先生曾解道：氣「指的是一個人的生理地綜合作用；或可稱之為『生理地生命力』」（《中國藝術精神‧釋氣韻生動》）。經由氣能動的活力與作用，人內在的精神生命才得以顯揚。孟子「集義所生」的「浩然之氣」，雖不涉及物質性，但仍是以「氣」作為一種力量（精神力量）的表現，因此人物品評常以觀人「神氣」作為品鑑重點，詩文中亦多出現「神氣」一辭，如嵇康〈琴賦〉「導養神氣」、〈幽憤詩〉「神氣晏如」、江淹〈恨賦〉「神氣激揚」等，任秀昇〈為蕭揚州薦士表〉則有「神清氣茂」一語。

四、神與情性心靈

人類既稟氣而生，「生之所以然者謂之性」（《荀子‧正名篇》），「性之所發」為情（《朱子語類》），因此，性情乃人生而具有的質性，是以《申鑒‧雜言下》言：「有神斯有好惡喜怒之情」，伏義〈與阮嗣宗書〉有「娛情養神」一語，而「神情」一詞在人物品評中更是普遍。《申鑒》又言：「生之謂性也，形神是也」，王船山《正蒙注》亦云：「物莫不含神而具性，人得其秀而最靈者爾。」清楚說明了神、性與生俱有，故謝靈運有「援紙握筆，會性通神」之語（〈山居賦〉）。

「神」既以情性為內涵，從而興動種種作用，嵇康〈琴賦〉所謂「班倕騁神」，即是「神」的運用，《文心雕龍‧養氣》篇更清楚地指出「心慮言辭，神之用也」。《淮南子‧俶眞訓》有：「神者，智之淵也，淵清者，智明矣。」陶潛〈感士不遇賦〉云：「稟神智以藏照，兼三五而垂名」。智由「神」出，故思慮乃「神」之作用：

> 馳神運思，晝詠宵興。（孫綽〈遊天台山賦序〉）

> 思勞於萬機，神馳於宇宙。（葛洪《抱朴子‧論仙》）

> 瑤台夏屋不能悅其神，土室編蓬未足憂其慮。（劉孝標〈辯命論〉）

一般又以思慮為心靈的活動，事實上「心」「神」二字常並用，且結合成詞。「心」作為人的器官之一，仍有屬「形」的意義，但若純就抽象的層面而言，

所謂「心靈」，——亦即「心神」，也就是人的精神本體。於此，「心」「神」並無二致。是以心念爲「意」，心之所之爲「志」，「意」「志」亦常與「神」並用：

> 貽宴好會，不常厥數。神心所受，不言而喻。（應貞〈晉武帝華林園詩〉）

> 容華外豔，心神內正。（張華〈感婚賦〉）

> 宣尼遊沂津，蕭然心神王。（桓偉〈蘭亭詩〉）

> 寥亮心神瑩，含虛映自然。（支遁〈詠懷詩〉）

> 心神恆獨苦，寵辱橫相驚。（北周·亡名〈五苦詩〉）

> 潛志百氏，沈神六經。（江淹〈知己賦〉）

> 可以通靈感物，寫神喻意。（馬融〈長笛賦〉）

> 使人意奪神駭，心折骨驚。（江淹〈別賦〉）

> 形態和，神意協。（傅毅〈舞賦〉）

「心」「神」在用法上既如此重合，所謂心靈活動，亦即「精神活動」。但若再加細分，可以發現「神」除了與「心靈」同義，作爲精神的主體之外，尚代表一種超越心思志慮等作用，清靜純明的精神狀態，甚至是心靈處於某種特殊狀況下，自然表諸形體的一種風貌。《管子·內業篇》：「治之者，心也；安之者，心也。心以藏心，心之中又有心。」則是心除了能思能感的作用外，同時又是安治思慮情感的主體。所以第一個層面的「神」同於思感的心靈，第二個層面的「神」卻待心靈安治而後出。〔註5〕《淮南子·精神訓》言：「心者，形之主也，而神者，心之寶也。」傅玄〈正心〉言：「心者，神明之主，萬物之統也。」邵雍在〈觀物外篇〉更明言「神統於心」，則是神乃心之精寶，由心之精粹所出。故揚雄《法言·問神》以潛心爲神，〔註6〕《文子·道德篇》曰：「上學以神聽之，中學以心聽之，下學以耳聽之。」便是以經過修爲，第二層面的「神」超於「心」之上。

〔註5〕 錢鍾書在《談藝錄》中亦言「神有二義」：有待養之「神」，以及超越思慮見聞，別證妙境之神。（見《談藝錄·附說八》）

〔註6〕 《法言·問神》：「或問神，曰心。」「昔者仲尼潛心於文王矣，達之；顏淵亦潛心於仲尼矣，未達一間耳。神在所潛而已矣！天神明天，照知四方；天精天粹，萬物作類，人心神矣乎！」

五、神明與神妙

　　欲達此別證妙境之「神」，唯有調心攝形，清正思慮，才能通於神明，自至神明之極。而此第二層面的靈明之神，不僅是一種精神生命的力量，諸如精神飽滿，炯炯有神之外，同時也成為一種生命的境界，如：

> 可欲之謂善，有諸己之謂信，充實之謂美，充實而有光輝之謂大，大而化之之謂聖，聖而不可知之之謂神。(《孟子‧盡心下》)

> 盡善挾治之謂神。(《荀子‧儒效篇》)

> 知幾其神乎。(《易‧繫辭》)

> 精神盛而氣不散則理，理則均，均則通，通則神。(《淮南子‧精神訓》)

當然，這種以「神」為高明之境的用法，與「神」字形況靈妙作用的本義實不可分，且彷彿有比擬超自然神靈的意味，然則「神」字實可說是人面對一切高明難及、精妙難測的存有與作用，衷心所發的一聲讚嘆！《禮記‧孔子閒居》云：「清明在躬，志氣如神。」〈中庸〉云：「至誠如神」、江淹〈雜體詩〉有：「處順故無累，養德及入神。」此外，人的思理、才致、美色、乃至光華、琴聲、劍技，當其高妙難言、無以名之，皆嘆之如神：

> 性與道合，思若有神。(孔融〈薦禰衡表〉)

> 才捷若神，形難為象。(曹植〈七啟〉)

> 翩翩我公子，機巧忽若神。(曹植〈侍太子坐詩〉)

> 榮華相晃耀，光采曄若神。(曹植〈靈芝篇〉)

> 彈箏奮逸響，新聲好入神。(曹植詩)

> 策出無方，思入神契。(陸機〈漢高祖功臣頌〉)

> 修標多巧捷，丸劍亦入神。(鮑照〈學古詩〉)

至如以「神」與他字結合成詞，指述、形容人的精神風貌與活動，乃至形容其他精怪的現象、特有的物類等，真是不勝枚舉。以支遁詩為例，即有：

> 玄根冥靈府，神條秀形名。(〈四月八日讚佛詩〉)

> 淳白凝神宇，蘭泉澣色身。(〈詠八日詩〉)

> 匠者握神標，乘風吹玄芳。(〈五日長齋詩〉)

> 蕭索情牖頹，寥朗神軒張。(〈五日長齋詩〉)

隗隗形崖顑，同同神宇散。（〈詠懷詩〉）

神理速不疾，道會無陵騁。（〈詠懷詩〉）

窮理增靈薪，昭昭神火傳。（〈詠懷詩〉）

昔聞庖丁子，揮戈在神往。（〈詠大德詩〉）

交樂盈胸襟，神會流俯仰。（〈詠大德詩〉）

投一滅官知，攝二由神遇。（〈詠禪思道人詩〉）

不爲故爲貴，忘奇故奇神。（〈詠八日詩〉）

濯足戲流瀾，採練銜神蔬。高吟漱芳醴，頡頏登神悟。（〈述懷詩〉）

支遁詩屢用「神」字，固與其宗教信仰有關，正如遊仙詩爲烘托仙境，亦多用「神」「仙」等字。然而除卻信仰的背景，前引文中曹植好用「神」字，又如潘岳〈西征賦〉「非徒聰明神武」、曹攄〈思友人詩〉「精義測神奧」、陶潛〈閒情賦〉「神儀嫵媚」、江淹〈傷愛子賦〉「生而神俊」、沈約〈七賢論〉「神才高傑」等，六朝文人喜用「神」字，應是不爭之實。

最後，將「神」字的用法，略加分類，例舉如下：

神（高明精妙，難知難測）	【體】（名詞類）	超自然的人格神	天神。神仙。神祇。神靈。神明。神魂。神主。神位。
		自然形上本體	神道。精神。神明。神靈。
		人的精神本體〔註7〕	（一）精神。神明。神靈。神爽。神魂。
			（二）神氣。神情。神性。神智。神思。神才。神懷。心神。神志。神意。神識。
			（三）神宇。神采。神色。神令。神姿。神衿。風神。神標。神軒。神貌。
	【用】（狀詞類）	（與狀詞結合）	神妙。神奇。神異。神祕。神奧。神武。神俊。神勇。神速
		（與名詞結合）	神人。神工。神醫。神方。神解。神蔬。神悟。

〔註7〕此兼括人之「神」第一與第二層面。約分爲三，以（一）爲精神的總稱，（二）重在「神」的內容，（三）則是兼內外而展現於外者。

六、人的形神

「形」「神」對舉時，雖有阮籍〈獼猴賦〉「斯伏死於堂下，長滅沒乎形神」，主要卻是以「人」為主題，指稱人的形體、精神（第一義），如：

> 士生乎鄙野，推選則祿焉，非不尊遂也，然而形神不全。（《戰國策·楚策》）

> 形神寂寞，耳目弗營。（班固〈東都賦〉）

> 夫神大用則竭，形大勞則敝，神形蚤衰，欲與天地長久，非所聞也。（《漢書·司馬遷傳》）

> 矜一時之毀譽，以焦苦其神形。（《列子·揚朱篇》）

> 啟四體而深悼，懼茲形之將然。……諒多顏之感目，神何適而獲怡。（陸機〈歎逝賦〉）

> 棟宇存而弗毀，形神逝其焉如。（高秀〈思舊賦〉）

> 神和形檢。（袁宏〈三國名臣贊〉）

> 世人逐其華而莫研其實，翫其形而不究其神。（《抱朴子外篇·正郭》）

「形」為人的身軀形體，「神」為人的精神主體與心靈活動，是以除了形神對舉之外，也以「體——神」、「器——神」、「形——心」的方式出現，如：

> 勞神苦體，契闊勤思……專精銳意，神迷體倦。（韋曜〈博弈論〉）

> 夫所謂至人者，體包傑量，神凝域外。（庾亮〈翟徵君贊〉）

> 大塊授其生，自然資其量，器虛神清，窮玄極曠。（嵇含〈弔莊周圖文〉）

> 形逐物遷，心無常準。（陶潛〈讀史述九章一〉）

> 逐長夜而心殞，隨白日而形削。（江淹〈四時賦〉）

陸機〈演連珠〉中有言：「應事以精不以形，造物以神不以器」，即是認識到內在精神乃外在形器的本質。前引《抱朴子》所謂「翫其形而不究其神」，更是明白地指出，不要僅止於外在形貌的認識，更要探究內在實質，正如前文釋「形」已提到，要探源深究以「形」作為外在符驗的內在本質，切就人身而言，便是藉「形」以識「神」。雖然前例中多數的「形」僅指形體，然如「翫其形」、「形檢」，以及思念故友之形神等，其所謂「形」，當不止於形軀而已，實包含人有形之體以及由之動作表現的容色聲貌、行儀舉措等；相對的，「神」

便是隱身其後，卻表現於「形」的精神主體與作用，乃至形神相濟，共同成就的生命風采和境界。因此，形神問題是一環繞著生命的問題，思考人具體可見的外在，與靈妙變化的內在之間牽連互動的關係，與人對於有限與無限、唯心與唯物、有形與無形、形上與形下、體用道器等等相對又相存的哲學課題之沈思難分難解，唯更落實於人自身。是以鬼神靈魂等超自然存在的問題便不在本文討論之列，反之，如何認識人之神，與神形的關係，乃至憑藉文學藝術——另一種「形」來綻放生命的光采，刻鏤精神的痕跡，都是本文所要關心的問題。

第二節　形神思想的背景

　　東漢桓靈之世，政綱不振，知識份子不滿外戚宦官敗壞朝政，遂秉「澄清天下之志」，以共同的政治理想來集團結黨（士人集團），形成所謂「士之群體自覺」〔註8〕然而，因為師門、地域、階級、門第等觀念的差異，士人集團逐漸分化。建安之後，政治現況之不可為，使得當初用為號召的理想毀於一旦。「大樹將顛，非一繩之所維」，士大夫轉以保全身家，自圖性命，正如朱子所言「蓋剛大方直之氣，折於兇虐之餘，而漸圖所以全身就事之計」。〔註9〕於是「群體」崩散為零星的「個人」，在紊亂腐敗、篡奪相尋的時代裏，獨自面對內心的哀感與掙扎，思索生命存在的意義與價值。

　　生死是個人生命最大的困境，獻帝以後，連年戰禍，燒殺不絕，「白骨露於野，千里無雞鳴」（《魏武帝集‧嵩里行》）；魏晉之後，政權更迭，出處之際，士人亦難自全，死亡時時都在左右，如何安身立命，是不容逃避的問題。這忽忽如寄的一生，是要策足先登要路之津，或者只有「不如飲美酒，被服紈與素」（〈古詩十九首〉）及時行樂一番？儒家的傳統標準與信仰價值隨著漢帝國的崩潰而遭到質疑，一些外加的意義紛紛剝落，只剩下人對自已生命的重新發現、思索、把握和追求，於是人渴求對自身進一步的了解，對生命本質的掌握，乃至探入宗教的領域，尋求生命的安頓與出路。下文將就此三方面討論。

〔註8〕　參考余英時〈漢晉之際士之新自覺與新思潮〉收於《中國知識階層史論》。
〔註9〕　此二條，前者見《後漢書‧徐稺傳》，後者見朱子〈答劉子澄書〉引自前註余書。

一、量才觀人的風氣

觀人之法，自古所重，大抵乃透過人形體姿儀、行爲舉止以觀其德性與才質，後世或進一步發展而爲量才官人的人物品鑒或與運命相繫的相人之術，凡此，皆與人之形神息息相扣，茲先引舉部份秦漢前的典籍記載如下：

> 《論語·爲政》：「子曰：視其所以，觀其所由，察其所安，人焉廋哉！人焉廋哉！」

> 《孟子離婁》：「孟子曰：存乎人者，莫良於眸子，眸子不能掩其惡。胸中正，則眸子瞭焉；胸中不正，則眸子眊焉。聽其言也，觀其眸子，人焉廋哉！」

> 《莊子·列禦寇》：「故君子遠使之而觀其忠；近使之而觀其敬；煩使之而觀其能；卒然問焉而觀其知；急與之而觀其信；委之以財而觀其仁；告之以危而觀其節；醉之以酒而觀其則；雜之以處而觀其色。」

> 《逸周書·官人》：「論用有徵：觀誠、考信、視聽、觀色、觀隱、揆德。」

> 《禮大戴記·文王官人》：「用有六徵：一曰觀誠，二曰考志，三曰視中，四曰觀色，五曰觀隱，六曰揆德。」

> 《呂氏春秋·季春紀·論人》：「凡論人，通則觀其所禮，貴則觀其所進，富則觀其所養，聽則觀其所行，止則觀其所好，習則觀其所言，窮則觀其所不受，賤則觀其所不爲。喜之以驗其守，樂之以驗其僻，怒之以驗其節，懼之以驗其特，哀之以驗其人，苦之以驗其志。八觀六驗，此賢主之所以論人也。」

> 《六韜·選將》：「知之有八徵，一曰問之以言以觀其辭；二曰窮之以辭以觀其變；三曰與之間謀以觀其誠；四曰明白顯問以觀其德；五曰使之以財以觀其廉；六曰試之以色以觀其貞；七曰告之以難以觀其勇；八曰醉之以酒以觀其態；八徵皆備，則賢不肖別矣。」

觀人的原則，不外兩端：一爲由外貌而察知才性；一爲由行事而直探存心。孔子察人，自「所以」「所由」到「所安」，是由人的「存心」出發的，所要觀視的是人性之本的仁善。即如《大戴記》所記文王囑太師觀人之則的所謂六徵，雖都按著人的言行色貌加以徵見，但所謂誠、志、中、隱、德五者，

都指向人的存心，用心之善德，所觀的目標集中在道德的內具質性。另一方面，《荀子‧非相》中說：「相人之形狀顏色而知其吉凶、妖祥。」這種觀人以論壽夭禍福、貴賤貧富之說，雖不易爲知識份子所採信，卻廣在民間流傳。王充透過人的「骨相」進一步以論人的「性命之理」，或也可展示此種對形體觀察的轉化：

> 人曰命難知，命甚易知。知之何用？用之骨體。人命稟於天，則有表侯於體。察表侯以知命，猶察斗斛以知容矣。……非徒富貴貧賤有骨體也，而操行清濁亦有法理。貴賤貧富命也，操行清濁性也，非徒命有骨法，性亦有骨法。……稟氣於天，立形於地，察在地之形，以知在天之命，莫不得其實也。（《論衡‧骨相篇》）

至於王充另有進一步論人性情的問題，則非本文所欲討論。然則，劉邵即本此由形體知性命之方式，將人德性之外的自然生命強度予以全幅的開展。

　　《隋書‧子部名家類》載有《士操》（魏文帝撰）、《人物志》（劉邵撰）、《人物志》項下並註明梁有《士緯新書》（姚信撰）、《姚氏新書》、《九州人士論》（魏司空盧毓撰）與《通古人論》，這些著述，除《人物志》尚存外，並皆亡佚，然從其題名可知都是以品鑒與考核人物爲主旨。此外，徐幹《中論》、王符《潛夫論》、劉廙《政論》、葛洪《抱朴子》〈清鑒〉〈行品〉篇，以及劉邵其他著作如《都官考課》、《說略》、《法論》等，都集中關心於同樣的主題。漢代選士，首爲察舉，察舉則重鑒識，然漢末大亂，天下分崩，如錢穆先生所言：

> 爲何到東漢末年，產生了黃巾、董卓之亂，終於導致三國分裂？不容得當時人不覺悟到政治上之失敗，其理由即因於政治上用人之不夠理想。故退一步先從人物方面作研究，庶可希望在政治上能用到合理想，合條件之人。此亦可謂是一個反本窮源的想法。劉邵《人物志》即根據此一時代要求而寫出。（《中國學術思想史論叢三‧略述劉邵《人物志》》）

劉邵任官曹魏，《人物志》以檢形定名，量材授官爲宗旨，基本上是站在政府立場而作的，其〈自序〉便言「知人誠智，則眾材得其序而庶績之業興矣。」文中官人分品，即以任政爲目的，故〈材能篇〉云「能出於材，材不同量，材能既殊，任政亦異。」

　　同爲知人任官，在《人物志》中，劉邵「量材論能」的角度卻異於漢代

孝廉方正名節之講求，這又與儒學式微，曹魏父子標榜名法思想，棄德取才的用人標準有關。曹操〈建安三令〉明宣其用人之法——「治平尚德行，有事賞功能」，認爲「有行之士未必能進取，進取之士未必能有行」，故高張「唯才是舉」的旗幟，來爭取「有功能」、「有治國用兵之術」的人才，同時期徐幹也曾作過類似的議論：

> 或問曰：「士或明哲窮理，或志行純篤，二者不可得兼，聖人將何取？」
> 對曰：「其明哲乎！」……或曰「苟有才智而行不善，則可取乎？」
> 對曰：「……管仲背君事仇，奢而失禮，使桓公有九合諸侯一匡天下之功，仲尼稱曰『微管仲吾其被髮左衽矣』；召忽伏節死難，人臣之義也，仲尼比爲『匹夫匹婦之爲諒矣』；是故聖人貴才智之特能立功立事益於世矣。」(《中論‧智行第九》)

更是搬引聖人反對東漢之一意講求德性。劉邵《人物志》便是在這樣的氛圍下，就人「才性」一面加以分析，以期「主道得而臣道序，官不易方，而太平用成」(〈流業第三〉)，故《人物志‧九徵第一》開宗即云：

> 人物之本，出乎情性。情性之理，甚微而玄，非聖人之察，其孰能究之哉？凡有血氣者，莫不含元一以爲質，稟陰陽以立性，體五行而著形；苟有形質，猶可即而求之。

觀外乃爲求知內，故言：

> 夫色見於貌，所謂徵神；徵神見貌，則情發於目。……故曰：物生有形，形有神精，能知精神，則窮理盡性。(〈九徵第一〉)

然而所謂「神」實包括剛柔明暢等等人之性情、個性、才能、智慧、品質；所謂「形」並不是「形體」而已，而是生動可見的種種形容聲色。「徵神見貌」之可能，乃在「故其剛柔明暢，貞固之徵，著乎形容，見乎聲色，發乎情味，各如其象。」(〈九徵第一〉)因此形色聲貌是內心本質的具象，更重要的是所謂「情味」，是神由形見，形因神發之後所展現的一種宛若實有，卻味之無極的感性存在，不僅是人物品鑒由形得神的重要因素，同時也成爲文學批評的一項要求。因此，《人物志》這種見貌徵神的觀人法，遂爲六朝識鑒人物之主要方法。《抱朴子‧清鑒》亦云：「區別臧否，瞻形得神」，人物品鑒之重風神、風情，主要的理論依據便在此。

　　《人物志》本爲政治的實用目的而作，卻成爲承襲漢末清議而來之人物評賞的理論所依，成爲美學趣味的活動。實因其擺除僵化的道德要求，探析

人氣性、才性自然生命的部份，正視人多彩多姿不同的質性，與生氣活潑的生命姿態。雖曰知人，亦有助於自知。〔註10〕書中對人物材能品質、個性特徵的描述和評論，可以幫助人探知自身。特別是為漢末以來失卻價值依憑的人們，別開生命途徑，就才性氣性來體認自我異於他人的獨立精神，並使「形」「神」的內涵由肉體、精神的簡單概念豐富起來，成為外形姿態與內心姿態，以及彼此互動牽引，極其精微玄妙的合成──一種要以情意直覺觀賞的生命情態。

二、玄學思想的刺激

漢儒解經羼以陰陽五行之論，又流於章句繁瑣之途，漢末馬融、鄭玄以來，雖有棄繁歸約的傾向，但經學的簡化終究僅能明經之義，言人事之理，不能探索統攝宇宙自然之最高原理。然而時代亂離，名教虛偽，士人內心的困惑只有探向名教之本源、萬物之終極才能滿足，於是以消除人為造作、尋求人自然本質的道家思想以及探討宇宙秩序的《易》理，便成為安頓內心的一個新的方向。《晉書・王衍傳》：

> 魏齊王正始中，何晏、王弼等，祖述老莊，立論以為天地萬物皆以無為本。

以無為本的觀念，便是要為紛擾繁雜的萬象尋求根源，使人了解自然本質的存在，以簡馭繁，以一控多，王弼對有無本末的討論，見於《老子注》：

> 天下之物，皆以有為生。有之為始，以無為本。將欲全有，必反於無也。（四十章）
>
> 用夫無名，故名以篤焉；用夫無形，故形以成焉。守母以存其子，崇本以舉其末，則形名具有而邪不生，大美配天而華不作。故母不可遠，本不可失。……捨其母而用其子，棄其本而適其末，名則有所分，形則有所止。雖極其大，必有不周；雖盛其美，必有憂患。功在為之，豈足守也。（三十章）
>
> 老子一書其幾乎！可一言而蔽之。噫！崇本息末而已矣。（〈老子指略〉）

因為質有的形名，都是化約過的，不周全的，唯有崇守其本（無名無形者），

〔註10〕《人物志》原版本「左馮翊王三省」所撰的後序即言「修己者得之以自觀，用人者持之以照物，烏可廢諸？」

方能形名具有，反之則不免掛一漏萬，勞而無功。唯有掌握了自然之道，使物自生自濟，亦即無爲而無不爲，乃可以包容萬有，用之不可窮極。理想的人格便是體無用有，無爲而無不爲，通過對無限的體察而得以不拘執，從而不失卻一切有限。是以夏侯玄曰：「天地以自然運，聖人以自然用」，〔註 11〕王弼則言「聖人體無」（《魏志・鍾會傳》注），皆是將玄學自然本源的探討與聖人的觀念結合，以聖人爲深領自然之道者，用此反對當時早已違反人性、流於虛僞形式，且變本加厲、嚴苛難堪的名教社會。這種體驗自然的努力，使人敢於面對人之爲人，自然而有的本性，拆穿神化的聖人，站在自然人性的立場，重新揭示理想人格的精神境界。於此而有「聖人有情無情」的辯論，《魏志・鍾會傳》注曰：

> 何晏以爲聖人無喜怒哀樂，其論甚精，鍾會等述之。弼與之不同，以爲：「聖人茂於人者神明也，同於人者五情也。神明茂，故能體沖和以通無；五情同，故不能無哀樂以應物。然則聖人之情，應物而無累於物者也。今以其無累，便謂不復應物，失之多矣。」

王弼以爲情感是人不可去除的自然本性，〔註 12〕聖俗的區別，不在於情感的有無，而是聖人能夠「應物而無累於物」。「性者，天之就也；情者，性之質也」（《荀子・正名篇》），性情是人自然生命的質性，亦即廣義的「神」之內容（相對於形軀），以及第二層面的「神」之基礎（性情通過心的調養安頓，煥發出來的精神狀態），如果剝離情性而談人的精神成就（聖人），則所謂精神將無所本。王弼此說雖是論辯「聖人有情」，未嘗不可視爲一種順性養神以成聖的工夫——「性其情」，〔註 13〕使情「應物而無累於物」，故茂於神明（清明的精神境界）而通道。

　玄學「有無」的討論，追究自然的本源，以聖人通於神明之德（自然），而復論及聖人之有情無情。「聖人有情」，是肯定人自然生命的質性，亦即如郭象注《莊子》所言：「守母以存子，稱情而直往」，使人順己之情，成就一己的生命。然而所謂「無累於物」則又要人跳離放縱情欲之害，不違生生之

〔註 11〕引自《列子・仲尼篇》注內引何晏之〈無名論〉。

〔註 12〕見王弼〈答荀融難大衍論〉。出於《三國志魏書・鍾會傳》裴注引何劭〈王弼傳〉語，「夫明足以尋極幽微，而不能去自然之性。……而今乃知自然之不可革也」。

〔註 13〕《易・乾卦文言》：「乾言者，始而亨者也；利貞者，性情也。」王弼注云：「不爲乾元，何能通物之始？不性其情，何能久行其正？」

理。〔註 14〕《易‧繫辭》有言：「天地之大德曰生」，是則人尋求生命自然之本，除了肯定自我情意感受的主體外，更要體認自然「施生而不為」〔註 15〕的特質，不因放縱與造作而殘生害性，進而保身修性，擺落人為的桎梏，剝落情欲的繫累，如此方能「達自然之性，暢萬物之情」。〔註 16〕亦即所謂「聖人體無」的境界。何晏曾以「神」比況理想的人格（詳後章），實則「神」與無為而無不為的概念相通，是「體無」的人格本體，將其所會之道，展現於有限個體微妙難言的表現。這種除盡物累，以純粹精神之無拘無繫，藉以超越一切束縛（包括人自身的形體）所達之「神」，實在是人生一種絕對自由的精神境界，也同時是一種美感的境界，如前引《老子注》所言「大美配天而華不作」。這素樸自然的美感，便與體道通無、合乎自然的精神一樣，為六朝文士所追求。

有無的討論除了聖人有情的情性肯定、體無達道的精神追求，尚牽涉「有」「無」之間本體與表現的關係。因為「無」的本體雖涵蓋萬有，卻必須通過萬有來表現，但著落形質的「有」卻又不能如實地表現「無」的本體，「有」「無」之間存著不能截然分裂的關係。人「形」「神」的關係亦然，所謂「心有先動，而神有先知，則色有先見也。」（曹植〈相論〉）人的心靈活動都會反映於外，故有「瞻形得神」之說。因為人之「神」隱微靈妙，玄旨難求，若欲擺脫「有」形「有」象之物直探玄冥，則不知何所歸。又譬如觀賞自然或賞物品物時，往往心有所感，乃是吾人的精神意識與此物此景交融相成，而有所領會。蓋形有所指，象有所呈，雖有藉此「有」形「有」象之體以求象外之象，言外之言，以至形體之神，方有可能。因此，透過玄學「有」「無」關係的討論，適可提供對「形」「神」關係的了解。王弼在《老子指略》中便說：

> 故象而形者，非大象也；音而聲者，非大音也。然則四象不形，則
> 大象無以暢；五音不聲，則大音無以至。四象形而物無所主焉，則
> 大象暢矣；五音聲而心無所適焉，則大音至矣。

〔註 14〕嵇康〈答向子期難養生論〉云：「……而世之未悟，以順欲為得生，雖有後生之情，而不識生生之理，故動之死地也。」

〔註 15〕韓康伯注《易‧繫辭》：「天地之大德曰生」言：「施生而不為，故能常生，故曰大德。」

〔註 16〕王弼《老子注‧二十九章》言：「聖人達自然之性，暢萬物之情，故因而不為，順而不施。除其所以迷，去除所以惑，故心不亂而物性自得之也。」

亦即無名無形者必藉有名有形來表現，但這表現出來的形名卻不全等於原初，人們要是不拘泥於有限的形質，才能把握到精微、無限的本體。這種想法表現在《周易略例・明象》中則是「得意在忘象，得象在忘言」，開引了玄學家關於言意的論辯。無論「有無」或「言意」的問題，都牽涉到本末與表達，尤以後者涉及語言，將於後章文學的部份討論。這種探求本質關係的思考，當其反及於人身，即是人的「形神問題」。玄學家窮究自然之理，其間的論題雖多、各家意見亦異〔註 17〕但皆本於自然而重新肯定人生的意義與價值，其反省、其方法，都幫助我們認識自己因自然而有的「形」與「神」，以及其間精微的影響變化。

三、佛教論辯的影響

六朝神滅神不滅的論辯，曾在社會上掀起軒然大波，如《梁書・范縝傳》所記：「范縝……著〈神滅論〉，……此論出，朝野誼譁，子良集僧難之……。」當時王公朝貴之答書便有六十餘起，梁武帝亦親撰〈敕答臣下神滅論〉，可見論辯之盛。范縝此論（包括其他神滅論者），目的乃在反對佛教，欲以神滅論由思想入手攻擊佛教輪迴報應乃至涅槃寂滅之說。然神滅神不滅的論辯雖因佛教而起，卻各有其背景。在中國傳統的學術思想中，儒家重道德心靈，道家講自由心境，偏重不同，但其擺脫宗教鬼神思想的精神則一，兩漢陰陽五行、讖緯感應的思想使鬼神觀念復活，隨即有楊王孫、桓譚、王充等人加以駁斥。〔註 18〕六朝志怪，鬼神之談彌漫，同時亦有無鬼論者與之相抗，〔註 19〕

〔註 17〕 如郭象注《莊子》便認爲「無」不能生有，而強調自生、自有。〈齊物論〉注即云：「無既無矣，則不能生有；有之未生，又不能爲生。然則生生者誰哉？塊然自生耳。」「夫有之未生，以何爲生乎？故必自生耳，豈有之所能有乎！此所以明有之不能爲有而自有耳，非謂無能爲有也。若無能爲有，何謂無乎！一無有則遂無矣。無者遂無，則有自欻生明矣」由於萬物自生自化，郭象遂以「各任其自爲」來解釋「無爲」，提出「適性即逍遙」的觀念，如〈逍遙遊〉注云：「夫小大雖殊，而放於自得之場，則物任其性，事稱其能，逍遙一也，豈容勝負於其間哉！」雖然與王弼「本無」「體無」的觀念不同，但是以「性分自足」來泯除萬物「形」的差異（「夫以形相對，則太山大於秋毫也。若各據性分，物冥其極，則形大未爲有餘，形小不爲不足。苟各足於其性，則秋毫不獨小其小而太山不獨大其大矣。」）亦即重性分而不重形，未嘗不是從其體認的「自然」來反省人的價值。

〔註 18〕 西漢楊王孫〈報祁侯書〉言：「精神者，天之有也；形骸者，地之有也。精神離形，各歸其眞，故謂之歸，鬼之爲言歸也。」桓譚《新論》論形神則云：「精神居形體，猶火之然燭也。如善扶持，隨火而側之，可毋滅而竟燭。燭無，

神滅論者便是承此人文精神與經驗科學而發展。相對的，佛教神不滅的主張亦有其背景。原始佛教本主無常無我，若此執著於神不滅實與佛教教義相違，〔註20〕但因佛教初入中土，被以格義來了解，視佛教通於道術，將中國自古鬼神靈魂的信仰，結合佛教輪迴報應說，自然而有靈魂不滅的觀念，如袁彥伯《後漢記》對佛教的陳述：「又以爲人死精神不滅，隨復受形，生時所行善惡，皆有報應，故所貴行善修道，以練精神而不已，以至無爲，而得爲佛。」其中以道解佛的觀點明白可見，但神不滅的思想也自此影響後來的佛教，成爲反對者與佛教徒論辯的焦點。

　　經過以上背景的回溯，更可確定神滅不滅所論之「神」，乃就人死之後論精神的存滅，亦即辯論靈魂的有無，並不屬於本文形神思想的範圍。但是論辯雙方，無論其立場爲何，當其就人形神體用的關係，析論形弊神散或神識無窮的主張時，都是就活潑生命的形神關係加以觀察，二派結論雖異，卻使得「形」「神」特質的認識更趨精微。大體而言，神不滅論者強調「神」妙覺靈照的特性，從而論形神之粗妙分源，以肯定其「神不隨形化」的主張；神滅論者雖亦承認神具有思慮等精妙作用，卻本著形神相資的原則，否認形滅而神獨存的可能。形神相資與神的精妙，先秦以下便一直是形神思想討論的重點（詳下章），神滅不滅論辯的目的雖然不同，但此相關的部份卻值得參照。由於神滅論者較無宗教色彩，與傳統思想接近，故先例舉如下：

　　又云，人形至粗，人神實妙，以形從神，豈得齊終？答曰：形神相資，古人譬以薪火，薪弊火微，薪盡火滅，豈有獨傳？（何承天〈答宗居士書〉）

　　神即形也，形即神也，是以形存則神存，形謝則神滅也。……形者，

火亦不能獨行於虛空，又不能後然其地。地猶人之耆老，齒墮髮白，肌肉枯腊，而精神弗爲能潤澤內外周遍，則氣索而死，如火燭之俱盡矣。」王充《論衡》則有〈論死篇〉、〈訂鬼篇〉，以經驗科學辯之甚明。
〔註19〕《晉書》卷四十九載阮脩不信鬼，阮瞻執無鬼論。此外如楊泉《物理論》、傅玄《傅子》亦皆由自然物理觀點論人死之後無遺魂（此二書皆佚，僅見於輯本）。
〔註20〕印度傳統思想是「有我」，爲輪迴中感受業報的主體——靈魂，佛教一出便在破「我」。但小乘佛教發展時期，仍有主張「有我」的一派，或以所謂「勝義我」來解「無我論」與「業果輪迴」間的問題。「勝義我」原指超乎精神與形體的另一種存在，但因傳譯的困難與中國自古精靈不滅的傳統思想，便以「神不滅」的觀念行於中土。

> 神之資，神者，形之用，是則形稱其資，神言其用，形之與神不得
> 相異。（范縝〈神滅論〉）

何氏之論，肯定人神精妙，卻同時不忘形神相資的原則，與一般形神討論的觀念最爲接近。范縝〈神滅論〉在當時極具說服力，眾所難屈。他以形質神用的觀點，扣住形神相即來發揮。形神依存關係自來即被討論，以形爲資，以神爲用自如范論，但若涉及生命價值的認定，肉體生命固是材質，卻未必是本質，精神活動自然是生命的作用，卻不害其爲生命存在的價值本體。形神的體用之分，隨論者世界觀、價值觀等等的差異而不同，是一種複雜的關係。〔註 21〕主張神不滅，固必以「神」爲生命的本體，神滅論者卻未必不能以「神」爲體，（因爲這是在生命範圍之內的主張，一旦脫離了生命，若無宗教信仰，形謝神滅一樣可以成立。）范論形神不異（形即神，神即形）推論太過，以至招來「體全則神全，體傷則神缺」的論難（見蕭琛〈難神滅論〉）。故知形神相資，彼此依存，但形非即神，神非即形明矣。如此，「形」「神」的特質爲何，差別何在？關於此點，神不滅論者辯之甚詳，其中尤以慧遠在〈沙門不敬王者論〉中所言，除去宗教的成份，最值得作爲辨析形神的參考：

> 夫神者何也？精極而爲靈者也。精極則非卦象之所圖，故聖人以妙
> 物而爲言，雖有上智，猶不能定其體狀，窮其幽致。……神也者，
> 圓應無主，妙盡無名，感物而動，假數而行。（〈沙門不敬王者論之
> 五・形盡神不滅〉）

神不滅論者既強調「神」的重要，故其論中多處涉及養神。正如《世說新語・文學第四》第四十四條記：「佛經以爲袪練神明，則聖人可致。簡文云：『不知便可登峰造極否？然陶練之功，尚不可誣。」佛教養神雖以宗教的泥洹爲目的，但方法卻與一般養神近似，不可妄加詆斥。如劉勰〈滅惑論〉即言「愛

〔註21〕以形體爲生命的根本，形具而神生（《荀子・天論》），這種以形爲體，以神爲用的的觀念，是一種以有爲主的世界觀。相對的，以情意思慮等精神活動爲生命的主體，而表現於形體，則接近「本無」的世界觀，先有神之道而有形之器。《易・繫辭》有「形而上者謂之道，形而下者謂之器」，宋清儒者對此反覆申論，鄭觀應《盛世危言・道器》言：「夫道，彌綸宇宙，涵蓋古今，成人成物，生天生地，豈後天形器之學所可等量而觀！然《易》獨以形上形下發明之者，非舉小不足以見大，非踐跡不足以窮神。」則將由而形上形下而來的道器論，又牽涉形（跡）神（天地之神），可見形神的體用關係一如哲學上道器、有無等觀念，實難截然論斷。又如西哲笛卡兒「我思故我在」，可見生命價值的認識亦影響生命本體的認定。

累傷神，形飾乖道，所以澄神滅愛，修道棄飾」，北周釋道安亦言「練神者，閉情關照」（〈二教論・詰問形神四〉），其中仍以慧遠所論最詳：

> 夫生以形爲桎梏，而生由化有，化以情感，則神滯其本，而智昏其照，介然有封，則所存唯己，所涉唯動。……是故反本求宗者，不以生累其神；超落塵封者，不以情累其生。（〈沙門不敬王者論之三・求宗不順化〉）

慧遠此論原與佛教輪迴流轉有關，但其去情累以養神，則與文士學者所言養神之法相通（詳下章）。且慧遠「神爲情之根」，「感物而動，動必以情」〔註22〕之說使神、情、物三者密切相關，雖由宗教養神立論，冀能徹悟反本，卻也點出形神思想與感物緣情的關係（見第四章）。又如沈約〈神不滅論〉云：

> 且五情各有分域，耳目各有司存，心運則形忘，目用則耳廢。何則？情靈淺弱，心慮雜擾，一念而兼，無由可至，既不能兼，紛糾遞襲，一念未成，他端互起，互起眾端，復同前矣。不相兼之由，由於淺惑，惑淺爲病，病於滯有，不淺不惑，出於兼忘。以此兼忘得此兼照，始自凡夫，至於正覺，始惑於不惑，不兼至能兼，又（不）得謂不然矣。

沈約以爲「形既可養，神寧獨異？神妙形粗，較然有辨，養形可至不朽，養神安得有窮？」（〈神不滅論〉），而其養神的方法則如前引文所謂的「兼忘」。凡夫滯於有，由感官情識得到一偏之知，若要無微不盡，無所不知，便要不執著，忘卻感官情識，轉識成智，由「兼忘」而得「兼照」。他以爲凡人都有「暫忘」的經驗，若能由暫忘擴充至萬念皆忘，則能超凡入聖，如其〈形神論〉所云：

> 凡人一念之時，七尺不復關所念之地。凡人一念，聖人則無念不盡。聖人無己，七尺本自若空，以若空之七尺，總無不盡之萬念，故能與凡夫異也。凡人一念忘彼七尺之時，則目廢於視，足廢於踐。當其忘目忘足，與夫無目無足亦何異哉！凡人之暫無，本實有，無未轉瞬，有已隨之，念與形乖則暫忘，念與心謝則復合。……但凡人之暫無其無，其無甚促，聖人長無其無，其無甚遠。凡之與聖，其路不同，一念而暫忘，則是凡品，萬念而都忘，則是大聖。

〔註22〕分別見於〈沙門不敬王者論〉之五——形盡神不滅，之三——求宗不順化。

沈約所形容的起念忘形，與審美的神往形留極為類似，而他兼忘而兼照的養神工夫，與莊子的心齋坐忘，聽之以氣有異曲同功之妙。

神滅神不滅的論辯實因反佛而起，事實上佛道、儒佛的論爭，在思想教義、政治經濟、君臣倫理、社會風俗，乃至夷夏之辨等各個層面熱烈地進行著。值得注意的是，「形」「神」的詞彙和觀念被廣泛地使用，可見神滅不滅論辯帶動「形」「神」的關注。劉勰〈滅惑論〉開篇即言「夫佛法練神，道教練形，形器必終，礙於一垣之裡；神識無窮，再撫六合之外。」即是由「形」「神」對比，作為佛道高下的論據。至於以儒反佛者，亦有從「形」入手者：

> 端委搢紳，諸華之容；剪髮曠衣，群夷之服。擎踞磬折，侯甸之恭；
> 狐蹲狗踞，荒流之肅。……全形守體，繼善之教，毀貌易性，施惡
> 之學。（南齊顧歡〈夷夏論〉）

顧歡之論乃由夷夏之防出發，故充滿情緒性的字眼，但其所陳形貌、服飾、踞食的現象，〈理惑論〉中也指出「今沙門剃頭髮、披赤布，……何其違貌服之制，乖搢紳之飾也」。宋鄭道子雖非反佛，卻也婉轉表示意見，云：「踞食之教，義無所弘，進非苦形，退貽慢易」。〔註23〕這自然是風俗習慣與文化觀念的差異所致，但亦透露了儒家對形體舉止的重視，儀容服飾，舉止動靜，樣樣都有儀則，名教社會賴形體的約限來彰顯人倫秩序，成其教化，形體儀則不可失，故護道者力抨沙門。相對的，嵇阮任誕，放浪形骸，其所以由形體的解放求心靈的自由，越名教的束縛，亦不難由此了解。

名教的大網不忘籠罩沙門，故有沙門禮拜王者的要求，而其論辯亦多就形與心、意（形式與精神）論之：

> 今沙門雖意深於敬，不以形屈為禮，跡充率士而趣超方內者矣。（晉
> 王謐〈答桓玄書明沙門不應致敬王者〉）
>
> 沙門之敬，豈皆略形存心？懺悔禮拜，亦篤於事（桓玄〈難王謐〉）
>
> 處俗則奉上之禮，尊親之敬，……出家則方外之賓，跡絕於物。……
> 又袈裟非朝宗之服，缽盂非廊廟之器，軍國異容，戎華不雜，剪髮

〔註23〕鄭道文〈與禪師書論踞食〉：「夫有為之教，義各有之。至若般若苦形以存道，道親而形疏，行之有理，用之有本。踞食之教，義無所弘，進非苦形，退貽慢易，見形而不及道者，失其恭肅之情，而啟駭慢之言，豈聖人因事為教，章甫不適越之義耶？」鄭氏並非反佛，卻以為「形」「教」應求相稱。見於《弘明集》卷十二。

> 毀形之人，忽廁諸夏之禮，則是異類相涉之像，亦竊所未安。（慧遠
> 〈答桓玄書〉）

> 夫累著在於心滯，不由形敬，形敬蓋是心之所用耳！（桓玄〈重予
> 慧遠書〉）

此外，桓玄曾欲招延慧遠，勸令登仕，竟言佛徒困苦形神，不僅未體大化，
實則形毀而心迷，其文云：

> 夫至道緬邈，佛理幽深，豈是悠悠常徒所能習求？……今世道士雖
> 外毀儀容，而心過俗人，所謂道俗之際，可謂學步邯鄲，匍匐而歸。
> 先聖有言，未知生焉知死，而一生之中困苦形神，方求冥冥黃泉下
> 福，皆是管見，未體大化，迷而知返，去道不遠，可不三思。（〈與
> 釋慧遠書勸罷道〉）

桓玄的傲慢，慧遠固不為所動，但一般佛教徒卻極力就「形」「神」互濟的觀
點，以申儒佛調和之論。

> 周孔之教，理盡形器；至法之極，兼練神明。（晉釋道恆〈釋駁論〉）

> 救形之教，教稱為外，濟神之典，典號為內。……釋教為內，儒教
> 為外。（北周釋道安〈二教論〉）

由此可見，佛教論辯常用「形」「神」，並不止於眾所熟知的神滅不滅，而是
泛用於各個層面。由於佛理幽深，佛教傳法須藉簡易明瞭的譬喻，及至以形
象使人了解與接近，晉王洽〈與林法師書〉便直接談到這一點：

> 雖元宗沖緬，妙旨幽深，然所以會之者，固亦簡而易矣。是以致雖
> 遠，必假近言以明之；理雖昧，必借朗喻以證之。

因此佛教不僅有牽物引類，轉相證據如《譬喻經》一類的經文，並且直接以
動人之情的鮮明形象來宣弘教義，如〈高僧傳〉卷八論曰：

> 夫至理無言，玄寂幽寂，幽寂故心行處斷，無言故言語路絕。言語
> 路絕，則有言傷其旨，心行處斷則作意傷其真。……但悠悠夢境，
> 去理殊隔，蠢蠢之徒，非教孰啟？是以聖人資靈妙以應物，體冥寂
> 以通神，借微言以津道，託形象以傳真。

以具體可感的形象來傳教，以便將玄妙難測的佛理傳達出去，《弘明集》卷一
的〈正誣論〉當其申辯塔寺奢華糜費之難時，便很清楚地指出形象傳教的用
心與效果：

> 夫人情從所睹而興感，故聞鼓鼙之聲、睹羽旄之象，則思將師之臣；

聽琴瑟之聲，觀庠序之儀，則思朝廷之臣；遷地易觀則情貌俱變。
今悠悠之徒見形而不及道者，莫不貴崇高而忽反陋。是以諸奉佛者，
仰慕遺跡，思存彷彿，故銘列圖像，致其虔肅，割捐珍玩，以增崇
靈廟。故上士遊之，則忘其蹄筌，取諸遠味；下士遊之，則美其葦
藻，玩其炳蔚。先悅其耳目，漸率以義方，三途吸引，莫有遺逸。

這種使人睹物興感，而後率以「義方」，由形而至法身的傳教方法，蓋不得已
而借言託象，希望啓導悠悠之徒，忘其蹄筌，取諸遠味，與玄學討論「寄言
出意」、「忘象得意」的本質是一致的。而關於形象如何「傳眞」、「津道」以
「通神」，形理與形神〔註24〕的問題，慧遠〈襄陽丈六金像頌〉曾加以說明：

夫形理雖殊，階途有漸，精粗誠異，悟亦有因。是故擬狀靈範，啓
殊津之心，儀形神模，辟百慮之會。

說明了「擬狀」可以「啓心」之外，慧遠更曾明白表示過形神雖別，實又結
合一體的觀念：「夫形神雖殊，相與爲化；內外誠異，渾爲一體。」（〈明報應
論〉）。於是託形傳眞的問題，便轉爲如何使「形聲之外，復有可觀」（謝靈運
〈佛影銘〉），也就是如何掌握與神結合的形，可以傳眞的形，而非空形。

其實，佛教所謂的「形象」，如佛像、佛畫、乃至寺院建築，本身即是藝
術的創作。創造生動鮮明的形象，傳達某種思想和情感，以打動人情，引發
聯想，正是藝術創作的特質。慧遠〈襄陽丈六金像頌〉、〈萬佛影銘〉雖是爲
佛像、佛畫而作，但其中敘述興懷希想以至鑄成其像的過程，實可視爲藝術
創作的過程。

每希想光晷，彷彿容儀，寤寐興懷，若形心目。……乃遠契百念，
愼敬慕之思，追述八王同志之感，魂交寢夢，而情悟於中，遂命門
人，鑄而像焉。（〈襄陽丈六金像頌〉）

由於創作是一種由無到有的活動，縱然心有所感，終於是從無形到有形，「談
虛寫容，拂空傳像」，如何能「落影麗形」，實有賴「體神入化」，正如慧遠所
描述的澄心靜慮，念茲在茲，才能「情悟於中」，在心目中慢慢呈現可見的形
象，如此方能「妙盡毫端，遠微輕素；托彩虛凝，殆映宵霧。跡以像眞，理
深其趣。」達到「傳神」的效果。唯有傳神的形象，才能便欣賞者「彷彿鏡

〔註24〕以佛像爲例，「形」既爲「佛」之形象，「神」當指「佛」。但若不拘泥於此，
　　　　如託象傳眞，借言津道，是一種外在表現與內在本質的關係，則不妨視爲形
　　　　神的問題。

神儀，依稀若眞遇」，「深懷冥托，霄想神遊」，「至於佇禁遐慨，固已超乎神境矣」。〔註25〕藝術欣賞的美感便在這暫忘形骸、會心神遊吧！慧遠所言，不僅說明了佛像、佛畫傳教的效果，同時也掌握了藝術創作的精意與美感，六朝文學對「形象」的注重，繪畫對「傳神」的要求，與佛教藝術形象的傳教方法和理論，豈能全然無關。再如謝靈運的〈佛影銘〉，不僅在序中強調「摹擬遺量，寄托青彩，豈像形也篤，故亦傳心者極矣」的傳神效果，更進一步描寫四周地形之美：

> 疏鑿峻峰，周流步欄，窈窕房櫳，激波映墀，引月入窗，雲往拂山，
> 風來過松。

正是山林與佛像共同組成的藝術形象，表現出一種玄妙的意境，使得形象更加豐富，也更具感染力。一如玄學家重自然，自然山水可以體道，佛教的寺院僧房亦多位於山林間，形成方外的表徵。如《高僧傳卷六‧慧遠傳》所載：

> 遠創造精舍，洞盡山美，卻負香爐之峰，傍帶瀑布之壑，仍石疊基，
> 即松栽構，清泉環階，白雲滿室。復于寺內別置禪林，森樹煙凝，
> 石徑苔合，凡在瞻履，皆神清氣肅焉。

便是以山水自然塑造一個特殊的環境氣氛，使人神清氣肅，若有感通。魏晉以後山水詩、山水畫的興起，除了地理環境的影響、藝術作品形象的講求等因素外，自然山水的意義被提昇，成爲體道悟理的對象，該是重要的因素。玄學固是主導者，佛教何嘗不然。

總此，可見佛教對形神思想的影響，除了眾所周知「神滅神不滅」之辯，實擴及形神詞語的運用，養神的工夫，乃至藝術創作的山水詩畫，以及形象傳神的審美要求。即連名僧之風神亦不曾讓於名士。〔註26〕六朝佛教與當時思潮、風氣之影響互動，於此可見一斑。

〔註25〕皆見於慧遠〈佛影銘〉。

〔註26〕孫綽嘗著〈道賢論〉以天竺七僧方竹林七賢。《世說新語》記支道林器朗神儁的精神風味，亦爲人樂道。又如《高僧傳》記帛法祖「才思俊徹、敏朗絕倫」、竺法雅「風采灑落，善于樞機」、康法暢「常執塵尾行，每值名賓，清談盡日」，其風姿言談、行徑交遊幾與名士無別。即連名士任誕、豪爽之風，《出三藏記集》描寫的竺叔蘭實與之同流，並爲名士所接受。原文如下：性嗜酒，飲至五六升方暢。常大醉，臥於路旁。仍入河南部喚呼，吏錄送河南獄。時，河南尹樂廣與賓客並酣，已醉，謂蘭曰：「君僑客何以學人飲酒？」叔蘭曰：「杜康釀酒，天下共飲，何問僑舊！」廣又曰：「飲酒可爾，何以狂亂乎？」答曰：「民雖狂而不亂，猶府君雖醉而不狂！」廣大笑……遂釋之。

第二章　體道養神

第一節　莊子的道與神

　　《莊子》書中多處論「道」，〈大宗師〉裡有一段話清楚地指陳了「道」的性質：

> 夫道，有情有信，無爲無形；可傳而不可受，可得而不可見；自本
> 自根，未有天地，自古以固存；神鬼神帝，生天生地；在太極之先
> 而不爲高，在六極之下而不爲深，先天地生而不爲久，長於上古而
> 不爲老。

這裡所謂的「道」，與《老子》「有物混成，先天地生，寂兮寥兮，獨立不改，周行而不殆，可以爲天下母，吾不知其名，字之曰道」的觀念相近，指稱創生的形上實體。〈漁父篇〉有「道者，萬物之所由也」與《管子‧內業》「萬物以生，萬物以成，命之曰道」、《韓非子‧解老》「道者萬物之所然也」、「道者萬物之所以成也」，都直接喻示了「道」作爲萬物存在的根元。然而莊子之異於老子，正在其宇宙論、形上學的性格漸淡，轉爲由人出發，追求與道合通的人生境界，因此，其所謂「道」，無寧更切近於一種由人的主體證悟、呈顯出來的境界，是以要認識莊子的「道」，必先了解人證道的主體——神。

　　《莊子》書中所言之「神」，除了作爲鬼神與神奇的形容之外，多針對人而言，指人的主觀心靈及其活動，如：

> 勞神明爲一而不知其同也，謂之朝三。（〈齊物論〉）
>
> 今子外乎子之神，勞乎子之精。（〈德充符〉）

解心釋神，莫然無魂。(〈在宥〉)

水靜猶明，而況精神。……此五末者，須精神之運，心術之動，然
後從之者。(〈天道〉)

汝齋戒，疏瀹而心，澡雪而精神 (〈知北遊〉)

小夫之知，不離苞苴竿牘，敝精神乎蹇淺。(〈列禦寇〉)

前數例中所謂的「神」，多與「心」「知」並舉，指的是第一層面的精神及其
活動，這種「精神」可能敝於蹇淺，尚待明靜澡雪，甚至是需要排解遣釋的，
與「精神四達並流，無所不極」(〈刻意〉)、「獨與天地精神往來」(〈天下〉)
的「精神」並不全同。前者是相對於形體、生理活動的一般用法，後者則具
有無限自由，與道冥合的積極性意義（第二層面的「神」）。〔註1〕

〈有宥〉篇有一段說明，如下：

至道之精，窈窈冥冥；至道之極，昏昏默默。無視無聽，抱神以靜，
形將自正。必靜必清，無勞女形，無搖女精，乃可以長生。目無所
見，耳無所聞，心無所知，女神將守形，形乃長生。

這段敘述由至道而論及「神」，經由「無視無聽」、「目無所見、耳無所聞、心
無所知」等感官心知「必靜必清」的工夫，使「神」來守「形」。因而自正乃
至長生。在此，「神」為「形」的主導，並直通「道」窈冥昏默之境。因此，
要了解莊子積極意義的「神」，便要從修為的工夫去認識。

莊子對於心有「人心」與「常心」的分別，〔註2〕其修為工夫便是從「心」
入手，對治「人心」而復歸「常心」。由於人認知分辨的能力乃由心出，而分
彼我、別是非正是勞己擾群的大亂之源，因此「心知」便成為莊子要對治的
對象：

夫隨其成心而師之，誰獨且無師乎？(〈齊物論〉)

是之謂不以心捐道，不以人助天。(〈大宗師〉)

故天下每每大亂，罪在於好知。(〈胠篋〉)

去性而從心，……然後民始惑亂。(〈繕性〉)

〔註1〕顏崑陽《莊子藝術精神析論》第三章〈莊子藝術精神之體性〉裡，討論莊子
「精神」一詞的意指時，便將之分為二類：「(一)人之主觀心靈及其作用。(二)
宇宙萬有形上實體之顯現」。客觀地說，就是萬物（包括人在內）之質性。主
觀地說，就是人與道契合之心靈。」

〔註2〕參見楊儒賓《先秦道家「道」的觀念的發展》。

因心知而有成心，使人離性棄道，所以莊子要「外於心知」，使人避開心知的
束縛，故曰：

> 若一志，無聽之以耳而聽之以心，無聽之以心而聽之以氣。聽止於
> 耳，心止於符。氣也者，虛而待物者也。唯道集虛，虛者，心齋也。
> （〈人間世〉）

莊子不只要排除形軀感官的制約，更進一步要避開認知判斷的局限。因為耳
與心所代表的認知活動都不能使外物客觀如實地進出，唯有停止感官心知的
活動，才能進而體切物我之間真實的關係。所謂「聽之以氣」，亦即是〈養生
主〉所謂「官知止而神欲行」的「神欲行」，是由不受物累之心所發的超分別
相之直觀。至於所謂「純氣之守」、「壹其性，養其氣，全其德，以通乎物之
所造」（〈達生〉），固然提出了「氣」的境界，然而要「遊乎天地之一氣」（〈大
宗師〉），卻仍須根源於人之心，莊子稱為「心齋」，故曰「唯道集虛，虛者，
心齋也」。「徇耳目內通而外於心知」，即是內通於無認知判斷、種種成見紛擾
的虛靜之心──亦即人之天府，靈台。〔註3〕如此「形同槁木，心如死灰」，
「吾喪我」（〈齊物論〉），喪卻形軀我、認知我，而真我於焉獨存。是以「坐
忘」之「墮枝體、黜聰明、離形去知，同於大通」（〈大宗師〉），正是使心如
鏡，而後方能「乘物以遊心」（〈人間世〉）、「遊心乎德之和」（〈德充符〉）。這
種由成見欲望、奔馳憂勞中解放出來的心，可以如實呈顯萬物的意義與本質，
自由遨遊而同於大通之道，這種常心與道會通遨遊，契合無間的顯現與境界，
亦即莊子「神」的積極意涵，也是莊子將客觀的道內化於人的生命，使「道」
成為用生命體現的境界意義之主要關鍵。

　　以虛靜合道、無待無累之心靈及其活動來了解莊子所謂的「神」，便可以
了解〈在宥〉篇「目無所見，耳無所聞，心無所知」而後「神將守形」的意
義。因為只有在如此修為之後，會通於道的精神體才有可能產生，並透貫至
形體。因此養心正為養成此「神」，所以「心養」與「養神之道」的工夫是一
致的：

> 心養。汝徒處無為而物自化。墮爾形體，吐爾聰明，倫與物忘；大

〔註3〕《莊子‧齊物論》：「故知止其所不知，至矣。孰知不言之辯，不道之道？若
　　　有能知，此之謂天府。」〈德充符〉：「日夜相待乎前，而知不能規乎其始者也，
　　　故不足以滑和，不可入於靈府。」〈庚桑楚〉：「備物以將形，藏不虞以生心，
　　　敬中以達彼，若是而萬惡至者，皆天也，而非人也，不足以滑和，不可內於
　　　靈台。」

同乎涬溟。解心釋神，莫然無魂。（〈在宥〉）

純粹而不雜，靜一而不變，淡而無爲，動之以天行，此養神之道也。
（〈刻意〉）

皆是去外物之紛雜、去感官之欲，心神之用，淡然無爲以合於自然。是以「明白入素，無爲復朴」自能「體性抱神，以遊世俗」（〈天地〉）

《莊子》一書極力凸顯精神的意義，〈天下〉篇自陳其旨便言：「芴漠無形，變化無常，死與生與，天地並與，神明往與」。〈列禦寇〉中亦言：「彼全人者，歸精神乎無始而甘冥乎無何有之鄉。」其重視精神之自由解放以至無極的觀念是十分明顯的。特別是〈德充符〉「遊於形骸之內」、「猶有尊足者存」、「愛其使形者」、「德有所長而形有所忘」等，在在顯示重神輕形，乃至忘形的觀念，因此批判執著於養形之人，曰：「物有餘而形不養者有之矣」、「形不離而生亡者有之矣」（〈達生〉）。然而〈養生主〉有「保身」、「全生」之言，〈天地〉篇言：「存形窮生，立德明道」，〈達生〉篇言「形全精復，與天爲一」，〈庚桑楚〉亦有「全汝形，抱汝生」之語。因此莊子所謂的「忘形」，更確切地說，應是「不位乎其形」（〈秋水〉），要人接受天賦之形，不爲形軀之美醜殘疾所限。事實上，形軀乃人受生於道，最自然的生命，雖有它最基本的需要，然而逐物養形，無止盡的追求，終至惑亂於外，殘生毀形者，乃在心而不在形，如同老子要人無知無欲，是「虛其心」「弱其志」而非控制約限形骸基本的需要，〔註4〕莊子亦承認天賦之形的需要與局限，而從修心著手，以「常心」——「神」來「守形」、「全形」——保全物之生理，不因心逐物而損，使之能「盡其所受於天」。同時，經由心的專一虛靜臻及體道合一之「神」，如〈達生〉篇之「用志不分，乃凝於神」，此時「神」（常心）實重新透貫於形體，故能「指與物化」（〈同上〉）。這種神形之間第二度的結合（經過徇耳目、墮肢體的階段），其間渾融無間的覺受與體驗，不是言語思惟、學步效顰所能傳達和模擬的，是以輪扁曰：「得之於手而應於心。口不能言，有數存焉於其間。」（〈天道〉）。心手相應，口不能傳者，正是那內在於己，無可替代的「體知」與「親證」。事實上，心靈作用固可神思遨遊，暫忘形骸，但若落及修爲，縱

〔註4〕《老子·第三章》：「是以聖人之治，虛其心，實其腹，弱其志，強其骨。常使民無知無欲。」可見克制欲望乃從心志入手，形軀基本的需要，並不是要超越的對象。雖然〈第十三章〉言：「吾所以有大患者，爲吾有身，及吾無身，吾有何患」，但並非要否定人生理的存在，同樣是反對心知馭使，執著有我而已。

然是由精神心靈的粹煉入手，終賴「體知」、「親證」，而後自然而然煥發於形骸舉措。蔣年豐於〈再論莊子與梅勞・龐蒂〉一文〔註5〕中，有如下的分析：

> ……莊子對「身」也有兩層觀，如「耳」、「肢體」與「虛而待物之氣」的劃分。莊子的「虛而待物之氣」是就「常心流貫乎形體故有氣之感應運作」而說的。所以莊子的「氣」既涉乎「常心」也涉指「常心所流貫的運作自如的形體」。

透過這種角度的理解，則〈齊物論〉所謂的「天地與我並生，而萬物與我為一」，便不只是一種精神的覺受，而進至神形相融的生命的體知了。

　　因此，莊子論道談神，擺落一般對形軀的執著和設限，剝除是非知見的成心，讓人重新認識本生於道的精神。是以「體道養神」便成為六朝抗違名教、順任自然者，回歸自然本我、冥合自然的積極目標。當其「遊心於淡，合氣於漠，順物自然而無容私焉」（〈應帝王〉），「神」「形」再度諧和於其所本之「道」，「原天地之美而達萬物之理」（〈知北遊〉），這固然是莊子追求的解脫逍遙與生命的實證，同時亦正是六朝理想人格與美感生命之源。

第二節　形神關係

　　《淮南子・精神訓》云：「是故精神，天之有也；而骨骸者，地之有也。精神入其門，而骨骸反其根，我尚何存。」與宋尹學派所說的「天出其精，地出其形，合此以為人。」〔註6〕其本觀念一致，都說明了精神與形骸是人存在不可或缺的兩大部份。同時，「天」和「地」的區分，也點出以精神為精，形體為粗的看法。雖然《荀子・天論》有「形具而神生」的說法，原可擴充發展為「以形為有生之本」〔註7〕的觀念，但莊子特標「神」，追求精神的自由解放，加上精神本身靈妙的作用，自然而有「神」精「形」粗的想法，故雖形神並舉，卻是以「神」為生命之主制，如《淮南子・原道訓》云：

> 夫形者，生之舍也；氣者，生之充也；神者，生之制也。一失位則三者傷矣。……故以神為主者，形從而利。以形為制者，神從而害。

〔註5〕 此文乃〈體現與物化：從梅勞・龐旁的形體哲學看羅近溪與莊子的存有論〉之後續，二篇分見於中國文化月刊第一〇五・一〇六期。
〔註6〕 語見《管子・內業篇》。
〔註7〕 如王安石〈禮樂論〉便云：「神生於性，性生於誠，誠生於心，心生於氣，氣生於形。形者有生之本也。」

司馬談〈論六家要旨〉也說明了「神」為生之本，託於「形」——生之具：

> 夫神大用則竭，形大勞則敝，神形蚤衰，欲與天地長久，非所聞也。……凡人所生者神也，所託者形也，神大用則竭，形大勞則敝，形神離則死。死者不可復生，離者不可復合，故聖人重之。繇此觀之，神者生之本，形者生之具，不先定其神形，而曰我有以治天下，何繇哉？

在主張「神」為生之本的同時，這兩段文字都不得不承認「一失位則三者傷矣」、「形神離則死」。因此其後桓譚《新論》便以燭火喻形神，說明燭盡火滅，形斃神亡，「神」不能獨存；〔註8〕而向以實證疾妄的王充更直言：「天下無獨燃之火，世間安得有無體獨知之精」（《論衡·論死篇》）。是以神形的關係，除了「神主形從」因精粗而有的主從性之外，其相互依存的關係也不容忽視。即連標舉精神主體，讓人去除形體執著的莊子，也得要「存形窮生」（〈天地〉）。至於莊學彌漫的六朝，除了佛教徒因其宗教背景，極力強調「神」的精靈質妙，主張「精神極則超形獨存，無形而神存，法身常住之謂也」（宗炳〈又答何衡陽書〉）。他如神滅論者、一般文士，甚至道教徒，都是在形神相資，依存不離的條件下，討論以神為主的形神關係，如嵇康〈養生論〉云：

> 是以君子知形恃神以立，神須形以存。悟生理之易失，知一過之害生。故修性以保神，安心以全身。

又如庾闡〈弔賈生文〉云：

> 夫心非死灰，智必有形。形託神司，故能全生。

而陶潛〈形影神詩〉中的神釋，亦假「神」開釋言道：

> 人為三才中，豈不以我故，與君雖異物，生而相依附。

至於葛洪《抱朴子》作為道教的著作，對於形神關係的看法亦然，如：

> 夫有因無而生焉，形須神而立焉。有者，無之宮也，形者，神之宅也。故譬之於堤，堤壞則水不留矣；方之於燭，燭糜則火不居矣。身（一作形）勞則神散，氣竭則命終。根竭枝繁，則青青去木矣；氣疲欲勝，則精靈離身矣。（《抱朴子內篇·至理》）

葛洪的說法仍是主張形神不離，至於「形須神而立焉」的主張，與嵇康的「形恃神以立」實同，但其就所謂「有因無而生焉」「有者，無之宮也」來立論，

〔註8〕桓譚此喻是形神論辯中常被使用的比喻，其語出《新論·祛蔽》篇，參見第一章註18。

便透露了以神爲主的觀念，出於玄學以無爲本的主張。因爲只有人之神方能經由修養保守，回歸通達於人性命所本之道——沖虛無爲之境，亦即是莊子體道之神。由此再回看從「有者無之宮」到形神不離的推展，也與「無」必賴「有」以顯的觀念扣合。可見六朝之論形神，實與當時玄學的思想密合無間。

　　此外，這樣的形神觀念，同時也表現出對於生命的看法。儒家的「未知生，焉知死」《論語·先進》，以「死生有命」（〈顏淵〉），著力於有生之年的道德修養以踐形；〔註9〕道家莊周以死爲息（《莊子·大宗師》），取消死生的對立，泯除了死亡的恐懼帶給生命的束縛以求逍遙；乃至陶潛委運而去，「縱浪大化中，不喜亦不懼，應盡便須盡，無復獨多慮。」（〈形影神詩〉）的自然生命觀；基本上都是在生命之內立論。至於吸取儒道思想，由神仙方術演變而來的道教，更是以長生爲目標，希求精神與肉體永遠的結合，以進入永恆的神仙世界。如葛洪《抱朴子內篇·論仙》引《仙經》云「上士舉形升虛，謂之天仙；中士遊名山，謂之地仙；下士先死後蛻，謂之屍解。」「舉形升虛」固以神形不離爲基礎，「屍解」也是由死亡的蛻變而後神形一起仙去，如同篇之「近世壺公將費長房去，及道士李意期將兩弟子，皆在郫縣，其家各發棺視之，三棺遂有竹杖，以丹書於杖，此皆屍解者也」。因此，在生命的範圍內，形神同本於生命的質素——氣，故形神依存不離；又因形氣與精氣之別，是以神精形粗，神主形從。即便如六朝志怪裡的變形故事，承續神話裡的變形觀念而來，同一生命因形體的變化以突破死亡的困境，在另一形體中存在，如神話的精衛、志怪的韓憑夫婦等，雖然變形（或者形殘，如神話中的刑天），但生命卻因而延續。除了顯示對生命的熱愛，同時也承認了生命必須與形同存，形可變、可殘，卻不能無。〔註10〕

　　相對的，「佛法以有生爲空幻」（道安〈二教論〉），以「生」爲「因緣」之合，是空是假，是人痛苦的根源，形神合則「有生」，只有神與形離，並超脫輪迴（再度受生結合），精神永歸寂滅，才能脫離苦海而解脫。是以慧遠藉莊周之語，闡述他特殊的生死觀，曰：

〔註9〕　《孟子·盡心上》：「孟子曰：『形色，天性也。惟聖人然後可以踐形』。」
〔註10〕　變形與輪迴不同，輪迴雖也秉受異形，但卻是死後的另一個生命。神話變形卻是在強調不死，正如道教屍解爲蛻，如《太平廣記》引《寶劍上經》云：「屍解者，本眞之煉蛻也」，是蛻變而非死亡。

> 莊子發玄音於大宗曰：大塊勞我以生，息我以死。又以生爲人羈，
> 死爲反眞。此所謂知生爲大患，以無生爲反本者也。(〈沙門不敬王
> 者論·形盡神不滅〉) 〔註11〕

又如唐僧法琳〈辯正論〉亦言：「釋迦設教，示不滅不生之永滅」。佛教欲以
「無生」「永滅」超脫生死之別，也正因此特殊的生命態度，佛教徒不採前述
神形同質──神形不離的觀念，而主張神形二本，精神異源，如鄭道子〈神
不滅論〉云：

> 所謂形神不相資，明其異本耳。……形與氣息俱運，神與妙覺同流，
> 雖動靜相資，而精粗異源，豈非各有其本，相因爲用者邪。

由此可見佛教掀起的形神論辯，實源於生命態度的差異。而六朝文士對形神
依存關係的體認，則表現出他們對生命的熱情與珍惜。在莊學、玄風的氛圍
下，認識到「神」的主體意義，如嵇康〈養生論〉：

> 精神之于形骸，猶國之有君也。神躁於中而形喪於外，猶君昏于上，
> 國亂於下也。

葛洪〈養生論〉：

> 一人之身，一國之象也。……神猶君也。

以神爲君，有助於精神生命之開展，六朝之所以成爲精神自由，藝術蓬勃的
時代，正基於此。在這既是束縛又是動能，現實生命形神相依的情況下，他
們將莊子的玄妙之理，落實於生活的實踐中，成就六朝特殊的生命體悟與理
想人格。

第三節　理想的人格境界

《三國志·魏書·曹爽傳》注引《魏氏春秋》曰：

> 初，夏侯玄、何晏等名盛於時，司馬景王亦預焉。晏嘗曰：「唯深也，
> 故能通天下之志，夏侯泰初是也；唯幾也，故能成天下之務，司馬
> 子元是也；唯神也，不疾而速，不行而至，吾聞其語，未見其人」。
> 蓋欲以「神」況諸己也。

〔註11〕莊子原義是要人不以死生爲意，並非佛教「無生」的概念。且佛教之「以有
　　　生爲空幻」與道家「吾之大患在吾有身」，雖僅「生」「身」二字之別，實大
　　　異其趣。

李澤厚、劉綱紀的《中國美學史》第二卷對這段話作了這樣的解釋：

> 這裡所謂的「深」「幾」、「神」，已不同於一般人物品藻中的評語，
> 它是提升到了哲學高度的對人格理想的概括。……「神」高於「深」
> 和「幾」，而何晏又以「神」自況，因此「神」即成爲何晏以及整個
> 玄學所著重思考的問題。何晏的「貴無」論提出「以無爲本」、「無
> 之爲用，無爵而貴」，實際上就是從哲學上來探討「不疾而速，不行
> 而至」的「神」的境界。（見該書第四章〈魏晉玄學與美學〉）

本論文第一章釋神中曾指出，第二層面的「神」可以指一種特殊的生命境界，
如同莊子「精神四達並流，無所不極」體道之神的超脫逍遙。在熱衷於聖賢
高士典型風格的六朝，〔註12〕理想人格的塑造與「神」的討論自然密不可分。
雖然當時「聖人」之名，仍加冠於儒家的孔子，如王弼所言：「聖人體無，無
又不可以爲訓，故言必及有；老莊未免於有，恆訓其所不足。」（《世說新語・
文學》篇第八條）他以巧妙的說辭保有孔子的地位，但以「體無」爲聖人的
境界，實爲道家之學。〔註13〕就如他援引《莊》《老》以注《易》，反覆申論
「寂然至無」之本，〔註14〕將《易》之「道」與「無」結合，如《易・繫辭》
注云：

> 道者何？無之稱也，無不通也，無不由也。況之曰道，寂然無體，
> 不可爲象。必有之用極，而無之功顯，故至乎神無方而易無體，而
> 道可見矣。

又如：

> 夫唯知天之所爲者，窮理體化，坐忘遺照。至虛而善應，則以道爲
> 稱；不思而玄覽，則以神爲名。蓋資道而同乎道，由神而冥於神者
> 也。

〔註12〕魏晉清談的主題，包括「孔老地位高下」「聖人有情無情」的問題。在人物品
　　　鑒的風氣下，著述闡論聖賢高士的典型風格，也形成一種時尚，如嵇康〈高
　　　士傳〉、王恪〈賢人論〉、謝萬〈八賢論〉、袁宏〈名士傳〉等。可見所謂理想
　　　人物的風範人格，是當時人極爲關心的主題。

〔註13〕王弼注《老子道德經》，其「體無」的觀念自與《老子》密切相關。然而《莊
　　　子・逍遙遊》所謂「至人無己，神人無功，聖人無名」，也可視爲「體無」之
　　　境。

〔註14〕王弼注《易》「復見其天地之心乎」，曰：「復者，反本之謂也。天地以本爲心
　　　者也。凡動息則靜，靜非對動者也；語息則默，默非對語者也。然則天地雖
　　　大，富有萬物，雷動風行，運化萬變，寂然至無是其本矣。」

用「體化」、「坐忘」、「至虛」、「玄覺」等道家的詞語,說明「知天之所爲者」,
「同乎道」「冥於神」的至高境界。

關於理想人格的看法,又與當時名教與自然的問題不分。何、王「以無
爲本」復又尊崇儒聖的態度,與其立基於名教社會,欲引自然無爲之道以救
時弊的立場切合。至於阮籍、嵇康,痛惡名教社會之虛僞卑鄙,深感生命情
性之本出自然,〔註15〕因此其所謂理想人格,更明顯地就一己生命情性之自
然合道而言,如阮籍〈達莊論〉:

> 夫至人者,恬于生而靜于死。生恬則情不惑;死靜則神不離,故能
> 與陰陽化而不易,從天地變而不移。生究其壽,死循其宜,心氣平
> 治,不消不虧。是以廣成子處崆峒之山以入無窮之門;軒轅登崑崙
> 之阜而遺玄珠之根,此則潛身者易以爲活,而離本者難與永存也。

亦即是「命物之化而守其宗」(〈莊子・德充符〉),稟自然而生,順自然而行,
不以死生存亡、富貴窮達而亂其天和,正是所謂守本不離。故〈大人先生傳〉
云:

> 夫大人者,乃與造物同體,天地並生,逍遙浮世,與道俱成。

阮籍曾言「天不若道,道不若神,神者,自然之根也。」(〈大人先生傳〉),
而其論人之形神,亦以「神」爲「天地之所以馭者」,云:「直能不害於物而
形以生,物無所毀而神以清,形神在我而道德成」(〈達莊論〉),正是其體順
自然,無害無毀,與道俱成的逍遙。

嵇康對於「名教」與「自然」的問題,提出了「越名教而任自然」的主
張,如〈釋私論〉:

> 夫稱君子者,心無措乎是非,而行不違乎道者也。何以言之?夫氣
> 靜神虛者,心不存乎矜尚;體亮心達者,情不繫於所欲。矜尚不存
> 乎心,故能越名教而任自然;情不繫於所欲,故能審貴賤而通物情。
> 物情通順,故大道無違,越名任心,故是非無措也。……所措一非
> 而内愧乎神,賤隱一闕而外慚其形。言無苟諱,而行無苟隱。不以
> 愛之而苟善,不以惡之而苟非。心無所矜,而情無所繫,體清神正
> 而是非允當。

〔註15〕如阮籍〈大人先生傳〉以處褌之虱強烈抨擊詐僞求名的禮法之士,嵇康〈難
張遼叔自然好學論〉極言人之眞性無爲,正當自然,不須六經抑引、禮律犯
情。

嵇康所強調的「任自然」，是建立在「心無所矜而情無所繫」，不受愛憎憂喜污染，「體正神清」的自然生命上。從不慚其形、不愧其神，「體正神清」的基礎，從而保神養生，以至「形神相親，表裡相濟」，正是嵇康〈養生論〉的理想目標：

> 君子知形恃神以立，神須形以存，悟生理之易失，知一過之害生。故修性以保神，安心以全身。愛憎不棲於情，憂喜不留於意，泊然無感而體氣和平。又呼吸吐納，服食養生，使形神相親，表裡俱濟也。

正如嵇康、向秀關於養生的論辯，乃根於二人對自然與名教觀念的殊異，[註16] 是以有意化解自然與名教衝突，藉體用相反相成來發揮的向、郭《莊子注》，自然與嵇、阮大異其趣。向、郭主張「自然」為所以跡，為體；名教為跡，為用，故言：

> 所以跡者，真性也。夫任物之真性者，其跡則《六經》也。況今之人事，則以自然為履，《六經》為跡。（〈天運〉注）

認為「自然」非孤立方外，「名教」非無源於內，以自然之玄心遊於禮義之藩籬，則有賴「體冥以致跡」兩全的聖人，故〈逍遙遊〉注云：

> 夫聖人雖在廟堂之上，然其心無異於山林之中。世豈識之哉！徒見其戴黃屋，佩玉璽，便謂足以纓紱其心矣；見其歷山川，同民事，便謂足以憔悴其神矣，豈知至者之不虧哉！

因此，向、郭乃以「跡冥圓融」為其理想人格的典型，以莊子之注重冥體，實為遮跡顯冥，故言：

> 聖人常遊外以冥內，無心以順有，故雖終日揮形而神氣無變，俯仰萬機而淡然自若。（〈大宗師〉注）

由於對自然與名教的詮釋不一，所謂「理想人格」的典型也就略有偏重。何晏、王弼以「體無」來認識「神」，視為超越有限之「形」的一種無限自由的境界。阮籍則與道俱成，強調形神在我的浮世消遙。嵇康更藉一套養生論，企求保養形體，與體道自由之神再度和諧、相親。嵇、阮的理想人格是傾慕自然、潛隱歸道的典型。相對的，向、郭「終日揮形而神氣不變」，跡冥圓融

〔註16〕向秀〈難養生論〉主張順性自然，而以儒家之禮加以節制，是站在維護既有的倫理秩序下，談天理之自然，與嵇康「越名教而任自然」的主張趣舍不同。更遑論嵇康〈養生論〉中有道教養形的背景，二人的論辯自難避免。

的聖人觀念，則為所謂「朝隱」提供了哲學上的解釋，美化了士大夫的俗情，故《莊子注》風靡一時，其影響不可小覷。

此外，如同嵇康〈養生論〉受道教服食煉形的影響，〔註17〕道教所標舉的生命態度和理想，也是六朝人重要的觀念之一。道教希求長生，沿襲方士丹藥服食、練氣導引等養形之法，《抱朴子》有〈金丹〉〈仙藥〉兩卷，〈論仙〉篇亦言：

> 若夫仙人以藥物養身，以術數延命，使內疾不生，外患不入，雖久
> 視不死而舊身不改，苟有其道，無以為難也。

若如王弼所言：「服五石散，非唯治病，亦覺神明開朗」（《世說新語·言語》），則藥物非僅養身治病，實又關乎人之精神。又如陶弘景〈答朝士訪仙佛兩法體道書〉中云：「假令為仙者，以藥煉其形，以精靈瑩其神，以和氣濯其質，以善德解其纏，眾法共通，無礙無滯。」則是道教的工夫實通用眾法，既以藥石煉形，注重飲食居處等細節，恬愉澹泊以養心頤神，也是重要工夫，《抱朴子》有云：

> 學仙之法欲得恬愉澹泊，滌除嗜欲，內視反聽，尸居無心。（〈論仙〉）
>
> 俗人不能識其太初之本，而修其流淫之末。人能淡默恬愉，不染不
> 移，養其心以無欲，頤其神以粹素，掃滌誘慕，收之以正，除難求
> 之思，遣害真之累，薄喜怒之邪，滅愛惡之端，則不請福而福來。（〈道
> 意〉）

因此，這時期的道教實是形神兼練，如《抱朴子·微旨》：「所為術者，內修形神」、〈極言〉：「苟能令正氣不衰，形神相衛，莫能傷也」。甚至如梁高允生〈王子喬行〉所歌詠的「仙化非常道，其義出自然」，是一合乎自然之道的修為工夫。是以《顏氏家訓·養生》以為「未可全誣」，而言「若其愛養神明，調護氣息，慎節起臥，均適寒暄，禁忌食飲，將餌藥物，遂其所稟，不為夭折者，吾無間然」。可見道教觀念為一般文士所接受的情形。而嵇康〈養生論〉之別出原始道家，轉生此時代新義，亦不能不歸諸道教的影響。

誠如阮籍所謂大人者與道俱成，雖然各家對「道」的解釋或有異同，但以自然本體之「道」作為理想人格的核心內容則一。從形神觀點來了解，即是體道養神的問題。自莊子提出心齋坐忘，虛靜而養，《管子》、《呂氏春秋》、

〔註17〕如所謂「呼吸吐納，服食養生」、「蒸以靈芝，潤以醴泉，晞以朝陽，綏以五
　　　　絃」，以及「咀嚼英華，呼吸太陽」等。

《淮南子》等也作了許多發揮，大凡描述或說明某種精神境界時，同時也就點明了涵養的工夫。六朝養生養神之談殊多，其中《劉子》以〈清神〉、〈防慾〉、〈去情〉三篇，十分扼要地說明了養神的架構：

> 形者，生之器也。心者，形之本也。神者，心之寶也。故神靜而心和，心和而形全。神躁則心蕩，心蕩則形傷。將全其形，先在理神。故恬和養神，則自安於內。清虛棲心則不誘於外。神恬、心靜則形無累矣。……由此觀之，神照則垢滅，形靜則神清。垢滅則內慾永盡，神清則外累不入。（〈清神〉）

由於神的主制性，故「理神」乃「養」之首要，否則即如嵇康所言，「神躁於中，而形喪於外」（〈養生論〉）。但所謂「形靜則神清」，實又點出調理心神的工夫，實有賴於形體感官靜居其守，不受外誘的輔助。只是人形體感官的自然需要，是維持生理的自然功能，其所以放逸失度、繫外無節，乃因情與物接，耽溺於慾，故清神靜形的工夫，落實於形，則是收斂五官，約欲以守貞；至於不亂其神，乃在刳情遣累，無情以接物，也就是〈防慾〉、〈去情〉二篇申論的重點。

所謂「情性未鍊，則神明不發」（〈劉子·崇學〉），理想人格體道之神，是經過滌除人欲偽作，使性情再合自然的狀態。莊子「萬物復情」（〈天地〉），乃指「不以好惡內傷其身」（〈德充符〉），無累無是非的自然情性；王弼的聖人有情，也有其「應物而無累於物」的積極意義。所謂從性而游不違物，順情而往皆所適，自然離俗，逍遙遨遊的境地，其背後皆有深厚的修為工夫，實異於一般的肆任恣意，如《列子·楊朱》：

> 晏平仲問養生於管夷吾。管夷吾曰：「肆之而已，勿壅勿閼。」晏平仲曰：「其目奈何？」夷吾曰：「恣耳之所欲聽，恣目之所欲視，恣鼻之所欲向，恣口之所欲言，恣體之所欲安，恣意之所欲行。」

而張湛《列子注·序》亦云：「治身貴于肆任，順性則所之皆適」。這種順性肆任，只是「為盡一生之歡，窮當年之樂，唯患腹溢而不得恣口之飲，力憊而不得肆情於色，不遑憂名聲之醜，性命之危」（〈楊朱〉），感官聲色的放逐而已。然而向、郭注《莊子》，「物任其性」「足於其性」的逍遙說，卻為現實庸俗的行徑，找到自得逍遙的美麗藉口，如：

> 夫小大雖殊，而放於自得之場，則物任其性，事稱其能，逍遙一也，豈容勝負於其間哉！

又說：

> 苟足於其性，則雖大鵬無以自貴於小鳥，小鳥無羨於天地，而榮願
> 有餘矣，故小大雖殊，逍遙一也。

可見向、郭《莊子注》非僅使朝隱合理，其任性逍遙之說，實扭曲了莊子轉俗成真超拔的追求，甚而下墜於形軀感官之域。上焉者或任情使性，充分發揮一己的個性，或如〈列禦寇〉之「巧者勞而智者憂，無能者無所求，飽食而遨遊，汎若不繫之舟」自然形遊於世。下焉者則不免墮入放肆傲慢、逐物不返之流。

總之，在聖人、至人、大人、君子、仙人等關於「理想人格的境界」，我們大致可分為以下三類：

（一）聖人、至人、大人 —— 體無本道之人 —— 本自然者。

（二）向、郭所稱的（聖人）君子 —— 行不違道之人 —— 超名教而任自然者。

（三）仙人 —— 服食養生 —— 以法成道之人 —— 道教徒。

養神體道理想人格追求，其自得適意，乃源於高慕至理，精神不斷的滌練超拔所至，展現出清明寥廓、自由無繫的境界。但當時人所追求的「境界」，主要乃是第二類的行不違道之人 —— 任自然之人，所以表現出來的，乃是適情適性，遊心任物的生活態度。

在文人的詩賦中，隨處可見理想人格的期許與嚮往，如賈誼「鵩鳥賦」：

> 愚士繫俗兮，窘若囚拘；至人遺物兮，獨與道俱。眾人惑惑兮，好
> 惡積億；真人恬漠兮，獨與道息。釋智遺形兮，超然自喪；寥廓忽
> 荒兮，與道翱翔。

又如蔡邕〈釋誨〉，胡老援琴而歌曰：

> 練予心兮浸太清，修穢濁兮存正靈。和液暢兮神氣寧，情志泊兮心
> 亭亭。嗜欲息兮無由生。踔宇宙而遺俗兮，眇翩翩而獨征。

至於魏晉遊仙詩、玄言詩，多是以至道為主體，嵇、阮的詩篇更處處嗟詠此理想，如：

> 俯仰自得，游心太玄。（嵇康〈四言贈兄秀入軍詩〉）
>
> 齊物養生，與道逍遙。（〈四言詩〉）
>
> 遺物棄鄙累，逍遙遊太和。（〈答二郭詩〉）

　　　　沖靜得自然，榮華安足爲。（〈述志詩〉）

　　　　何用養志，守以沖虛。（阮籍〈詠懷詩〉）

　　　　幽光韜影，體化應神。（〈詠懷詩〉）

　　　　道眞信可娛，清潔存精神。（〈詠懷詩〉）

這種「道足胸懷，神棲浩然」、「一氣浩然，純白於衷」〔註18〕的人格境界，
誠如嵇康〈答向子期難養生論〉所揭櫫的至境：

　　　　若以大和爲至樂，則榮華不足顧也；以恬澹爲至味，則酒色不足欽
　　　　也。苟得意有地，俗之所樂，皆糞土耳。

此大和至樂之境，是精神最完滿、最自由的狀態，如莊子之「上與造物者遊，
而下與外生死無終始者爲友」（〈天下〉），本身即是一至美的境界。六朝名士、
隱者的精神風格，實是慕求此一理想人格的實例，雖不能至，然心嚮往之。
而此自由無著、與物爲春的精神，亦正是人能夠擺落功利實用，進入美感體
驗的基礎，六朝人物之美、藝術之美，無不因於此醇白純粹的精神主體而來。
因此，體道養神，可說是形神思想由生命的認識，探入美感領域，最重要的
環結。

〔註18〕分別見於孫綽「答許詢詩」、《劉子・清神》二處。

第三章 名士風神

第一節 人物賞美

　　先秦以來，人物品鑒一直在道德倫理與政治社會的價值和功用影響下，判定人物道德才能的高下，以爲設官分職、推重任用的依據。但自漢末魏晉以降，人物品鑒逐漸從道德、實用的態度與標準抽離，轉而從審美的觀點，將人物視爲藝術的對象，就人物不同性情才氣所表現種種不同的姿態風貌、生命人格，加以欣賞讚美。人物品鑒由道德實用的層面轉入藝術賞美，除了舊有倫理傳統的破滅、一統政局的分裂、品鑒理論的影響之外，最根本的因素乃在於 —— 藝術精神的體認。正如前文所言，莊學影響之下，體道的生命追求，通過虛心養神的修養工夫，所體認的自由解脫之精神，乃至人生至樂深美的境地，是人探入美感領域的根源。因此，唯有體認此自由的精神，才能認識到人內在精神本質的意義與價值，也才能從現實繁瑣的格套、人我的對立中超拔，直接以神相遇。所謂「神交」「神契」，〔註1〕正由於彼此以精神交契相感、互賞互惜，尊重彼此獨立的主體價值，而成爲人與人交往最純美

〔註 1〕郭璞〈贈溫嶠詩〉云：「爾神余契，我懷子情。攜手一壑，安知塵冥」。江淹〈傷友人賦〉云：「余幼好斯人，乃神交於一顧。」以「神」相契相交是人我交接最深切，亦最能朗現彼此生命風格與特質的方式。相對的，「神意不接」而徒以「形接」，則是人我的對立與僵持，充滿輕蔑、敷衍與不得已，不能坦誠相對的狀態。如《世說新語・文學》五十三條：「張憑舉孝廉出都，負其才氣，謂必參時彦。欲詣劉尹，鄉里及同舉者共笑之。張遂詣劉。劉洗濯料事，置之下坐，唯通寒暑，神意不接。」又如《抱朴子外篇・交際》：「大丈夫之自得而外物者，其於庸人也，蓋逼迫不獲已而與之形接」。

可貴的型態。人物賞美亦必由此精神出發，以不拘成規俗套的自由精神作為賞美的主體，不為功利、不帶成見，完整地去感受和品味對象 —— 人物。如此，超越道德判斷、實用價值的人物之美才能朗現於前。

至於人物賞美的對象，既是以一具有主體意義，完整的生命為對象，自然不再偏執於儒家的道德心性、或實用的外在事功。反之，由外及內，深探人之為人最自然自足的存在，與其獨異於他人的特質，才是人物賞美所關心的重點，亦即人自然而有，不與人同的情性才氣 —— 神。《世說新語》為魏晉人物相互評賞稱美的盛況，留下生動鮮明的記載，大都是透過形貌舉止來展示人物情性 —— 即「形」與「神」的關係，此處將「神」的用語略加歸納如下：

神姿 —— 神氣 —— 神候 —— 神鋒

神 —— 精神

神懷 —— 神情 —— 神意 —— 風神

「神情」「神懷」「神意」等，重在內在的「情」「懷」「意」；「神姿」「神貌」「神色」，則秉內外而重在「姿」「貌」「色」，可見由姿貌色所見之「神」，亦不離於情、懷、意（此即情性）。且性與才質相關，「神」之展現，必以「才」的活力為本，故有所謂「神鋒」。名士的言語思致是其才的顯現，而由姿儀氣色所見其人之情懷心性，更展示了名士的風神。是以言行姿貌便成為感受玩味其人內在資質稟性的憑藉，如〈言語〉篇七十六條記支道林養鶴放鶴，而言「既有凌霄之姿，何肯為人作耳目近玩」，雖是為鶴興嘆，實是己心移情所發，支公之志寓在其中。又九十六條記毛玄自稱「寧為蘭摧玉折，不作蕭敷艾榮」，其人之自負才氣，聞聲可知。〈雅量〉篇第二條記嵇康神氣不變，是因他臨刑之前，索琴而彈的從容；夏侯玄遇雷破柱而神色無變，則表現在賓客左右皆跌盪不得住，唯其作書如故的對照中（第三條）；裴楷的神氣無變，則顯示在被收之時，猶能舉止自若，求紙筆而作書（第七條）。都是就外在舉止的從容，見其神色鎮定，以知其內在無懼無畏的品性。又如〈任誕〉、〈簡傲〉篇中，阮籍箕踞嘯歌，酣放自若於晉文王坐前（第一條），醉酒臥眠於鄰婦之側（第八條），顯見其人不為名教所困折，天真自任的性情。所謂瞻形得神，徵神見貌，一個人外在言行與其內在質性相應如是，故玩賞其言，品味其行，正為領略其人風神之美。

《世說新語》有〈捷悟〉、〈夙惠〉兩篇，可見機智聰明（神之才）亦是

賞美的對象。事實上才性相涉，無論離合同異四本如何論辯，〔註2〕情性——神之展現，必本於「才」的活力，因此對於機巧應對、精微思理、斐然文采的賞愛，亦即對其人神鋒高才之賞美。〈言語〉篇記有許多切機的妙答，如鍾毓、鍾會的「戰戰惶惶，汗出如漿」、「戰戰慄慄，汗不敢出」（十一條）；鄧艾之「鳳兮鳳兮，故是一鳳」（十七條）；裴楷的「天得一以清，地得一以寧，侯王得一以爲天下貞」（十九條），並以其機智對答的捷才受到欣賞。至於〈文學〉篇記清談的盛況，同時也顯示了辭采思致如何教人傾心愛賞，如：

> 謝鎮西少時，聞殷浩能清言，故往造之。殷未過有所通，爲謝標榜諸義，作數百語。既有佳致，兼辭條豐蔚，甚足以動心駭聽。謝注神傾意，不覺流汗交面。殷徐語左右：「取手巾與謝郎拭面。」（第二十八條）

> 王少逸作會稽，初至，支道林在焉。孫興公謂王曰：「支道林拔新領異，胸懷所及，乃自佳，卿欲見不？」王本自有一往儁氣，殊自輕之。後孫與支共載往王許，王都領域，不與交言。須臾支退，後值王當行，車已在門。支語王曰：「君未可去，貧道與君小語。」因論《莊子·逍遙遊》。支作數千言，才藻新奇，花爛映發。王遂披襟解帶，留連不能已。（三十六條）

從「不與交言」到「留連不已」，才華的展露使其評價立變。支道林動輒數千言，殷浩徐語左右，顯示其人才高而有餘裕；謝、王的流汗交面、披衣解帶，則以生動的形象烘托了欣賞之情。同篇「辯答清析，辭氣俱爽」（三十條）、「敘致精麗，才藻奇拔」、「才峰秀逸」（五十五條）等，亦都是稱美之語。

　　對於高才敏思的讚美，原即是愛賞其神，而非爲窮究其理。如王弼自爲客主數番（〈文學〉第六條），即是藉以展示其婉轉鋪敘、綿密無盡的思維，並不是要辯析道理是非。觀賞者更是如此，在清談一來一往間，得到美感的滿足，如〈文學〉四十條云：

> 支道林、許掾諸人共在會稽王齋頭。支爲法師，許爲都講。支通一義，四坐莫不厭心。許送一難，眾人莫不抃舞。但共嗟詠二家之美，

〔註2〕《世說新語·文學》第五條載鍾會撰〈四本論〉。注引《魏志》曰：「會論才性同異傳於世。四本者，言才性同，才性異，才性合，才性離也。尚書傅嘏論同，中書令李豐論異，侍郎鍾會論合，屯騎校尉王廣論離。文多不載」，又如《南齊書·王僧虔傳》載其〈誡子書〉云：「才性四本，聲無哀樂，皆言家口實。」可見清談之重四本論，與其意見之分歧。

不辯其理之所在。

其實，思維的遊戲、言語的華采，本身即是一種美感與樂趣，能使人沉浸其間，優游悅樂，如〈言語〉二十三條云：

> 諸名士共至洛水戲。還，樂令問王夷甫曰：「今日戲樂乎？」王曰：
> 「裴僕射善談名理，混混有雅致；張茂先論史漢，靡靡可聽；我與
> 王安豐說延陵、子房，亦超超玄箸。」

又如〈文學〉三十一條云：

> 孫安國往殷中軍許共論，往反精苦，客主無閒。左右進食，冷而復
> 暖者數四。彼我奮擲塵尾，悉脫落，滿餐飯中、賓主遂至莫忘食。

無論是表達者或欣賞者，美感與樂趣使人沉浸陶醉，專注忘我。如謝安「自敘其意，作萬餘言」，當其逞才運思，渾然忘我，內在的情性氣志也自然流露，故「意氣擬託，蕭然自得」，使「四坐莫不厭心」，〔註3〕正是秀逸的言語，及其人之才情風神，所帶來的美感滿足。

關於人物神采風儀之美，〈豪爽〉篇首條記王敦擊鼓，「振袖而起，揚槌奮擊，音節諧捷，神氣豪上，傍若無人。」〈雅量〉篇三十六條記倉然遇火，王子敬「神色恬然，徐喚左右扶憑而出，不異平常。」一為陽剛豪爽，一為從容詳雅，但其氣態神宇都構成了美感。〈容止〉篇「夏侯玄朗朗如日月之入懷，李安國頹唐如玉山之將崩」（第四條）；嵇康之風姿特秀，「肅肅如松下風，高而徐引。」（第五條）其人之風儀亦都令人品味稱美。然而隨著人物評價之由形見神，對姿態形容本身也就愈加地注意和講究。如〈雅量〉第八條云：

> 王夷甫嘗屬族人事，經時未行；於一處飲讌，因語之曰：「近屬尊事，
> 那得不行？」族人大怒，便舉樏擲其面。夷甫都無言。盥洗畢。牽
> 王丞相臂，與共載去。在車中照鏡語丞相曰：「汝看我眼光，迺出牛
> 背上。」

王衍遭族人粗魯之舉而不失從容，更藉著無言、盥洗、牽臂、共載、照鏡、眼光乃出牛背上等姿態動作，來維護其詳雅風姿之美。如同言語作為傳神顯才的工具，經由不斷整飾鍛練，音辭文采本身也足以使人沉醉。是以瞻形儀而得神采的同時，如王衍細膩的動作，乃至人物容貌本身，也有了被獨立賞美的地位。荀粲即曾宣稱「婦人德不足稱，當以色為主」（〈惑溺〉第二條）。當時對儀容的欣賞，著重在色美而非儒家講求的舉止合禮。因此，何晏面如

〔註 3〕見《世說新語‧文學》第五十五條。

傅粉，王衍手白如玉，都值得一記。〔註4〕〈容止〉篇又記潘岳妙有姿容，出
洛陽道，被婦人連手縈繞；相對的，左思因其絕醜，效岳遊遨，遭群嫗亂唾
（第七條），當時對容貌美醜的好惡反應竟如此強烈！同篇對於光彩照人的妙
好姿容，亦是讚詞連連，如：

> 潘安仁、夏侯湛並有美容，喜同行，時人謂之「連璧」。（第九條）

> 裴令公有儁容儀，脫冠冕，麤服亂頭皆好。時人以為「玉人」。見者
> 曰：「見裴叔則如玉山上行，光映照人。」（第十二條）

> 驃騎王武子是衛玠之舅，儁爽有風姿，見玠則歎曰：「珠玉在側，覺
> 我形穢。」（第十四條）

> 王右軍見杜弘治，歎曰：「面如凝脂，眼如點漆，此神仙中人。」（第
> 二十六條）

杜乂的容貌之美，被歎如「神仙中人」，更何況藉著場景、衣飾、動作凝塑出
一種氣氛，更教人歎賞嚮往。如〈容止〉篇三十二條云：

> 或以方謝仁祖不乃重者。桓大司馬曰：「諸君莫輕道，仁祖企腳北窗
> 下彈琵琶，故自有天際真人想。」

同篇三十三條云：

> 王長史為中書郎，往敬和許。爾時積雪，長史從門外下車，步入尚
> 書，著公服。敬和遙望，歎曰：「此不復似世中人！」

又如〈企羨〉篇第六條：

> 孟昶未達時，家在京口。嘗見王恭乘高輿，被鶴氅裘。于時微雪，
> 昶於籬間窺之，歎曰：「此真神仙中人！」

跨越了道德標準、實用目的，魏晉以來的人物品鑒，即是人物審美的活動。
在此活動中，捕捉感受人物之美，予以貼切準確的形容，「品題」「品目」使
得魏晉名士對美細膩感受的能力與表達能力都得到很大的發展，同時，在人
物言語音辭、捷才思理，以及客觀姿儀中得到了賞美的悅樂。這份悅樂使得
他們對於美感更為傾心地追求和執著。言語才思之美，造成清談的盛況，談
者、聽者皆渾然忘我、樂而不疲；形容姿儀之美，更促進姿儀舉止的講究，
一動一靜都自覺求美。對美感的執著更表現在注重過程、重視當下、不求目
的，卻也不容替代的堅持上。以王徽之為例，〈任誕〉篇有兩則記載，如四十

〔註4〕分別見於《世說新語‧容止》第二、第八條。

六條云：

> 王子猷嘗暫寄人空宅住，便令種竹。或問：「暫住何煩爾？」王嘯詠
> 良久，直指竹曰：「何可一日無此君？」

又，四十七條云：

> 王子猷居山陰，夜大雪，眠覺，開室，命酌酒。四望皎然，因起仿
> 偟，詠左思〈招隱詩〉，忽憶戴安道。時戴在剡，即便夜乘小船就之。
> 經宿方至，造門不前而返。人問其故，王曰：「吾本乘興而行，興盡
> 而返，何必見戴？」

暫寄空宅，下令種竹；乘興而來，興盡而返；都是順應內心美感的興動與要
求，不以世俗的勞煩或目的來計量。這種直指心靈的執著專注，本身也成為
一種可賞的美感。〈任誕〉、〈簡傲〉篇中諸例，乃至〈儉嗇〉、〈汰侈〉篇所述，
當其旁若無人，自肆自得，也未嘗不是一番特殊的風格與趣味。

魏晉以來美的自覺，與藝術的高度發展，人物賞美的活動，實有著重要
的影響。雖然審美領域擴大了，美感的經驗豐富了，但人物賞美終究仍要以
精神情性為焦點，精神情性才是人審美賞美以及創造美感的主體，離乎此，
則無人物風神之美，亦無六朝的名士風流。

第二節　名士風流

「名士不必須奇才。但使常得無事，痛飲酒，熟讀〈離騷〉，便可稱名士。」
〈任誕〉篇王恭這番話，是從形跡來定義名士。然而正如張華所謂的「皆是
形骸之外，去之所以更遠。」〔註5〕要了解名士風流，猶須探入形骸之內——
神。〈賞譽〉篇王濟由言語音辭、思理精微，以及姿形之妙稱美其叔王湛，曰：
「家有名士，三十年而不知。」言語思理見其才器，姿貌形儀觀其情性，所
以成名士者，乃在其內在的才性。名士言語思致的風采，前文已經介紹，當
時人之善名理、術解、巧藝，超拔過人，乃是積極地顯露一己的才華。至於
唐君毅先生所謂「消極的不具他人所具之性質，無人之于世俗之常行與規矩
格套」〔註6〕之個性，則偏重性情而言。人物性情要由人之行為、態度、容止

〔註5〕《世說新語・德性》第十二條：「王朗每以識度推華歆。嘗集子姪燕飲。有人
　　　向張華說此事，張曰：『王之學華，皆是形骸之外，去之所以更遠。』」
〔註6〕唐君毅先生《中國哲學原論・原性篇》第五章。

來發現，這固然引起對姿貌形儀的講究和賞美，然而跨越形神的距離，欣賞內在情性才是人物賞美的焦點，也才是名士風流的神髓所在。

〈賞譽〉篇二十七條有這樣的例子：

> 王平子目太尉：「阿兄形似道，而神鋒太儁」太尉答曰：「誠不如卿落落穆穆。」

由外在形象，察見其人內在才性之鋒芒，這種由外及內的感知活動，須要有其藝術性的發現能力。這種發現的能力正來自莊學超越而虛靜澄明的修養。〔註7〕同時，當時人所欣賞的內在精神，亦正是這種適情適意，悠遊自得的精神特質。〈容止〉篇「神仙中人」、「天際眞人」、「不復世中人」的歎美，雖是就外形美感而發，卻未嘗不是以此爲象徵，表達對於超塵絕俗、超然物外的嚮往。人倫品鑒的品題，同樣顯示了這種特質。如「裴楷清通」、「王戎簡要」、山簡「疏通高素」、阮瞻「虛夷有遠志」、向秀、向悌「並令淑有清流」、王玄「清通簡暢」、杜乂「標鮮清令」、王羲之「清鑒貴要」「風骨清舉」、阮孚「清暢似達」、王彌「風神清令」〔註8〕「清」、「簡」、「高」、「遠」的形容，是對「超脫物質機括」「溢離成規通套」精神的賞譽。牟宗三先生討論「名士」即著重於此：

> 然則「名士」者，清逸之氣也。清則不濁，逸則不俗。沉墮而局限於物質之機括，則爲濁。在物質機括中而露其風神，超脫其物質機括，儼若不繫之舟，使人之目光唯其風神所吸，而忘其在物質機括中，則爲清。……精神溢出通套，使人忘其在通套中，則爲逸。逸者離也。離成規通套而不爲其所掩沒則逸。逸則特顯「風神」，故俊。逸則特顯「神韻」，故清。故曰清逸，亦曰俊逸。逸則不固結於成規成矩，故有風。逸則灑脫活潑，故曰流，故總曰風流。風流者，如風之飄，如水之流，不主故常，而以自在適性爲主。〔註9〕

〈賞譽〉篇二十一條，王衍以「不讀《老》、《莊》，時聞其詠，往往與其旨合」，給予山濤極高的評價。老子的無爲寡欲，莊子的逍遙物外，正是名士所追求的清逸精神，阮咸、王衍即以此獲賞：

〔註7〕徐復觀先生《中國藝術精神・第三章氣韻生動》。

〔註8〕分別見於《世說新語・賞譽》第五條。二十九條。三十六條。七十一條。一〇〇條及注。一〇四條。一五二條。

〔註9〕牟宗山先生《才性與玄理・第三章魏晉名士及其玄學名理》。

山公舉阮咸爲吏部郎，目曰：「清真寡欲，萬物不能移也。」（〈賞譽〉篇第十二條）

王戎云：「太尉神姿高徹，如瑤林瓊樹，自然是風塵外物。」（同篇十六條）

「清真寡欲」乃能「超脫物質機括」，不逐物流轉，沉陷其中；「風塵外物」正是能跳離「成規通套」，不爲塵俗淹沒。道家托懷玄遠、蕭條方外的精神，魏晉人引以自足。如〈品藻〉篇二十二條云：

明帝問周伯仁：「卿自謂何如庾元規？」對曰：「蕭條方外，亮不如臣；從容廊廟，臣不如亮。」

同篇三十六條，孫綽被點問自評時亦言：

下官才能所經，悉不如諸賢；至於斟酌時宜，籠罩當世，亦多所不及。然以不才，時復托懷玄勝，遠詠老莊，蕭條高寄，不與時務經懷，自謂此心無所與讓也。

皆是以胸中丘壑自足無讓。孫綽之言更是充滿了個人抒懷，自我愛賞的情感，如同殷仲堪答桓溫之「我與我周旋久，寧作我。」（同篇三十五條），不只爲超拔新奇，特異於人，而只是「消極地」肯定自我存在的意義，不爲其他目的而存在。〈德性〉篇第七條，陳諶形容其父陳寔的人格，便是自足自成，不問功德的生命典型：

客問陳秀方：「足下家君太丘，有何功德，而荷天下重名？」秀方曰：「吾家君譬如桂樹生泰山之阿，上有萬仞之高，下有不測之深。上爲甘泉所霑，下爲淵泉所潤。當斯之時，桂樹焉知泰山之高，淵泉之深，不知有功德與無也！」

企慕清逸脫俗，基本上先要不求功德、不求過人，若能任性自足、適性自在，則自有風格。〈賞譽〉六十五條云：

庾公爲護軍，屬桓廷尉覓一佳吏，乃經年。桓後遇見徐寧而知之，遂致庾公曰：「人所應有，其不必有；人所應無，己不必無。真海岱清士。」

又如〈棲逸〉第六條：

阮光祿在東山，蕭然無事，常內足於懷。有人以問王右軍，右軍曰：「此君近不驚寵辱，雖古之沉冥，何以過此？」

第十七條：

都尚書與謝居士善。常稱：「謝慶緒識見雖不絕人，可以累心處都盡。」

內足於懷，無所累心，自能不驚寵辱，不隨外在價值判斷動搖自我，故能成其「清」。王坦之所謂的「高士」，亦正在「情性自得」而能「縱心調暢」：

> 高士必在於縱心調暢。沙門雖云俗外，返更束於教，非情性自得之謂也。（〈沙門不得爲高士論〉）

性情是天生所稟，因人而異，或爲德性之剛正、方直、仁惠、忠義、清廉，或爲任誕、汰侈、讒險；有氣量之寬容、從容、豪爽，亦有簡傲、忿狷、儉嗇。是以《世說》中有形形色色的人物，各有其性情，也各有所偏好。如〈品藻〉第七條，裴頠性弘方，故愛楊喬之有高韻；樂廣性清淳，愛楊髦之有神檢。楊淮笑曰：「二兒之優劣，乃裴、樂之優劣。」其實性情不同，愛賞自異，並無優劣之分。又如同篇八十條：王子猷、子敬兄弟共賞〈高士傳〉人及〈贊〉。子敬賞井丹高潔，子猷云：「未若長卿慢世。」子猷處世任誕不羈，子敬爲人峻整，不交非類，二人各有偏賞，亦屬當然。情性雖異，當其自得自足，皆有神采。若能安同異、賞別趣，不僅顯現其人內心自足，無執無累，更能擴大審美的眼光，各得其宜，如裴楷弔唁之兩得其中：

> 阮步兵喪母，裴令公往弔之。阮方醉，散髮坐床，箕踞不哭。裴至，下席於地，哭弔唁畢，便去。或問裴：「凡弔，主人哭，客乃爲禮。阮既不哭，君何爲哭？」裴曰：「阮方外之人，故不崇禮制；我輩俗人，故以儀軌自居。」時人歎爲兩得其中。（〈任誕〉十一條）

方外之士，蕭條高寄，不以世務經心，固然是莊老遺風，然而名士風流既然在於「情性自得」，若能順自然之性、任性命之情，亦自有風采。名教中人如裴楷，自足於性命所安之「禮」，弔阮母之喪，行禮如儀，不因外在異同而變故，此時名教已非其累。所謂「情性自得」，檢驗的標準在於「眞」，否則跳出一套成規，又不免落入另一格套之內。〈雅量〉篇有兩則故事，即以眞率來評定高下：

> 祖士少好財，阮遙集好屐，並恆自經營，同是一累，而未判其得失。有人詣祖，見料視財物。客至，屏當未盡，餘兩小簏著背後，傾身障之，意未能平。或有詣阮，見自吹火蠟屐，因嘆曰：「未知一生當著幾量屐？」神色閑暢。於是勝負始分。（第十五條）

第二十條：

> 過江初，拜官，興飾供饌。羊曼拜丹陽尹，客來早者，並得佳設，

日晏漸罄，不復及精，隨客早晚，不論貴賤。羊故拜臨海，竟日皆
美供，雖晚至者，亦獲盛饌。時論以固之豐華，不如曼之眞率。

「固之豐華不如曼之眞率」，豐華本無過，只是羊曼不裝飾門面的自然態度，較之羊固的特意爲好，更令人賞愛。至於祖約戰戰兢兢的態度，不能平心坦誠自己的性好，則愛財之好果眞成「累」。相對的，阮孚不畏人見其自蠟屐的經營，神色閑暢，雖然「累」出性好，但他自自然然，無忌無諱，以玄遠之心超脫世俗與自己的一切格套之外，無怪乎兩人勝負由此而分。可見人物眞性眞情的流露，是人物品鑒的至高標準。「性情自得」即貴在眞率，眞便是美，眞也即是善，所以簡文道王懷祖便言：

才既不長，於榮利又不淡，直以眞率少許，便足對人多多許。（〈賞
譽〉第九十一條）

既缺長才，又重名利，無足稱道之人，只因眞率便足勝人。是性情之稟，各有類分，亦各有風貌，然而名士風神必出自眞性眞情，則無可置疑。

　性情自足於內，風神輝揚於外，自有一種發自生命的影響力，使人欽仰欣羨，如〈任誕〉篇首條記竹林七賢之肆意酣暢，注引《晉陽秋》曰：

于時風譽扇于海內，至于今詠之。

群體的風譽影響廣遠，而個人的媚力亦不多讓，〈賞譽〉、〈企羨〉、〈寵禮〉諸篇記載許多名士風神令人傾心企羨的實例。〈賞譽〉第十二條：

王平子與人書，稱其兒：「風氣日上，足散人懷。」

同篇一四七條：

謝公領中書監，王東亭有事應同上省。王後至，坐促，王、謝雖不
通，太傅猶斂膝容之。王神意閑暢，謝公傾目。還謂劉夫人曰：「向
見阿瓜，故自未易有。雖不相關，正是使人不能已已。」

風神之美，足散人懷，是以王澄不禁稱美己兒。而王珣閑暢的風度，連謝安也爲之傾目，不能自已。其實謝自身即是人賞愛的對象。〈賞譽〉第一〇五條：

桓大司馬病，謝公往省病，從東門入；桓公遙望，歎曰：「吾門中久
不見如此人！」

又一〇一條：

謝大傅爲桓公司馬，桓詣謝，值謝梳頭，遽取衣幘。桓公云：「何煩
此？」因下共語，至暝。既去，謂左右曰：「頗曾見如此人不？」

名士風流讓人傾心詠歎，只有詩的語言才能傳達，甚至無可言喻，只能如桓

溫一般，衷心讚歎「頗曾見如此人不」！

第三節　「形神相親」及其意義的轉變

　　魏晉人物賞美的精神主體，名士風流的精神特質，都是受到莊學的啟發。莊子使人認識發現自己合於道、本於自然的生命，思欲超越世俗人僞的約限，使精神遠與萬物（道）冥合，自由逍遙。《世說新語・文學》七十六條曰：

> 郭景純詩云：「林無靜樹，川無停流。」阮孚云：「泓崢蕭瑟，實不可言。每讀此文，輒覺神超形越。」

雖是對郭璞詩（也正代表其人）的品評，但「神超形越」實是魏晉名士，超脫物質機括的嚮往。棲逸山林、賞愛自然固是爲了遠越塵俗，體道冥合，飲酒、服食的目的也不外乎此：

> 何平叔云：「服五石散，非唯治病，亦覺神明開朗。」（〈言語〉十四條）

即是藉服食以助開朗神明。至於飲酒：

> 王光祿云：「酒正使人人自遠。」（〈任誕〉三十五條）

> 王衛軍云：「酒正自引人箸勝地。」（同篇四十八條）

亦正是以酒爲慢形之具，〔註10〕借酒使氣，脫離現實機括，酣暢自適，飄然直入「勝地」，如劉伶〈酒德頌〉所詠「無思無慮，其樂陶陶」，「不覺寒暑之切肌，利欲之感情。俯觀萬物之擾擾，如江漢之載浮萍」。又，〈任誕〉五十二條云：

> 王佛大歎言：「三日不飲酒，覺形神不復相親。」

所謂「勝地」，實可從「形神相親」來了解。「神超形越」衝決俗網，亦正是求與己、與人、與自然萬物之相親相契。

　　與己相親，基本上便是要自我賞愛，情性自得，如此方能縱心調暢，乃至神形相融，無往不適。〈賞譽〉一四八條云：

> 王子敬語謝公：「公故蕭灑。」謝曰：「身不蕭灑。君道身最得，身正自調暢。」

王子敬讚美謝安神情蕭灑，謝安雖作謙辭，然而實際上，卻說自己風神調暢，

〔註10〕沈約〈七賢論〉曰：「彼嵇、阮二生，志存保己。既託其跡，宜慢其形。慢形之具，非酒莫可。」

有自樂自得，與人共賞的意味。

賞愛其人，自然希望與之相親，如〈寵禮〉第四條，「許玄度停都一月，劉尹無日不往」。又如〈德性〉第二條，周子居所云：

> 吾時月不見黃叔度，則鄙吝之心已復生矣。

黃叔度器量汪汪，風流所及，潛移人心，故而周子居願「式瞻儀形，親承意旨」。〔註11〕除了仰敬其人，願隨左右，「人本含情，情性宜有所託」，故需賞心知交，「慰悅當年，蕭散懷抱」。〔註12〕人與人的相親相契，深情相待，從〈傷逝〉篇的哀慟中，可以深切的感知。如第十一條支道林喪法虔：

> 支道林喪法虔後，精神實喪，風味轉墜。常謂人曰：「昔匠石廢斤於郢人，牙生輟絃於鍾子，推己外求，良不虛也！冥契既逝，發言莫賞，中心蘊結，余甚亡矣！」卻後一年，支遂殞。

失卻賞心交，精神風味損墜以迄於亡，其相互愛賞之情可以想見。至於名士處世，又約有兩種不同待人的態度。一是以寬弘的德性和氣量，化解人與人交往中的衝突和危機，促進人我的和諧，如周伯仁笑言化解其弟仲智舉燭扔擲的粗魯；謝萬遭擲地而不瞋沮，至使二人俱不介意，並是其例。〔註13〕一則是任真率之性，使人與人的交接簡易而自然，如王羲之東床坦腹，不矜持自飾以取悅他人；許璪在王導帳中眠，咍臺大鼾，自適其適，〔註14〕而陶潛

〔註11〕《世說新語·賞譽》三十四條：「太傅東海王鎮許昌，以王安期爲記室參軍，雅相知重。敕世子毗曰：『夫學之所益者淺，體之所安者深。閑習禮度，不如式瞻儀形。諷味遺言，不如親承音旨。王參軍人倫之表，汝其師之！』」

〔註12〕語出沈約〈七賢論〉。

〔註13〕《世說新語·雅量》二十一條：「周仲智飲酒醉，瞋目還面，謂伯仁曰：『君才不如弟，而橫得重名。』須臾，舉蠟燭火擲伯仁。伯仁笑曰：『阿奴火攻。固出下策耳！』」三十一條載：「支道林還東，時賢並送於征虜亭。蔡子叔前至，坐近林公；謝萬石後來，坐小遠。蔡暫起，謝移就其處；蔡還，見謝在焉，因合褥舉謝擲地，自復坐。謝冠幘傾脫，乃徐起，振衣就席，神意甚平，不覺瞋沮。坐定，謂蔡曰：『卿奇人，殆壞我面。』蔡答曰：『我本不爲卿面作計！』其後二人俱不介意。」

〔註14〕〈雅量〉十九條：「郗太尉在京口，遣門生與王丞相書，求女婿。丞相語郗信：『君往東廂，任意選之。』門生歸，白郗曰：『王家諸郎，亦皆可嘉，聞來覓婿，咸自矜持。惟有一郎，在床上坦腹臥，如不聞。』郗公曰：『正此好！』訪之，乃逸少，因嫁女與焉。」同篇十六條：「許侍中、顧司空俱作丞相從事，爾時已被遇，遊宴集聚，略無不同。嘗夜至丞相許戲，二人歡極，丞相便命使入己帳眠。顧至曉回轉，不得快熟；許上床，便自咍臺大鼾。丞相顧語諸客曰：『此中亦是難得眠處。』」

〈五柳先生傳〉所謂「造飲輒盡，期在必醉，既醉而退，曾不吝情去留。」更勾描出如上古之民的一派天眞簡易。此二者或重雅量，或顯眞率，並皆爲人與人相交相親和諧自然之例。至於神契自然，玄對山水，則更是名士由衷所望了（詳下章）。

　　嵇康〈養生論〉中也曾提出「形神相親」，他以「醴醪鬻其腸胃」，「識厚味之害性，故棄而弗顧」，與王佛大之「三日不飲酒，覺形神不相親」大異其趣。嵇康〈養生論〉除去道教服食的背景，關於養神方面，他說：「喜怒悖其正氣，思慮銷其精神，哀樂殃其平粹」，要「守之以一，養之以和」，「修性以保神，安心以全身，愛憎不棲于情，憂喜不留于意」，要調養第二層面的清明之神。相對的，魏晉名士雖也遠詠老莊，託懷玄勝，但其性情自得所展露的風神，卻主要是第一層面的「神」。因爲他們重視內在情性的精神雖由莊學啓發，但其任情使氣、露才揚己，實已偏離莊子「墮枝體、黜聰明、離形去知」（〈大宗師〉）、「安時而處順，哀樂不能入」（〈養生主〉）的修養工夫。莊子「不以好惡內傷其身」（〈德充符〉），亦即不以哀感亂神，但魏晉名士卻是深於情者，如《世說新語·傷逝》篇中所記，往往哀情過人。如王戎喪兒，悲不自勝，即言：

　　　　聖人忘情，最下不及情；情之所鍾，正在吾輩。（第四條）

既以「情之所鍾，正在吾輩」，故而感物興情，發露無隱，如〈任誕〉四十二條云：

　　　　桓子野每聞清歌，輒喚「奈何！」謝公聞之曰：「子野可謂一往有深情。」

同篇五十四條云：

　　　　王長史登茅山，大慟哭曰：「琅邪王伯輿，終當爲情死。」

是以魏晉名士順任自然才氣情性的風神，是落實在實際的生活上，充滿了感情的意味，雖是承繼莊子，實則轉型新變，另開格局。

　　莊子至人、神人的自在逍遙，魏晉名士從情性自得，縱心調暢來追求。名士風神既是植基於現實生活而求精神超越，如何處理形神問題，以達「形神相親」，便是一個重要的課題。如果不能深契用心之本、會達形體之神，則不免遽入形跡，喪卻精神的本義。從容寬弘的雅量，自然展現雍容閒雅的風儀，若變爲行步顧影，故作姿態，美則美矣，卻徒落形跡。但由於儀容姿貌本身，在愛美的風氣下，成爲獨立的賞美對象，是以著意矜持，特加修飾，

乃至外學形骸，效顰學步者有增無減，精神風味漸失。從莊子到名士，其中雖有精神的質變，但也開創了嶄新的局面。然而精神的追求一旦落入形跡的模仿，修飾形容，故作姿態以爲雅，乃至肥遯朝隱以爲清，恣意誕行以爲達，則名士風神漸趨於下，遯入末流矣！

　　棲隱山林，或出性好，或因環境，但親近自然，瑩心頤神，養性全眞則同。魏晉以來玄風大暢，故時人以隱逸爲高，如謝萬作〈八賢論〉，即以處者爲優，出者爲劣。又「郗超每聞欲高尚隱退者，輒爲辦百萬資，并爲造立居宇。」（〈隱逸〉十五條），嚮往推崇之心明見於外。然而挾資造屋以隱，卻也顯示了當時隱逸的觀念。士家大族買山歸隱，居如官舍，〔註15〕石崇〈思歸引序〉便寫出了「肥遯」的氣派：

> 晚節更樂放逸，篤好林藪，遂肥遁於河陽別業。其制宅也，卻阻長隄，前臨清渠，柏木幾於萬株，江水周於舍下，有觀閣池沼，多養魚鳥。家素習技，頗有秦趙之聲，出則以遊目弋釣爲事，入則有琴書之娛。

當時隱逸行爲已無抗議批判的意義，僅單純成爲情調的隱逸，高尚的表徵。經濟許可，肥遯優游，雖是攀慕高名，亦無可責，但如桓玄的矯作虛僞，則令人不敢苟同。《晉書・桓玄傳》云：

> 玄以歷代咸有肥遯之士，而己世獨無，乃徵皇甫謐六世孫希之爲著作，并給其資用，皆令讓而不受，號曰高士，時人名爲「充隱」。

其實，抽離政治環境的因素，鐘鼎山林，各隨性情，實無優劣之分。謝萬「處優出劣」的看法，便曾遭孫綽的論難，以爲「體識玄遠者，出處同歸」（〈文學〉九十一條注）。而後葛洪的出處同歸論、〔註16〕束晳〈玄居釋〉「從性所安，交不相羨」，都是開明允當的看法。然而隱逸崇高的形象既已建立，俗情之人欲染清高之氣，則有所謂「朝隱」「心隱」，故王康琚〈反招隱詩〉云：「小隱隱陵藪，大隱隱朝市」，沈約〈和謝宣城詩〉言：「從官非官侶，避世不避喧」。特別是在向、郭注《莊》「游外以冥內」，跡冥圓融說的護持下，「朝隱」儼然成了更趨近聖人的圓滿之道。既無隱者「鵾雞先晨鳴，哀風迎夜起，凝

〔註15〕《世說新語・棲逸》第十五條：「郗超每聞欲高尚隱退者，輒爲辦百萬資，并爲造立居宇。在剡爲戴公起宅，甚精整。戴始往舊居，與所親書曰：『近至剡，如官舍。』……」

〔註16〕見《抱朴子》〈逸民〉、〈任命〉兩篇，以爲「在朝者，陳力以秉庶事；山林者，修德以屬貪濁」，「殊途同歸，其致一也」。

霜凋朱顔，寒泉傷玉趾」（〈反招隱詩〉）的身形之苦，仕宦處官，不親所司，隤隤然仗正順而已，卻有與眾玄同，隨緣放曠，清逸之美，無怪乎「朝隱」成了一種格外「風流」的行為。

然而「居官無官官之事，處事無事事之心」，原是指處物質機括，復又超脫其間的無累通達。以謝安為例，處則盤桓東山，遊賞自然；出則遇變不驚，鎮安朝野，如謝玄所道：「遊肆復無乃高唱，但恭坐捻鼻顧睞，便自有優處山澤閒儀」（〈容止〉三十六條），方是「隱之為道，朝亦可隱，市亦可隱，隱初在我，不在於物」〔註17〕之最佳例證，方是「都邑可優游」，「無俗不可安」，「達人與物化」〔註18〕的神隱之境！豈是「志深軒冕，而泛詠皋壤；心纏幾務，而虛述人外」者，〔註19〕假言「朝隱」便能企及！

同樣的，名士末流放蕩越禮，恣意誕行以為達者，實未識竹林七賢所以為達的精神。如阮籍之嗜酒常醉，箕踞越禮，實有其抗違名教的積極意義，如〈任誕〉第七條云：

> 阮籍嫂嘗還家，籍見與別。或譏之。籍曰：「禮豈為我輩設也！」

掙脫禮教的樊籠，重回性命之真，是阮籍用心所在，故曰「禮豈為我輩設也」。身遭母喪猶進酒肉，散髮坐床，箕踞不哭，看似敗俗毀禮，但其嘔血廢頓，毀幾滅性的真情至孝，相較於「哭泣備禮」而「神氣不損」者，〔註20〕無疑更近於禮之本義。魏晉名士曠達任誕，或出性情自然，或因特違名教，皆有精神的意義，若僅逐跡學樣，如胡毋輔之等「去巾幘，脫衣服，露醜惡」，以誕行為通達，無怪乎樂廣笑曰：「名教中自有樂地，何為乃爾也！」（〈德性〉二十三條）面對喪失精神逐跡學樣的風潮，戴逵〈放達為非道論〉雖是斥責元康遯跡放達者之偽亂，卻也痛切道出一切學跡忘本者之弊：

> 夫親沒而採藥不反者，不仁之子也；君危而屢出近關者，苟免之臣也；而古之人未始以彼害名教之體者何？達其旨故也。達其旨故不惑其跡。若元康之人，可謂好遯跡而不求其本，故有捐本徇末之弊，

〔註17〕見《晉書八十二卷·鄧粲傳》。
〔註18〕語出嵇喜《答嵇康詩》。
〔註19〕語出《文心雕龍·情采第三十一》。
〔註20〕阮籍母喪的種種，見於《世說·任誕》第二、第九、第十一條。哭泣備禮而神氣不損者如和嶠，見於〈德行〉第十七條：「王戎、和嶠同時遭大喪，俱以孝稱。王雞骨支床，和哭泣備禮。武帝謂劉仲雄曰：『卿數省王、和不？聞和哀樂過禮，使人憂之。』仲雄曰：『和嶠雖備禮，神氣不損；王戎雖不備禮，而哀毀骨立。臣以和嶠生孝，王戎死孝。陛下不應憂嶠，而應憂戎。』」

舍實逐聲之行，是猶美西施而學其矉眉，慕有道而折其巾角。所以為慕者，非其所以為美，徒貴貌似而已矣！……放者似達，所以亂道。然竹林之為放，有疾而為顰者也；元康之為放，無德而折巾者也，可無察乎！且儒家尚譽者，本以興賢也。既失其本，則有色取之行，懷情喪真，以容貌相欺，其弊必至末偽。道家去名者，欲以篤實也。苟失其本，又有越檢之行，情禮俱虧，則仰詠兼忘，其弊必至于本薄。……嗟夫行道之人，自非性足體備，闇蹈而當者，亦曷能不棲情於古烈，擬視前修。苟迷擬之然後動，議之然後言，固當先辨其趣舍之極，求其用心之本，識其枉尺直尋之旨，採其被褐懷玉之由。若斯，塗雖殊而其歸可觀也；跡雖亂而其契不乖也。不然，則流遯忘反，為風波之行，自驅以物，自誑以偽，外眩囂華，內喪道實，以矜尚奪其真主，以塵垢翳其天正，貽笑千載，可不慎歟！

名士風流，形神相親，基本的精神在於任真。順任自然的情性，無違無拗，乃能身心調暢。與己相親；神交心賞，與人相親；以至遠與自然萬物相親。雖然情性各異，但若能達適性自在的本旨，則殊途同歸，「跡雖亂而其契不乖」，所契者正在此精神。如果喪失精神的追求，落入形跡的仿效，雖是學人超俗拔濁之舉，實又落入另一格套之中。色貌的講究、姿態的做作，無形中又是一套形體規矩；崇隱為高，縱恣為達，何嘗不是另一套外在價值。逐形步影，學其形骸之外，去之更遠。逐外不返，不僅與原本所追求的精神越隔越遠，亦與內在自我的精神相離。而失卻自我的精神主體，又如何有自然和諧的人我關係，如何神超形越，遠契自然？是以企慕欲成名士風流，唯有不失名士精神本旨，內足於懷，情性自得，方能由神而形，充分散發自我的風采，牟宗三先生解釋風流，「如風之飄，如水之流，不主故常，而以自在適性為主」，實深含積極的意義。

第四章　興會通神

第一節　道與自然

　　明董其昌〈畫旨〉有「爲山水傳神」之語，山水之神即是「道」。宗炳〈畫山水序〉云：

> 聖人含道應物，賢者澄懷味象。至於山川，質有而趨靈。是以軒轅、堯、孔、廣成、大隗、許由、孤竹之流，必有崆峒、具茨、藐姑、箕首、大蒙之遊焉。夫聖人以神法道而賢者通；山水以形媚道而仁者樂。不亦樂乎。

山川有限的形質實具有通向無限的性格，亦即山川以其「形」展現內在的「神」──自然之道。因此山川可以成爲賢者「澄懷味象」之象，賢者玩山水之象而得通於道。在這樣的觀念下，遊賞山水景物便不只是賞玩其「形」，更是藉其形以通於神，達於道的精神活動了。

　　以「自然」指稱山川草木、花鳥蟲魚、風雲月露等非出於人爲的自然界，是語意演變的結果，魏晉時還沒有這樣的用法，如《文心雕龍》則稱之爲「物色」。「自然」一詞首見於《老子》，其基本的意義爲不受外力所影響、所決定，而係「自己如此」。老子所謂的「道」，即是自然之道，道本身的存在就是自然的，如〈二十五章〉云：

> 有物混成，先天地生。寂兮寥兮，獨立不改，周行而不殆，可以爲天下母。吾不知其名，字之曰道。……人法地，地法天，天法道，道法自然。

即是以自自然然，自己如此來說明道自身的形成。《莊子·大宗師》所謂「自本自根」，同樣是以自自然然來說明道之所以形成。至於道化生萬物，也是自然而然，不帶任何人為、功利的痕跡，故言「生而不有，為而不恃，長而不宰」(〈五章〉、〈五十一章〉)，使萬物「莫之命而常自然」(〈五十一章〉)，〔註1〕《莊子·大宗師》亦云：「齏萬物而不為義，澤及萬物而不為仁，長於上古而不為老，覆載天地刻雕眾形而不為巧」，皆不離自自然然的本質與法則。因此，所謂「道」，實可說是對於推動宇宙萬物自然生成、自然變化、自然發展的自然力之作用的一種高度抽象的表達。〔註2〕王弼《老子道德經注》即言：「天地任自然，無為無造。」(〈第五章〉)，劉孝標〈辯命論〉云：「夫通生萬物則謂之道，生而無主謂之自然。自然者，物見其然而不知所以然。」都是以自自然然，無為無造來理解「道」。

　　「道」既是自然的，「道」所生成的萬物也是自然的，王弼《老子道德經注》即言：「萬物以自然為本性，故可因而不可為也，可通而不可執也」(〈二十九章〉)。老子「致虛極，守靜篤」，歸根返璞的主張，即是要人守住人所得於「道」之「德」(「道」是萬物生成的內在根源，「德」是萬物所表現出來的個別性質，以人而言即是人性)，從人文世界中返回到人生的自然，是以他認為人性最高的境地是「嬰兒」、「赤子」的狀態，「沌沌兮，如嬰兒之未孩」(〈二十章〉)，「恆德不離，復歸於嬰兒」(〈二十八章〉)、「含德之厚者，比于赤子」(〈五十五章〉)，便是希望人擺脫後天觀念的束縛，保持赤子之心。莊子亦強調自然之性的可貴，「牛馬四足是謂天，落馬首，穿牛鼻，是謂人」(〈秋水〉)，因此要「以鳥養養鳥」，反對「以己養養鳥」(〈至樂〉)，即是要求「無以人滅天」(〈秋水〉)，隨順萬物的自然之性，不用人為之偽去損害自然。因此希望人保有自然無偽，純真的天性，「真者，所以受于天也，自然不可易也」(〈漁父〉)，故要「保真」(〈田子方〉)，「全真」(〈盜跖〉)、「守真」(〈漁父〉)，「法天貴真，不拘于俗」(〈漁父〉)。所謂「因自然」(〈德充符〉)、「順物自然」(〈應帝王〉)、「莫之為而常自然」(〈繕性〉)等，都是隨順自然，任其自然，使能動與天行。而莊子虛靜養神，亦即是藉著養的工夫，滌除人偽，使人自然而然的生命本質如明鏡再現，「真在內者，神動於外」(〈漁父〉)，存而養之，以至與天地精神往來。因此虛靜養神，首先便是要返回人生命的自然，如曹植

〔註1〕 以上參見徐復觀先生《中國文學論集·自然與文學的根源問題》。
〔註2〕 參見漆緒邦〈自然之道與以自然為美〉。

詩云：「沖靜得自然，榮華安足爲」（〈善哉行〉），至於體合於「道」，最基本的精神，也正在無爲自然，故曹詩又有「要道甚省不煩，淡泊無爲自然」（〈桂之樹行〉），阮籍更直言「不通于自然者，不足以言道」（〈大人先生傳〉）。是以跨越名教，順任自然（不受外力強制的生命），方是人最合於道的存在方式。

「自然」一詞由「道」自然而然的狀態，演變爲所謂的自然界，是極容易理解的。因爲自然界作爲人文世界的相對概念，沒有人爲的汙染，無疑是更近於萬物所本的自然之道。因此，以自然山水中包含著玄理，而且自然山水本身就是「道」的體現，故言「山川質有而趣靈」，「山水以形媚道」。這種觀點屢見於魏晉人的論著中，如阮籍〈達莊論〉云：「夫山靜而谷深者，自然之道也。」又如《莊子·外物》：「大林丘山之善于人也，亦神者不勝。」而郭《注》則云：「自然之理，有寄物而通也。」山川景物既是「自然」之形，是玄理的體現，因此與山水相遊，自是與「道」契合。「清池流爵，秘樂通玄」（王濟〈平吳后三月三日華林園詩〉），能領略山水之奧妙者，便是能深悟於大道之人。

人是自然的產物，人與萬物同屬自然之道，於是自然景物不再是異己的存在，相反的，當人意識到「道」之無爲自然，思欲跳脫人爲世界的種種束縛，回返人自然而然的生命時，大自然正是人可以完全地安放自身的一個世界，使人的精神得到解放與自由。老子雖然沒有特別提到自然界，但其反人文，還純返樸的要求，實際是要使人間世向自然更爲接近。而莊子「以天下爲沉濁，不可與莊語」（〈天下〉）的心情，實有超越現世，寄情於「廣漠之野」的傾向。〔註3〕所謂「天地與我並生，而萬物與我爲一」（〈齊物論〉），更道盡人與自然同本於道，精神感通，相親相契，渾然一體的境界。

魏晉以來，自然成爲「道」的表徵，是人情性所適，可與交心悟道的對象。謝靈運〈遊名山志〉即云：「夫衣食，人生之所資；山水，性分之所適」。而簡文帝入華林園，面對翳然山水，也頗有會心，故云：

> 會心處，不必在遠。翳然山水，便自有濠、濮間想也。覺鳥獸禽魚，
> 自來親人。

自然是人最自在的生存空間，是以「至人遠鑒，歸之自然」，不願擠身塵網，勞形苦心，唯願「長寄靈岳，怡志養神」。〔註4〕無論棲逸山林，或歸園田居，

〔註3〕參見徐復觀先生《中國藝術精神·魏晉玄學與山水畫的興起》。
〔註4〕語出嵇康〈四言贈兄秀才入軍詩〉。

都是不願心為形役，斷然悠隱於自然，以求精神的最大自由。左思〈招隱詩〉便歌詠了隱者自然生活的清高，詩云：

> 杖策招隱士，荒塗橫古今。巖穴無結構，丘中有鳴琴。白雲停陰岡，
> 丹葩曜陽林。石泉漱瓊瑤，纖鱗或浮沈，非必絲與竹，山水有清音。
> 何事待嘯歌？灌木自悲吟。秋菊兼餱糧，幽蘭間重襟。躊躇足力煩，
> 聊欲投吾簪。

同樣的，棄官閑居，躬耕田園，也正是回歸自然以樂其天命。如張華〈歸田賦〉云：

> ……揚素波以濯足，泝清瀾以蕩思。低佪住留，棲遲菴藹。存神忽
> 微，遊精域外。藉纖草以為茵，援垂陰以為蓋。瞻高鳥之陵風，臨
> 儵魚于清瀨。盱萬物而遠觀，脩自然之通會。以退足于一壑，故處
> 否而忘泰。

當時人對自然的嚮往，也表現在蘭亭之會，山川之遊，藉著與自然的親近，得以暢懷怡神，甚或欣然有感，會通於自然之道。如孫綽〈遊天台山賦〉云：

> 釋域中之常戀，暢超然之高情。……騁神變之揮霍，忽出有而入無。
> 於是遊覽既周，體靜心閑，害馬已去，世事都捐，投刃皆虛，目無
> 全牛。……渾萬象以冥觀，兀同體於自然。

由如王羲之〈蘭亭詩〉云：

> 在昔暇日，味存林嶺。今我斯遊，神怡心靜。
>
> 嘉會欣時遊，豁爾暢心神，吟詠曲水瀨，淥波轉素鱗。

劉孝先〈和亡名法師秋夜草堂寺禪房月下詩〉亦云：

> ……平雲斷高岫，長河隔淨空。數螢流暗草，一鳥宿疏桐。興逸煙
> 霄上，神閑宇宙中。還思城闕下，何異處樊籠。

以上這些歌詠，代表魏晉以來文人對自然的嚮往，以及投身於自然所感受到的精神愉悅。然而當時最能與自然相親相融者，當推田園詩人陶淵明。他的歸園田居，不在於「形」的僻入深山，而在於「心」的離俗遠逸，故云：「結廬在人境，而無車馬喧。問君何能爾，心遠地自偏」（〈飲酒詩〉），正是所謂「形超神越」，精神遠與自然相親。他以心來面對自然，與自然景物相感相合，溶入自然之道中。「採菊東籬下，悠然見南山。山氣日夕佳，飛鳥相與還」，遠離世累，無執無繫的自然人心，在看到日夕歸鳥的那一剎那，人與自然那一點欣然會心，是不能用言語傳達的。「此中有真意，欲辨已忘言」，自然之

道，誠在人的言語之外。

第二節　自然與美

　　人與自然的關係，最初是從一種物質實用的觀點去認識自然，如《國語・晉語》所說的「高山峻原，不生草木，松柏之地，其土不肥」或如《禮記・孔子閒居》所謂「天降時雨，山川出雲」之類。而後自然山水又與人的精神生活與道德觀念相聯繫，如《論語・雍也》篇曰：「仁者樂山，智者樂水」，便是以君子比德的觀點來看待自然山水。在人與自然的關係中，人的主體性依然佔有很明顯的地位。魏晉以後，受莊老超越世俗的觀念影響，人們嚮往自然，並主動的追求自然，以超越的、虛靜的心「玄對山水」，〔註5〕此時山水亦以其純淨之姿，進入人虛靜的心內，與人的生命融為一體，成為美的對象。這種賞美的態度，加上江南的地理環境，使得人與自然的關係不再是實用的開發，或是偶然的比興，而是美感的物我交融，人們以山水為美的對象，並積極地追求美感的滿足。謝靈運「尋山陟嶺，必造幽峻；巖障千里，莫不備盡登躡」，〔註6〕便是這種風氣下，極端的例子。魏晉名士的生活，實與自然之美密不可分，《世說新語・棲逸》篇第十一條云：

> 康僧淵在豫章，去郭數十里，立精舍。旁連嶺，帶長川，芳林列於軒庭，清流激於堂宇。乃閒居研講，希心理味，庾公諸人多往看之，觀其運用吐納，風流轉佳。

除了棲逸閒隱，名士的活動往來，亦多在自然美景的烘托下，更顯其風流雅興，如〈文學〉八十八條云：

> 袁虎少貧，嘗為人傭載運租。謝鎮西經船行，其夜清風朗月，聞江渚閒估客船上有詠詩聲，甚有情致。所誦五言，又其所未嘗聞，嘆美不能已。……

又如〈賞譽〉一四四條云：

> 許掾嘗詣簡文，爾夜風恬月朗，乃共作曲室中語。襟懷之詠，偏是許之所長，辭寄清婉，有逾平日。……

同篇一五三條云：

〔註5〕語出《世說新語・容止》第二十四條注。
〔註6〕語出《宋書・謝靈運傳》。

王恭始與王建武甚有情，後遇袁悦之間，遂致疑隙。然每至興會，故有相思。時恭嘗行散至京口謝堂，于時清露晨流，新桐初引，恭目之曰：「王大故自濯濯。」

〈容止〉篇二十四條云：

庾太尉在武昌，秋夜氣佳景清，使吏殷浩、王胡之之徒登南樓理詠。音調始遒，聞函道中有屐聲甚厲，定是庾公。俄而率左右十許人步來，諸賢欲起避之。公徐云：「諸君少住，老子於此處興復不淺！」因便據胡床，與諸人詠謔，竟坐甚得任樂。

自然景氣之美，使人的心靈開啟，雜慮盡除，詩吟詠謔，興味不淺。如王子猷乘興訪友，即起興於當夜大雪，四望皎然。這種因美感而湧現的情懷興味，也自然不著功利，頓除嫌隙，自得情致之美，任性之樂。名士的風神亦正在此間展現，如沈浸於自然之美，貌閑意悅，不驚不懼的謝安：

謝太傅盤桓東山時，與孫興公諸人汎海戲。風起浪涌，孫、王諸人色並遽，便唱使還。太傅神情方王，吟嘯不言。……（〈雅量〉二十八條）

又如王恭之被歎為神仙中人，除了乘高輿，披鶴氅裘的姿儀，實因微雪的背景襯托，由之傳神（見第三章第一節所引）。

除了生活的場景，在品藻人物的同時，名士的語言也用於描述自然之美，如〈言語〉二十四條云：

王武子、孫子荊各言其土地人物之美。王云：「其地坦而平，其水淡而清，其人廉且貞。」孫云：「其山崔巍以嵯峨，其水泱漭而揚波，其人磊砢而英多。」

更有直接描述言狀自己對自然美的種種感受，如〈言語〉七十一條云：

謝太傅寒雪日內集，與兒女講論文義，俄而雪驟，公欣然曰：「白雪紛紛何所似？」兄子曰：「撒鹽空中差可擬。」兄女曰：「未若柳絮因風起。」公大笑樂。……

同篇八十八條云：

顧長康從會稽還，人問山川之美。顧云：「千巖競秀，萬壑爭流，草木蒙籠其上，若雲興霞蔚。」

同篇九十三條云：

道壹道人好整飾音辭，從都下還東山，經吳中。已而會雪下，未甚

寒。諸道人問在道所經。壹公曰：「風霜固所不論，乃先集其慘澹。

郊邑正自飄瞥，林岫便已皓然。」

名士以美言模狀山水自然，同時也展露了一己言語的才華。當眾人沉浸於其所敘述的自然美景時，同時亦進入名士所創造的音辭美之中。從感受自然到表達自然，都不離美的範疇。

然而，對自然物色的欣賞，除了形象美之外，猶重在自然所表現的「道」，精神美的境界，人與之相會，可以得到精神的感動，如〈言語〉篇七十四條云：

荀中郎在京口，登北固望海云：「雖未睹三山，便自使人有凌雲意。……」

同篇八十一條云：

王司州至吳興印渚中看，嘆曰：「非唯使人情開滌，亦覺日月清朗。」

觀海望渚，而生凌雲之意，乃至開滌人情，正是自然點發人心，使人有所感悟。再如謝靈運山水詩「記遊、寫景、興情、悟理」的模式，〔註7〕亦是藉著山水形象的塑造，來宣達作者於其中所感所悟的自然神理。於是，對於自然景緻感受的方式與能力，便與其人的精神人格相關。如〈言語〉九十八條云：

司馬太傅齋中夜坐，于時天月明淨，都無纖翳。太傅歎以為佳。謝景重在坐，答曰：「意謂乃不如微雲點綴。」太傅因戲謝曰：「卿居心不淨，乃復強欲滓穢太清邪？」

這雖是一段戲言，但以其人所感受的山水自然，代表其精神境界的高下，卻有實例可見，如〈文學〉七十六條云：

郭景純詩云：「林無靜樹，川無停流。」阮孚云：「泓崢蕭瑟，實不可言。每讀其文，輒覺神超形越。」

同篇一○○條云：

羊孚作雪贊云：「資清以化，乘氣以霏，遇象能鮮，即潔成輝。」桓胤遂以書扇。

阮孚之重郭詩，不在褒舉其文學成就，而是其所描述的山水自然符合名士精神美感的要求，桓胤書雪贊於扇，意亦在此。

以自然之美與人的性情相關，故而所謂「此子神情都不關山水，而能作文」，〔註8〕實含有懷疑其人風度的意味。相反的，「可與林澤遊」，「宜置丘壑

〔註7〕參見林師文月《山水與古典・中國山水詩的特質》。
〔註8〕語出《世說新語・賞譽》一○七條。

之中」〔註9〕等，則表示對其人高尚情懷與心中丘壑的肯定。事實上，《世說新語》中名士相互的品題稱美，便大量地使用自然之美來比喻理想的人格，如：

> ……林宗曰：「叔度汪汪如萬頃之陂，澄之不清，擾之不濁，其器深廣，難測量也。」（〈德性〉第三條）

> 謝太傅絕重褚公，常稱：「褚季野雖不言，而四時之氣亦備。」（同篇三十四條）

> 劉尹曰：「清風朗月，輒思玄度」（〈言語〉七十三條）

> 世目李元禮：「謖謖如勁松下風。」（〈賞譽〉第二條）

> 庾子嵩目和嶠：「森森如千丈松，雖磊砢有節目，施之大廈，有棟梁之用。」（〈賞譽〉十五條）

> 王公目太尉：巖巖清峙，壁立千仞。（〈賞譽〉三十七條）

> ……山公曰：「嵇叔夜之為人也，巖巖若孤松之獨立；其醉也，俄俄若玉山之將崩。」（〈容止〉第五條）

魏晉名士追求情性自得，精神自由，亦即是體道無違的人格，而山水正是最能體現與道相冥的自然之美。是以他們將愛賞自然山水所領受的美感經驗，轉移到他們所愛賞的人物，用直覺的感受加以比配，於是產生人物「擬自然化」的現象。而這種訴諸直覺感受，通過美感經驗的描述方式，不僅表示了慕道崇自然的理想，同時是各種具象比喻以求傳神效果的方法中，最符合名士美的要求。「清風朗月，輒思玄度」，以清風朗月擬狀許詢的氣象，以自然來擬人物，藉自然之美「遷想妙得」人物之美。後者賴前者以傳神，而二者的美感又從而交融渾成，人物與自然也似乎由此泯除界限，物我合一了。

第三節　自然的感知與藝術創作

魏晉以來「玄對山水」，發現自然萬物之美，基本的精神出於老莊。莊子「天地與我並生，萬物與我為一」，泯除人與自然萬物之間隔，實為一至高的藝術精神。但莊子遊於自然，乃是意圖使自己忘情於萬物而觀其化，〈知北遊〉篇云：

〔註9〕分別見於《世說新語・賞譽》一二五條，〈巧藝〉十二條。

> 山林與，皋壤與，使我欣欣然而樂與？樂未畢也，哀又繼之。哀樂
> 之來吾不能禦，其去弗能止。悲夫，世人直謂物逆旅耳。

即是源於對自然之化無可奈何的悲感，而嚮往坐忘自得，超乎哀樂而不爲自
然萬物之所寄的境界。〔註10〕魏晉文士雖也視自然爲道之體現，親近自然乃
爲與道相冥，但無疑的，他們沈浸於山水賞美的悅樂之中，而非莊子的超乎
哀樂。「樂未畢，哀又繼之」，王羲之〈蘭亭集序〉便是「樂盡哀來」最好的
例證：

> 是日也，天朗氣清，惠風和暢；仰觀宇宙之大，俯察品類之盛；所
> 以游目騁懷，足以極視聽之娛，信可樂也。……向之所欣，俛仰之
> 間，已爲陳跡，猶不能不以之興懷；況修短隨化，終期於盡。古人
> 云：「死生亦大矣！」豈不痛哉！每感昔人興感之由，若合一契；未
> 嘗不臨文嗟悼，不能喻之於懷。固知一死生爲虛誕，齊彭殤爲妄作。
> 後之視今，亦猶今之視昔。悲夫！

因爲在「游目騁懷，極視聽之娛」的同時，也在自然萬物的流變中，察覺到
人的渺小、生命的短暫，因而傷逝悲痛，是以睹物興感，人所難免。如衛玠
渡江，與左右云：

> 見此芒芒，不覺百端交集。苟未免有情，亦復誰能遣此？（《世說新
> 語・言語》三十二條）

又如同篇五十五條云：

> 桓公北征經金城，見前爲琅邪時種柳，皆已十圍，慨然曰：「木猶如
> 此，人何以堪！」攀枝執條，泫然流淚。

不僅不能忘情，甚至睹物情傷，哀樂無已。魏晉名士之重情，已見於前文，
賞美自然的同時，內心的情感亦向著外物開敞，如〈言語〉九十一條云：

> 王子敬云：「從山陰道上行，山川自相映發，使人應接不暇，若秋冬
> 之際，尤難爲懷。」

應接不暇的，不只是耳目感官之於山川美景，更是由感官衝擊心靈，源源湧
起的萬般情懷。如柯林瓦特（R.G. Collingwood）（The Principle of Art）所說：
「藝術家所嘗試去做的，是要表達一個所興的情感。」是以這應物而感，「尤
難爲懷」之情，正是藝術創作的契機。《詩品序》開篇即言：

> 氣之動物，物之感人，故搖蕩性情，形諸舞詠。

〔註10〕參見張亨老師〈讀陶淵明的「形影神」詩〉。

而劉勰《文心雕龍》說明詩之產生，亦言：

> 人稟七情，應物斯感，感物吟志，莫非自然。

皆是以感物興情爲一切文學創作的根源。

就如前節所言，魏晉文人賞美自然的形象美之外，重於精神意義的層面。是以自然萬物之感動人心，搖蕩性情，並不止於外在的形象，而是四季與四季種種景物的變化及其形象與精神，所代表的自然生命的力量，刺激感動了同屬於自然之一的人，使人的生命本質，亦隨之興動，與之感應，而產生一種對於自然與生命的感動、觀照及覺悟。是以鍾嶸由「氣之動物，物之感人」談起，正如《禮記‧樂記》所言：「人心之動，物使之然。」但是，「有情斯可以物感」，〔註11〕人之所以能感物而動，豈不因爲內具的可感的質性。《易‧繫辭注》云：「神寂然不動，感而遂通」，而劉勰則斷言內在的情性正是感物的根本活力，故云：「人稟七情，應物斯感」。也正因此，睹物興情的感發，便不只是「蟲聲有足引心」的「情以物興」，同時也可以是「一葉且或迎意」的「物以情觀」，從而情物相感，聯綿無盡，創作的無窮妙思便在其間蘊釀。

文學創作既是起於天地萬物精神與現象對人的感召，及人自然生命對之而生的感應觀照，則感人之物，已不只是作品的素材而已，實際是伴隨作者精神主體之情性搖蕩而共同存在。加以魏晉以來對自然的看法與態度的轉變，是以從曹魏公讌詩起，乃至遊仙詩、山水詩，自然的成份大量的出現在詩歌之中，不再只是如《詩經》中，自然與人偶然片斷的比興關係，而是藉著刻繪物象的同時，去呈現作者與外在物象交融的精神活動。對於這引動詩心，復又隨伴情性成爲文學重要內容的「物」，劉勰在《文心雕龍‧物色》篇中有比較詳細的描述：

> 春秋代序，陰陽慘舒，物色之動，心亦搖焉。……是以獻歲發春，悅豫之情暢；滔滔孟夏，鬱陶之心凝；天高氣清，陰沉之志遠；霰雪無垠，矜肅之慮深。歲有其物，物有其容；情以物遷，辭以情發。一葉且或迎意，蟲聲有足引心。況春風與明月同夜，白日與春林共朝哉！

而鍾嶸亦對其「氣之動物，物之感人」作了補充：

> 若乃春風春鳥，秋月秋蟬，夏雲暑雨，冬月祁寒：斯四候之感諸詩者也。（《詩品序》）

〔註11〕語出慧遠〈沙門不敬王者論‧形盡神不滅五〉。

「氣之動物」，表現在自然四季的脈動中，個人的生命情懷亦隨之振盪。六朝以前的文學思想，多重在人與社會的關係，未探及人與自然，以及自然與個人之精神與形貌的關係。然而「感物」的體認，卻深及人與自然萬物精神與形象的投射與照應。而且，唯有透過觀照自然所產生的自覺反省，方能對人事際遇之情有更深更廣的體認，並將之展現於人生社會之外，更高更廣的宇宙萬象之中。因此，感物興情，自然萬物作為一個發引的動機與投射的對象，使人自然的情性心靈因感而活動起來，如《周易下經咸卦注》云：「始在於感，未盡感極，不能至於無思，以得其黨，故有憧憧往來，然後朋從其思也」。因感起興，從而與物神遊，藝術便由此創作。

如同自然萬物形貌之美，乃是道的展現，人心感物，會通於自然之道，點發一己自然情性，由此而有文采展露，亦屬自然而然。《文心‧原道》言之甚明：

> 文之為德也大矣，與天地並生者何哉？夫玄黃色雜，方圓體分：日月疊璧以垂麗天之象；山川煥綺，以鋪理地之形，此蓋道之文也。仰觀吐曜，俯察含章，高卑定位，故兩儀既生矣。惟人參之，性靈所鍾，是謂三才，為五行之秀，實天地之心。心生而言立，言立而文明，自然之道也。傍及萬品，動植皆文：龍鳳以藻繪呈瑞，虎豹以炳蔚凝姿；雲霞雕色，有逾畫工之妙；草木賁華，無待錦匠之奇。夫豈外飾，蓋自然耳。

人的情性本於自然，是與天地並生，自然生命的本質，「感物吟志」的文學表現也是自然的表現，如〈情采〉篇云：「五情發而為辭章，神理之數也」。而其所詠之情志，實亦與自然之道相通，故所謂「原道心以敷章，研神理而設教」（〈原道〉）。因此，文學的創作實出於自然的情性與文采。劉勰便曾批評矯情偽性，無病呻吟者云：

> 諸子之徒，心非鬱陶，苟馳夸飾，鬻聲釣世，此為文而造情也。（〈情采〉）

這種偽造之情，猶如《莊子‧漁夫》所謂：

> 強哭者雖悲不哀，強怒者雖嚴不威，強親者雖笑不和。

創作之情在乎「寫真」（〈情采〉），「真悲無聲而哀，真怒未發而威，真親未笑而和」（〈漁父〉）。鍾嶸也同樣強調詩歌是「吟詠情性」，表現「自然英旨」，反對造哀，如「熙伯〈挽歌〉，惟以造哀爾」。同時並以「文多拘忌，傷其真

美」，主張「直尋」（《詩品序》），重視詩歌表現形式與情性的自然和諧。劉勰也強調眞性情與美文采的結合，反對雕琢巧飾之美，故云：

> 夫鉛黛所以飾容，而盼倩生于淑姿；文采所以飾言，而辯麗本於情性。故情者，文之經，辭者，理之緯，經正而後緯成，理定而後辭暢，此立文之本源也。（〈情采〉）

正是〈原道〉篇「心生而言立，言立而文明，自然之道也」，「夫豈外飾，蓋自然耳」的具體表述。是以對偶主「自然成對」（〈麗辭〉），論秀句亦重「自然妙會」（〈隱秀〉），無怪乎紀昀評之云：「標自然以爲宗」。

莊子順任自然的主張，影響魏晉以來精神自由的追求，以及對於自然的態度。同時，「淡然無極而眾美從之」（〈刻意〉），「素朴而天下莫能與之爭美」（〈天道〉）等以自然爲美的觀念，也深刻地影響了藝術創作。文章的自然之美，便在於作者創作主體情性的自然以及發爲吟詠的文采自然。《詩品‧中品》載湯惠休評顏謝詩云：

> 謝詩如芙蓉出水，顏如錯彩鏤金。

而顏延之所以終身病之，正是「初發芙蓉，自然可愛」，評價在「舖錦列繡」，人爲的「雕繪滿眼」之上。〔註12〕以「芙蓉出水」爲喻，除了表示文章自然之美（發乎自然情性之感，成於因內符外的自然文采），同時也藉著自然景物的形象，表達一種蓬勃的生命力，是人爲錦繡所缺少的活潑生機。自然之啓引人心者，豈不就在此不待畫工錦匠，華采自成的形象之美，及其沛然滂礴的天地精神，成爲人永不終竭的靈感泉源！而人與於其間，會心起興，相應感通，通於自然神理，無爲之道，亦內通於一己自然無僞的情性，本乎此，感物而作，煥然而有文章，方是生機蓬勃，有神之作。

〔註12〕語出《南史‧顏延之傳》鮑照評顏謝優劣。

第五章　藝術創作的形與神

第一節　神與物遊

　　「文之思也，其神遠矣」，從「感物興情」，到文學作品的完成，其間如何安排情感，予以藝術性的表現，則需要神思的活動。《文心雕龍》有〈神思〉篇。詳述了貫穿文學創作全部過程的神思活動，開篇云：

> 古人云：「形在江海之上，心存魏闕之下。」神思之謂也，文之思也，
> 其神遠矣。故寂然凝慮，思接千載，悄然動容，視通萬里：吟詠之
> 間，吐納珠玉之聲，眉睫之前，卷舒風雲之色：其思理之致乎？

「神」是人能思能感的創作主體，因其殊妙靈動的特性，可以勃然興發，驟然遠至，精神所嚮，往往不是形軀所能局限，如〈洛神賦〉之「足往神留，遺情想像」，應瑒〈正情賦〉也有「神眇眇以潛翔，恆存遊乎所觀」，又如郭遐叔〈贈嵇康詩〉云：「馳情運想，神往形留」，皆因情懷想像所之，使精神超越形骸，獨遊於其所嚮往之地。為文的神思也具有同樣的特色，得以破除萬里、千載的時空拘限，悠游無礙。然而文思卻負載著創造意象，發為文辭的目的，如何往來迴盪於物我之間，而得聲色之詠，劉勰接續便道：

> 故思理為妙，神與物遊，神居胸臆，而志氣統其關鍵：物沿耳目，
> 而辭令管其樞機。樞機方通，則物無隱貌：關鍵將塞，則神有遁心。

「神與物遊」之「神」，不只是感物所興的情意而已，而是思理志氣凝聚投注，具有主動活力的精神活動，如同篇所描述的：

> 夫神思方運，萬塗競萌。規矩虛位，刻鏤無形：登山則情滿於山，

觀海則意溢於海，我才之多少，將與風雲而並驅矣。

是在才力志氣動力下的情意活動。然而更重要的是所謂「思理」，劉勰對文學創作，在「情動而言行」的同時，一并提出「理發而文見」（〈體性〉），也就是說創作除了情感的衝動，尚有思理的指標。而所謂「理」，亦正是物我之間能作深度感發的基礎，故云「思理爲妙，神與物遊」，「物以貌求，心以理應」。是以從感物興情進入「神與物遊」，亦即進入與對象物由表至裡，進出往返的思維過程，是充沛著情感，復又包蘊著思理的創造性的活動。

「其始也，皆收視反聽，耽思傍訊，精騖八極，心遊萬仞」（〈文賦〉），透過心靈的沈寂專注與超越遙想，靈妙變化的想像活躍起來，馳騁於無止無盡的時空中，可以「觀古今於須臾，撫四海於一瞬」（〈文賦〉），此時萬物紛至遝來，難以拘束，故云「神思方運，萬塗競萌，規矩虛位，刻鏤無形」。此時詩人透過細膩的觀察與感受，觸物圓覽，循心隨物，使自我的精神進入自然生命的精神，相互融合鼓蕩。而當「情曈朦而彌鮮，物昭晰而互進」（〈文賦〉），精神情意逐漸掌握了契合的對象，作爲表達情思的素材，作者將自我的本質本色，外化於此美感的對象，此時物象已非原有客觀之物，而是包含了人的情思意志，涵有人的精神，並突顯其原有的全部感性特徵之理想物象。神與物遊，正是透過精神的凝聚，進入物與我純然的境地，藉著物象的感發，情感的投射，往返進出於物我之間，終至作者的情感思理與外物的特殊質性密合無間，而使心境相得，情物相融，如〈神思〉篇贊云：「神用象通，情變所孕。物以貌求，心以理應」。如此，不溺於心，不蔽於物，如〈物色〉篇云：

是以詩人感物，聯類不窮。流連萬象之際，沈吟視聽之區；寫氣圖
貌，既隨物以宛轉，屬采附聲，亦與心而徘徊。

既能「宛轉附物」，又能「怊悵切情」（〈明詩〉），情態與物態，融浹合契，不可分割，「擬容」與「取心」（〈比興〉）同等並列，故能「以少總多，情貌無遺」。

畫論的「遷想妙得」也同樣是一種神遊構象的活動。「遷想妙得」語出顧愷之〈論畫〉，〔註1〕原文爲：

凡畫：人最難，次山水，次狗馬。臺榭一定器耳，難成而易好，不

〔註1〕顧愷之的畫論，今見於唐張彥遠《歷代名畫記》，張書附載顧之著作時，將第
　　　一篇論魏晉以來畫像優劣之文題爲〈論畫〉，而將其後論摹寫法則之文題爲〈魏
　　　晉勝流名贊〉，文不對題。〈魏晉勝流名贊〉似應移爲第一篇之篇名。若此，
　　　則「遷想妙得」一語，應出於〈魏晉勝流名贊〉。

待遷想妙得也。

是對人物畫傳神的要求而提出的創作理論。人物畫的對象雖已確定，但如何深入對象，超越外在形相的拘限性與虛偽性，去感受對象的精神力量，則須在作者之「目」把握對象之「形」的同時，經由視覺的孤立化、專一化，使視覺的知覺活動與情思想像結合，以透入對象不可視的內在本質（神）。這時雖未捨棄視覺所得的形貌，但卻是物象神形結合，並融入作者主觀之神的形象。是以「遷想」即是作者情思想像投注於對象，與其精神會遇，從而「妙得」對象的本質，掌握住神形相融之象。且由於對象之神實與作者之神相融合，則作者之神亦同時存在於此妙得之象中。〔註2〕南宋陳郁〈活腴〉曾言：「寫形不難，寫心唯難」，因為人物心靈的表情，往往遠超出外在限定的形貌。要能寫心，必賴作者遷想，越形入內，取得對象的天機、精神，如《列子·說符》篇九方皋相馬，「得其精而忘其麤，在其內而忘其外」，亦即《淮南子》所謂的「君形者」，〔註3〕並因此契入，自然涵有物形——由本質所定之形，亦即超越外形之後，神形相融之形。人物畫如此，山水畫亦然，王微〈敘畫〉云：

> 古人之作畫也，非以案城域，辨方州，標鎮阜，劃浸流，本乎形者融靈，而動者變心。止靈無見，故所托不動。目有所極，故所見不周。〔註4〕

便強調山水畫非如輿圖的製作，記視覺所見的山川城鎮而已，而是經由作者心靈的參與，不限於眼目所欣賞的山水，進入山水外形中所涵容精神，得其融靈之形，亦即其所謂的藝術的「容勢」——「夫言繪畫者，竟求容勢而已」。〔註5〕畫者「望秋雲神飛揚，臨春風思浩蕩」，在山水之中得到精神的解放，從而契入山水之靈。張彥遠《歷代名畫記》評曰：「若非窮玄妙於意表，安能合神變乎天機」，便說明山水畫者神悟入道的境界。人物畫遷想妙得人物神形

〔註2〕 參見徐復觀先生《中國藝術精神·第三章釋氣韻生動》。
〔註3〕 原文為：「畫西施之面，美而不可悅；規孟賁之目，大而不可畏，君形者亡焉。」
〔註4〕 此段文字各家有不同的理解，斷句亦各有歧異。如于安瀾編《畫史叢書》本的《歷代名畫記》作：「本乎形者融，靈而動者變，心止靈無見，故所託不動，目有所極，故所見不周。」而俞劍華《中國畫論類編》則作：「本乎形者融，靈而動變者心也，靈亡所見，故所託不動，目有所極，故所見不周。」本文所用者乃取自徐復觀先生《中國藝術精神》。
〔註5〕 參見石守謙〈賦彩製形——傳統美學思想與藝術批評〉收於《中國文化新論藝術篇·美感與造形》。

相融之美，畢竟限定於人自身的形貌與個性，相形之下，山水的多貌則予人更多自由遷想的餘地，故而成為後代繪畫的主流。

　　人物畫要探入對象人物的精神，山水畫在悟入山水的自然之道，然而遷想入內，妙得悟道合神的形象者，卻是作者主觀的精神。而文學的神與物遊，亦是作者的精神情思與外物融合密契，使作者抽象的感情和思想，涵融於其所構築的意象之中。因此，無論繪畫或文學，一切的藝術都是作者遷想神遊，與物交會，在自然物象與抽象精神的融合中所作的創造，如卡西勒（Ernst Cassirer）在《人文科學的邏輯》中所描述的：

> 沒有一個藝術家於描述自然時，能夠不在此一描述中同時把他的自我一併表達出來的。而所謂自我底藝術的表達之為可能，莫有不是透過把一些對象之全面之客觀性與可塑性陳示於吾人面前而達成的。主觀與客觀，感受與形態，都必須彼此溝通，甚至彼此融合，如是，一偉大的藝術作品方能夠產生。由此可見，藝術作品從來不單純地只是一主觀的或客觀的，又或是一心靈世界的或對象世界的摹本。相反地，此中涉及了雙方面（主觀和客觀，心靈世界和對象世界）真正的發現。

因此，作者的自我精神與客觀對象要相互包容涵蘊，方能成為藝術的展現。因為作者抽象的情懷不能憑空抒發，必藉著物象而呈現，而此時藝術所表達的自然物象，便已不是原本的物象，而是經過作者精神的投射與發掘，同時兼具作者之神的第二種自然了。

　　然而，作者的精神之所以能契入物象，妙合無間，則有待精神的調養，《文心雕龍・神思》篇即云：「陶鈞文思，貴在虛靜，疏瀹五藏，澡雪精神」，亦即莊子虛靜養神的境界。作者的精神虛靜無累，方能與對象以神相遇而「共成一天」，〔註6〕如庖丁解牛之道：

> 臣以神遇而不以目視，官知止而神欲行。依乎天理，批大郤，導大窾，因其固然。（《莊子・養生主》）

主體超越感官的認知，直溯對象的本質，神遊其間，則主客契合無間。又如梓慶成鐻之「必齋以靜心」，「不敢懷慶賞爵祿」，「不敢懷非譽巧拙」，「輒然忘吾有四枝形體」，擺落名利、形軀的桎梏，方能直入物理，「以天合天」（〈達生〉）。因此，物象精神的體現，首先則須作者主體精神的自由解放，如宋元

―――――――――――

〔註6〕向、郭注〈齊物論〉「天籟」之語。

君所謂的「眞畫者」,「解衣般礴」的氣勢(〈田子方〉),方能使物象之神在主體精神的照射下呈現並相融爲一。故徐復觀先生云:

> 要能表現出山水的氣韻,首須能轉化自己的生命,使自己的生命,從個人私欲的營營苟苟地塵濁中超昇上去(脫去塵濁),顯發出以虛靜爲體的藝術精神主體;這樣便能在自己的藝術精神主體的照射之下,實際即是美地觀照之下,將山水轉化爲美地對象,亦即是照射出山水之神。此山水之神,是由藝術家的美地精神所照射出來的,所以山水之神,便自然而然地進入於藝術主體的美地精神之中,融爲一體。(《中國藝術精神・第三章釋氣韻生動》)

「神與物遊」,「隨物宛轉」,「與心徘徊」,物我交融、滲透的過程,亦即「神用象通,情變所孕」的過程,其間雖遵循客觀對象的形貌,乃至入乎其內,與其精神共鳴,然而主動者是人之神而非物;同樣的,畫者以其精神照射,使山水之神自然與之混融一體,甚至人物畫傳神的基礎,亦在於作畫者主觀精神的遷想妙得,才能從人物自然的外形窺得其內在的神韻。因此,藝術的表現雖必兼含主觀與客觀,心靈世界與對象世界,但藝術家的精神卻是創作最大的關鍵所在。《世說新語・巧藝》篇第八條云:

> 戴安道中年畫行像甚精妙。庾道季看之,語戴云:「神明太俗,由卿世情未盡。」戴云:「唯務光當免卿此語耳。」

作品的神明品質與作者的精神息息相關,因爲「精神還仗精神覓」。〔註7〕藝術家的精神狀態,與創作的衝動、意欲,完全貫串於創造歷程,而呈現於作品之中。不僅文學「味飄飄而輕舉,情曄曄而更新」,「物色盡而情有餘」(〈物色〉)是作者精神的情味;繪畫的一筆一墨,亦因作者的精神貫注其間,方能傳神。徐復觀先生便以作品的氣韻生動,始於作者的精神狀態,云:

> 氣韻的根本義,乃是傳神之神,即是把對象的精神表現了出來。而對於對象精神的把握,必須賴作者的精神的照射,以得到主客相融;則必須承認作品中的氣韻生動,乃是來自作者自身的氣韻生動,於是氣韻是一個作品的成效,更是一個作品得以創作出來的作者精神狀態。張彥遠說「意在筆先」。後人由此而常說「胸有丘壑」,必須胸中之意,有了氣韻,然後下筆始有氣韻。(《中國藝術精神・第三章釋氣韻生動》)

〔註7〕 宋汪藻《浮丘集》〈贈丹丘僧了本詩〉。

因此，創作的首要乃在於作者的精神。〈神思〉篇「積學以儲寶，酌理以富才，研閱以窮照。馴致以懌辭」，正如「讀萬卷書，行萬里路」，從學識與經驗的累積涵養心靈，開擴心靈的層面與照物的深度。然而更重要的是「澡雪精神」、「澄懷味象」，因為唯有虛靜澄明，超拔於塵濁的精神心靈，才是藝術的心靈，無論「神與物遊」或「遷想妙得」，才能對一切的存在，一切的事物，以藝術精神的主體，把握住從形象透露出來的內在真理，這真理就是美。〔註8〕

第二節　傳神的藝術形象

藝術家任由情思想像透過耳目感官去發現美，得到一種特殊的感知觀照，但此抽象的概念卻必須尋找到適當的形式和符號，才能落實成為可辨認的作品。雖然藝術家在神遊遷想的過程中，已經在心內凝結了意象，但如何描寫、外現此非物質、非物體的「內心的自然」，無疑的也是表達形式的問題。描寫實在是一項複雜的內心操作，創作者要努力去呈現、表白其心中對這世界活生生的動態的捕捉。以畫者而言，即是以色彩和造形「構作」一個畫面上的世界──不是外物形貌的模仿，而是經過作者情思抉擇的某個角度、面向、層次的特質。因此，不同的作品內容（精神、內心反響），也就有不同的形式，外在的形象與內容情感和諧統一，才是成功的，能夠傳神的藝術形象。

東晉顧愷之對魏晉以來繪畫的品評，便涉及形象是否傳神的問題。〔註9〕如評〈北風詩〉云：

> ……美麗之形，尺寸之制，陰陽之數，纖妙之跡，世所並貴。神儀
> 在心而手稱其目者，玄賞則不待喻；不然真絕夫人心之達，不可惑
> 以眾論。執偏見以擬過者，亦必貴觀其明識。

便是在「世所並貴」的形跡之美以外，還注重作品所涵有的，使人心領神會而難以言傳的精神。若乏此，則以為「雖美而不盡善也」。因此他批評〈小列女〉畫的「不盡生氣」，〈壯士〉「恨不盡激揚之態」，相反的，能夠表現生氣的繪畫作品，他則加以稱讚，如〈伏羲神農〉畫出「神屬冥芒，居然有得一之想」，〈漢本紀〉畫的「超豁高雄，覽之若面」，顯示他對形象精神生氣的注重。然而能夠置於畫面的只有形象，精神要涵蘊於形象之內，不能捨此而求，

〔註8〕參見羅丹的遺囑，引自熊秉明《關於羅丹──日記擇抄》。
〔註9〕同註1，此篇當為〈魏晉勝流名贊〉。

顧愷之品賞〈醉客〉一畫時，便以「作人形骨成而制衣服幔之」的畫法是「亦助其醉神耳」。關於這種傳神形象的理論與方法，顧愷之在其他文章中有更明確的意見，如：

> 凡生人亡有手揖眼視而前亡所對者，以形寫神而空其實對，荃（全）生之用乖，傳神之趨失矣。空其實對則大失，對而不正則小失，不可不察也。一像之明昧，不若悟對之通神。〔註10〕

便是以人物形象動作神情關係的正確表達，作為「全生」、「傳神」不可或缺的重點。可見傳神並不是在形象之外，而是在外在形象與內在精神更細膩的關聯呼應之中。

關於顧愷之「以形寫神」的理論，主要建構在「悟對」與「阿堵傳神」之上，《世說新語‧巧藝》篇有這樣的記載：

> 顧長康畫人，或數年不點目精。人問其故？顧曰：「四體妍蚩，本無關於妙處；傳神寫照，正在阿堵中。」

所謂「妙處」即是形象的精神所在。眼睛一直被視為心靈的窗戶，魏晉以來「徵神見貌，情發於目」，「觀其眸子，可以知人」〔註11〕等論調興盛，乃至「青白眼觀人」，「目如點漆」，「雙目如巖下電」〔註12〕等，對眼睛的形色表情非常注重。因此顧愷之掌握了眼睛為人物形象傳神的關鍵所在，「手揮五絃易，目送歸鴻難」（〈巧藝〉十四條）意即在此。至於「空其實對」、「前亡所對」、「悟對通神」之「對」，亦即是人物精神凝結之處，故要「實」而不可「空」，精神乃可由此而顯。顧愷之以前，漢代磚像畫便已注意到畫像人物的眼神實對，如高居瀚（James Cahill）云：

> 畫中人物仍舊單獨站在曖昧的空白中；但是畫家已經找出兩種統一畫面的方法：經由象徵性的動作，所有人物好像共同搖晃在同一陣韻律中；經由眼神的交換，一種共有的意識把人物連貫在一起。（《中國繪畫史，早期人物畫》）

顧愷之可說是在這種基礎下，結合個人經驗，而提出其傳神的理論與方法。

六朝人物畫是純為表現人物個性，而非漢代功臣畫之類，要陳述某種特

〔註10〕 同註1，此篇原題為〈魏晉勝流名贊〉，但此篇內容主要是關於摹寫要訣，與所題不符。
〔註11〕 語出劉邵《人物志‧九徵第一》，及轉引自《世說新語》蔣濟語。
〔註12〕 分別見於《晉書‧阮籍傳》，《世說新語‧容止》篇第二十六條、第六條。

定的人物關係，因此畫者有更大的自由創作的空間。所謂「對」，表現於形象，就是人物四肢動作、姿態，面部表情（特別是眼睛），以及與周遭事物環境的關係，畫者可以自己構思，選擇與安排，這便是創作者的遷想妙得，深入觀察體會而掌握的表現手法。如顧愷之〈畫雲台山記〉擬「瘦形」作爲張天師「神氣遠」的造象，以「坐答問」的姿態表現王長「穆然」的神情等，都有賴「遷想」，而畫裴楷以頰上三毛來表現其雋朗識具，[註13] 畫謝鯤則置之於巖石巨壑以見衿懷（〈巧藝〉十二條），亦皆是深入體會之後「妙得」之「象」。

　　唐張懷瓘在《畫斷》之中說：「象人之美，張（僧繇）得其肉，陸（探微）得其骨。顧得其神；神妙亡方，以顧爲最。」今檢視傳爲顧愷之作品，〈洛神賦圖卷〉和〈女史箴圖卷〉的摹本，從曹子建以手撥開侍從而與洛神目光相顧的手、眼描寫；馮婕妤挺然持立，無所畏懼，蔑視黑熊之體態目光的描繪，便可以了解其「悟對」、「傳神阿堵」的具體內容與效果。同時，顧愷之又藉著「春蠶吐絲」般的線條，與「行雲流水」的用筆，以線條的快速流動，形成畫面的生氣感，因此張彥遠稱其「緊勁聯綿，循環超忽，調格高逸，風趨電疾，意在筆先，畫盡意在，所以全神氣也。」（《歷代名畫記·論顧陸張吳用筆》）可見繪畫的傳神實不離形象筆法，而所傳之神亦不止於人物的神態表情。在用心的安排經營與特殊的繪畫風格（如顧之筆法線條）下，所謂「神」實擴及整幅畫的藝術氣氛與效果，張彥遠所謂的「意」與「神氣」，應指全幅作品的藝術效果，而非僅人物之神。同樣的，謝赫《古畫品錄》的六法，「氣韻生動」如徐復觀先生所云，是從創作之初直貫至作品成果的「神」（作者之神、對象之神，亦是作品之神），而此「神」之傳，也未嘗不是憑依「骨法用筆」、「應物象形」、「隨類賦彩」、「經營位置」等，展現於畫面的形象中。因此所謂「神」的藝術媚力，乃是外在形式與內在意蘊和諧統一所成，完美成功的藝術形象，不能離此而論神。謝赫《古畫品錄》所謂「不該備形似」、「略於形色」，乃至後代「形似」、「神似」對舉討論中的「形似」、「形色」，都是指外形容色「像不像」的問題，然而藝術作品原本便不在於外貌的傳眞顯示，而是直指「心靈中的造形」，亦即形神不離的藝術形象。

[註13] 見《世說新語·巧藝》篇第九條。陳綬祥〈略論魏晉南北朝時期「傳神論」發展的幾個階段〉，以爲三毛即三筆，乃是用筆在頰上增添三條細線，如陰影的畫法，使面頰微略顯的下凹而清瘦，從而表現一種機靈精巧的感覺，使人覺得「如有神明，殊勝未安時」。

「存形莫善於畫」，〔註14〕繪畫作爲一種造型藝術，因此很快就反省到「形」「神」的問題，如顧愷之「以形寫神」、「傳神寫照」，謝赫「氣韻生動」等。然而文學以語言爲媒介，首須思考的則是媒介功能——言與意的問題。《莊子‧天道》篇早已明示：「意之所隨者，不可以言傳也」，魏晉的「言意之辨」同樣質疑言語的功能。陸機〈文賦〉的「文不逮意」，《文心‧神思》的「意翻空而易奇，言徵實而難巧」，也從創作的層面考慮到言與意的距離。然而「言不盡意」的局限，卻成爲文學創作努力的動機——不斷尋求表現方式以超越材料。由於「言」不能完善地指涉「意」，因此放棄逐字指意的嘗試，回到感覺意念本身，再由此出發，以語言構築的形象來喚起意境，使讀者由此感應而會通作者之意。這是一條迂迴的路徑，然而語言的藝術卻由此拓展，並受到重視。

六朝文學中「巧構形似」的現象，即是這種語言方式。鍾嶸《詩品》評論作家特色時，便常涉及「巧似」，如：

　　張　　協　文體華淨，……又巧構形似之言。
　　謝靈運　雜有景陽之體，故尚巧似。
　　顏延之　尚巧似。
　　鮑　　照　善製形狀寫物之詞，得景陽之詭詭。……然貴尚巧似，不
　　　　　　避危仄。

而劉勰亦曾綜述此一時代文風，云：

　　自近代以來，文貴形似。窺情風景之上，鑽貌草木之中；吟詠所發，
　　志惟深遠；體物爲妙，功在密附。故巧言切狀，如印之印泥，不加
　　雕削，而曲寫毫芥。故能瞻言而見貌，即字而知時也（《文心‧物色》）。

乃是藉著「寫物」的手法來建構文學語言的藝術形象，而以此藝術形象去溝通並完成自然萬物與詩人心志的統一，成爲作品的內容主題與精神特質。〔註15〕故而，「鑽貌草木之中」，同時要「窺情風景之上」，才能體物眞切而情物密附，亦即「神與物遊」既「隨物宛轉」復「與心徘徊」，融合客觀物貌與主觀感情成就「內心的圖象」。因此，寫氣圖貌，屬采附聲，雖是在巧構物形，但終究是作者心靈運思後完整的表現，物象造形實與作者情志並存爲一，故「吟詠所發，志惟深遠」，是以詩人巧構的藝術形象，雖然

〔註14〕陸機語，引自張彥遠《歷代名畫記》。
〔註15〕參見廖師蔚卿〈從文學現象與文學思想的關係談六朝巧構形似之言的詩〉。

是物貌的「窮形盡相」（〈文賦〉），但也是作者的情思傳神。

　　事實上，由於詩與畫的媒介不同，以及視與聽在時間上的差異，詩人以言語描繪物貌，並不能使人真正得知該物（大小、形狀、顏色、質地……），就算詩人不厭其煩的按照各部份逐一描寫，也不能產生任何逼真的形象，因為語言時間的拉長，會阻礙這些描寫的凝聚效果。因此詩的語言所要掌握的「形似」，與其說是形貌的相似，乃至如畫一般可見的藝術形象，不如說是企圖尋找一種較高的、可以均勻籠罩全體的意象，一種可以使想像瞬間巡視全體，將各部統一組合，彷彿一眼可見的模樣。〔註16〕這「彷彿可見」、「若盈心目」的意境感召，亦正是「巧構形似」傳神的效果。所以「文貴形似」的表現手法，雖是談「形」而不及「神」，卻未嘗不是一傳神的藝術形象，如《文鏡秘府論地卷·十體》之「形似體」：「形似體者，謂貌其形而得其似，可以妙求，難以粗測者是。」將「形」、「似」分論，並有所謂「妙求」，實已不止於「形」而兼及於「神」。因此「巧構形似」基本上可以視為突破言意障礙所嘗試的一種傳神達意的言語表達方式。但若不能時時回省言意的問題，亦即所以巧構物象的目的，而落入語言外在形式的追逐競巧，如《文心·明詩》所云：「儷采百字之偶，爭價一句之奇」，則必喪失原本內在的精神基礎，無怪乎劉勰評巧構形似，意藏褒貶。

　　文學所要抒發的，終究是人的情思意志，即令「寫物」，亦必情物密附，物我精神相融，因此文學作品要「因情立體，即體成勢」（《文心·定勢》），「以情志為神明，事義為骨髓，辭采為肌膚，宮商為聲氣」（〈附會〉）。語文形式若不能本於作者內在精神，並與之諧和相依，作品便失其本而無精神。反之，內在的精神特性，若能結合適當的形式展現於外，則不僅作者的精神特性因之以傳，作品本身也就有了風格。由於作者情性才氣的差別，學識習染的不同，影響情感內容與表達方式，是以「筆區雲譎，文苑波詭」，作者風格隨人而異，正如〈體性〉篇所形容的：「各師成心，其異如面」。風格雖異，但所以能成就風格，凸顯作品的體態品性者，卻是風骨之力。劉勰論「風骨」云：

　　　　詩總六藝，風冠其首，斯乃化感之本源，志氣之符契也。是以怊悵
　　　　述情，必始乎風；沈吟鋪辭，莫先於骨。故辭之待骨，如體之樹骸；
　　　　情之含風，猶形之包氣。結言端直，則文骨成焉；意氣駿爽，則文
　　　　風生焉。（《文心·風骨》）

〔註16〕詩與畫的差異，參見《詩與畫的界限》。

便是以「風」爲內容情意，與「氣」的活力，共同形成的精神表現。「骨」則是決定於文意，用以傳達內容的語文組織。風骨之力也就是形神緊密結合，傳神藝術形象的感染力，可以「使味之者無極，聞之者動心」(《詩品序》)，作品動人引心的風韻亦即在此。

　　以「風」、「骨」、「體」、「氣」等詞彙來說明藝術作品的美及其構成，基本上便是將作品視爲一獨立的「生命體」。藝術作品的生命來自作者，藝術家依照內心的圖象，選取適當的形式和符號，表現內在的意蘊，創造內容與形式高度密合的藝術形象——作品。雖然形式是爲服務內在意蘊而創造，作品所要表現的主要是創作者的情思想像及其所補捉與詮釋的自然，作品是會通作者與讀者的橋樑；但作品既被創作出來，也就有了唯一而不可代替的地位，同時也有了自我的風格韻度，成爲被獨立賞美，精神投注的對象。

第三節　暢神而已

　　「暢神」一詞見於宗炳〈畫山水序〉的末段，其文云：

> 夫以應目會心爲理者，類之成巧，則目亦同應，心亦俱會。應會感神，神超理得，雖復虛求幽嚴，何以加焉。又神本無端，栖形感類，理入影跡，誠能妙寫，亦誠盡矣。於是閒居理氣，拂觴鳴琴，批圖幽對，坐究四荒。不違天勵之藜，獨應無人之野，峰岫嶢嶷，雲林森渺，聖賢映於絕代，萬趣融其神思，余復何爲哉，暢神而已。神之所暢，孰有先焉？

宗炳以山水爲人與道的橋樑，是以樂遊山水，親近自然。一旦不能親遊，便臥遊於山水畫中。他以爲只要作品「類之成巧」，則能使觀畫者如對眞實山水(「目亦同應」)，而有所會心，引發個體心靈與山川之靈相互交感，以通於道。並以這種應會感通，能使精神宣暢，遨遊無繫。因此宗炳「暢神」乃是指欣賞者由作品所描繪的景象引發無限飛躍的神思活動，就如《世說新語·文學》篇七十六條所載，阮孚讀郭璞詩「林無靜樹，川無停流」，輒覺「神超形越」，亦是因作品的感發而神遊於其所描繪之境。

　　但是宗炳暢神於山水畫作，乃是建構在繪畫作品與其所繪物象類同的關係上，是以他強調「以形寫形，以色貌色」的寫實手法，強調「類之成巧」，使人宛如置身眞境實景之中，「雖復虛求幽嚴，何以加焉」。這種以山水畫作

爲眞實山水象徵符號的觀念，便是將藝術作品視爲一道橋樑，通向作品所要表達的內容。《孟子》「以意逆志」、「頌其詩，讀其書，不知其人，可乎」（〈萬章〉）的觀念與此相似，其中的差別只是前者傾向於材料，後者偏重於作者。《文心雕龍·知音》篇也以作品是作者與讀者之媒介，故云：

　　夫綴文者情動而辭發，觀文者披文以入情。沿波討源，雖幽必顯。

　　世遠莫見其面，覘文輒見其心。

然而讀者從作品進入作者的情志，或是原本的情境景物，於是，「作品」乃成了作者與讀者的管道或中介物。劉勰在《文心雕龍·知音》篇云：「書亦華國，玩繹方美」，以爲所謂「作品」，如果不經欣賞，即不能凸顯其美。同時劉勰也曾感嘆「知音其難哉」，反省讀者識照能力的深淺，以及個人觀念與偏好影響。唯有不囿於己見，識鑒深奧的讀者，才能深入作品，得到欣賞的喜悅，故云：「夫唯識深鑒奧，必歡然內懌，譬如春台之熙眾人，樂餌之止過客。」故〈知音〉篇正是反省作者、作品、讀者間的關係，換句話說，即思考「作品」成爲作者與讀者間的管道問題。然正如前一節所討論的，作品的生命內涵雖是來自作者與其所表現的自然情境，但是作品一旦被創造出來，卻有其獨立的意義。語言不是透明的，作品更不可能只是一道橋樑。事實上，讀者所能直接面對的只有作品，作品才是讀者的對象。因此讀者暢神的神思活動，基本上是讀者就作品藝術形象與結構所提供的訊息，依其個人的情思想像與經驗，所產生的精神感應與迴響。同一作品可以帶給不同的人異樣的感受，甚至同一個人面對同一作品，異時異地，感受也自不同；因此，欣賞的活動實可視爲讀者再創造的活動，是由作品引發的心靈活動。六朝的「形象批評」，〔註17〕藉形象來表達其神遊於物（作品）的美感經驗，除了「對象」的差別，神思活動與表達手法，幾與創作無異。就如克羅齊（Benedetto Croce）所說的：

　　批評和認識某某爲美底那個判斷的活動，與創造那美底活動相同。

　　　〔註18〕

無論宗炳對「作品」地位的觀念如何，「暢神」一詞卻簡潔地道出了欣賞者的精神狀態，因爲藝術作品美感的引發，使沈潛的心靈活躍起來，得到美感的悅樂。傅毅〈舞賦〉便以欣賞舞蹈，能使人「娛神遺老」，曹丕〈與吳質書〉則云：

〔註17〕參見廖棟樑〈六朝詩評中的形象批評〉。
〔註18〕《美學原理·第十六章趣味與藝術再造》

> 昔日游處，行則連輿，止則接席，何曾須臾相失？每至觴酌流行，
> 絲竹並奏，酒酣耳熱，仰而賦詩；當此之時，忽然不自知樂也。……
> 公幹有逸氣，但未遒耳，其五言詩之善者，妙絕時人。元瑜書記翩
> 翩，致足樂也。

又如《文心‧總術》篇云：

> 視之則錦繪，聽之則絲簧，味之則甘腴，佩之則芬芳，斷章之功，
> 於斯盛矣。

又如〈隱秀〉篇云：

> 使翫之者無窮，味之者不厭矣。……使醞藉者蓄隱而意愉，英銳者
> 抱秀而心悅，譬諸裁雲製霞，不讓乎天工，斵卉刻葩，有同乎神匠。

並以文學之美有玩味不厭的樂趣，是以《顏氏家訓‧文章篇》云：「入其滋味，亦樂事也」。

「暢神」的舒朗與喜悅，同樣可用以形容創作者。劉琨〈答盧諶詩〉云：「音以賞奏，味以殊珍，文以明言，言以暢神」，創作的表達即是一種精神的宣暢，又如陸機〈文賦〉云：

> 伊茲事之可樂，固聖賢之所欽，課虛無以責有，叩寂寞而求音，函
> 綿邈於尺素，吐滂沛乎寸心。

從創作的心靈運作開始，「精騖八極，心遊萬仞」，「觀古今於須臾，撫四海於一瞬」，乃至「收百世之闕文，採千載之遺韻；謝朝華於已披，啟夕秀於未振」，一己精神活潑地飛翔運轉，綿邈之情終於逐漸尋找到自我表達的方式，書於尺素，由無到有，完成了藝術的創作，也獲得了表達創造的喜悅。而創作與欣賞是不能截然劃分的。正如欣賞者之入其滋味，會心有得，雖未必有創作表達，但那種欣樂的心情，實同於創作。而作為一個創作者，當一些心意萌發，意象湧現且自然成形，此時創作者同時也是欣賞者，為自己的創作感到驚喜與滿足，如《顏氏家訓‧文章篇》云：

> 一事愜當，一句清巧，神屬九霄，志凌千載，自吟自賞，不覺更有
> 傍人。

因此，從創作到欣賞，主要都是精神的活動，並且都有精神交流感通乃至表達的悅樂。感物興情是作者的精神受外物形色及其背後自然的精神生氣所引動，成為創作的動機。而創作過程中，遷想妙得，與物神遊，窺照意象等，亦都是作者精神的想像構思，同時，無論對象是人物或自然，其精神也在作

者的觀照中展現,合此形成文思與畫意,再經由適當的形式與符號,落實爲可辨認的作品,藝術作品於焉產生。此時,經過神思想像,由無構有的創作者,也自然成爲欣賞者,爲新的生命賀采。因爲作品既已誕生,雖是由己而出,卻又別有生命,不再包孕於創作者之內。作品具有它自己獨特的意義,能夠自己「說話」。因此,藝術作品的形象已不再單純只是外物之象,而是與內在精神情意密切契合的藝術造象;而所謂作品的內在精神,則可分爲三個層面來了解:一爲創作者的精神情意,一爲題材對象的精神氣韻(也許是人物,也許是自然),一則爲作品自身的風格氣韻,三者彼此相關,並不能截然劃分。以人物畫的傳神爲例,雖然是傳人物對象之神,但此精神乃是由作者捕捉與表現的,自不能無作者的精神想像於其中。然而當其成爲作品,以其藝術的形象給予讀者某種感動與引發,讀者所面對的是作品,是作品的結構所傳達的訊息,此時他所感受的,是畫中人物包括整幅畫的安排所給予的神韻風氣,並在此得到欣賞的悅樂,卻不需關心作者的想法或是對象人物。整個欣賞活動是內在於讀者與作品之間,就如創作之初,感物興情一般,讀者的精神也因作品而搖盪,在這藝術賞美的活動中,另一個創作的動機正在蘊釀!於是,作者、作品、讀者三者之間,形成一個彼此互動的關係,正在不斷的往前推移。

第六章　結　論

　　「神」以其高明神妙，難知難測的意義，用以形容自然界靈妙的變化，並指稱其主體。而當人們反顧自身，發現人的生命在肢體形軀之外，尚有靈活精妙的心靈世界時，也就面對了人的「形神」問題，並認識到精神的意義與價值。先秦諸子中，莊子對「神」的討論最多，經由心靈的虛靜超脫，回復生命自然的本質，以達體道合一，自由逍遙的境界。他所揭示的精神境界，深深影響六朝文士的生命態度與人生理想，引起名教與自然的衝突。雖然當時對名教自然的衝突存有不同的觀念，但肯定人自然的精神情性，相互欣賞，卻成為一種普遍的風氣。同時，親近自然，玄對山水也成為生活中的重要活動，除了獲得賞美自然的愉悅，更希望藉此和天地自然的精神生命相互感應。然而人與自然的興會相感，不僅使人由此通悟自然之神——「道」，也振動了人的情性心靈，成為藝術創作的動力，因為藝術創作正是人心感物，精神活動的結果。其實六朝名士的風神即可視為一項藝術作品，是人以自身為素材，用言語姿態為形式，內在精神為內容所創作的「人的藝術」。書畫文學只是從肢體延伸擴大，用語言文字、線條色彩來傳達作者內在興感之神。因此藝術作品之所以有「神」，乃因它是作者精神心靈之所寄，且經過了創作表現的過程，作者的情致思理與某種形式結構相融，實已賦予作品新的生命，一種來自於作者卻又不全同於此，作品獨立的精神風格。欣賞者所面對的，正是這獨立的作品，以自我的精神入乎其內，遨遊其間，欣賞的活動也是一種精神的活動，甚至可以視為一種再創造。因此人自我的肯定，與人群的相交相賞，與自然的興會感通，乃至藝術的創作與欣賞，無一不是建立在精神心靈的基礎上，不能離開精神的作用與活動。

　　然而，不論從生命存在的事實而言，或是從玄學無限與有限，體用的關係來了解，「形」與「神」都是相依不離，緊密結合的。因此，「形」與「神」除了作為兩個相對的概念外，又有互相依附，渾然相融的層面。如人的肢體形骸與心靈精神相對，然所謂人物風神，卻是二者相融，即形即神的表現。又如作品的內容（作者之神）與形式（文字、形色）相對，但作品本身的風格，卻是由二者緊密結合而呈現。事實上，精神的作用與活動，從來不曾真正離開「形」，因為精神的活力與「氣」相關，形體生命不只是精神所存之軀，也是精神氣力之源。而且人精神活動的發引和表現，也都以「形」為憑依。如人物精神相交，何嘗不是藉著言語行動的溝通，即連鍾子期和俞伯牙，亦託琴音而知賞。至於創作之感於物，構思之神與物遊，從而發為文辭聲律，乃至欣賞者之感於作品，披文入情，所有的精神活動都與「形」──有形之物並比而行，畢竟人的情意思理，往往是感於物、循於物而進行，即使不願顯露於外，卻仍與內心的言語意象相依隨。所謂「形超神越」，只是超越所憑所感之形的限制，使精神進入更開闊的世界，並不能與「形」無關。但是精神之所以能超越形體，進入與發現「物」更精粹的內在本質精神，則有賴精神的涵養與待人待物的態度。莊子虛靜照物的藝術精神，實在是這種發現能力的基礎，而馬丁布伯（Martin Buber）所謂「我──你」的關係，也非常適合用來闡釋這種態度。所謂「我──你」，是指一種包含「相遇」（meeting or encounter）的交互關係。只有當一個人以他的整個存有，以他作為一個具體的「真人」的身份（而不是僅僅作為一個物件或一個抽象項目的身份），才可以進到這種交互關係之中。這種「我──你」關係，雖然基本上是人與人之間的關係，但有時這種關係在某些時刻也可能是人與自然，或人與藝術之間的關係，唯一的關鍵在於對待的態度。如果能將自然或藝術視為「你」，則「我──你」的關係便成為可能。而且正是這種「我──你」主體際的關係，才能使雙方都完整地呈現，因此，視對方為「你」，用全部的自我去面對，才能欣賞到對方的精神與美。面對自然如此，而對藝術作品亦然，以「我──你」的態度去看待，才能產生精神的感應與交流，也才能在其中發現美。

　　六朝形神觀念遍及思想、人物、藝術等各領域，與人物品鑒原理、佛教論辯主題及玄學本末有無的討論，都有密切的關係，但莊子「重神」的思想，卻是最大最根本的影響。由此，他們深切體認人的主體精神，肯定自我自然的情性，從種種的束縛和禁忌中解脫，追求生命的自由。而精神的自由也帶

動了形體與形式的解放，無論是人物儀形，或是藝術創作的表現形式，都因而得到最自由最開放的空間，可以盡情創造揮灑。雖然六朝名士並未能真正達到莊子心齋坐忘的境界，但是他們卻明白要透過形象的方法來傳達內心的精神世界。創作者生動地體察自己內心的精神情意與自然之間的種種感應，細膩地經驗和描寫它，不但建構一個美感的生活型態，並且擴展至繪畫、文學、造像、建築……等各種藝術創造活動。自然情性的肯定與藝術形象的創造，形神相親互濟，使六朝成為美感意識充分發揚、藝術活動蓬勃興盛的一個時代！

主要參考書目

1. 《十三經注疏》，藝文印書館。
2. 《十三經引得》，南嶽出版社。
3. 《四書集註》，宋·朱熹，中華書局，四部備要本。
4. 《漢書》，漢·班固，鼎文書局，廿五史本。
5. 《後漢書》，劉宋·范曄，鼎文書局，廿五史本。
6. 《三國志》，晉·陳壽，鼎文書局，廿五史本。
7. 《晉書》，唐·房玄齡，鼎文書局，廿五史本。
8. 《宋書》，梁·沈約，鼎文書局，廿五史本。
9. 《南齊書》，梁·蕭子顯，鼎文書局，廿五史本。
10. 《梁書》，唐·姚思廉，鼎文書局，廿五史本。
11. 《陳書》，唐·姚思廉，鼎文書局，廿五史本。
12. 《魏書》，北魏·魏收，鼎文書局，廿五史本。
13. 《南史》，唐·李延壽，鼎文書局，廿五史本。
14. 《老子》，魏·王弼注，世界書局。
15. 《莊子輯釋》，清·郭慶藩，明倫出版社。
16. 《荀子集解》，清·王先謙，蘭台書局。
17. 《管子》，清·戴望校正，商務印書館。
18. 《韓非子》，陳奇猷校注，華正書局。
19. 《呂氏春秋》，舊題秦呂不韋，商務印書館，四部叢刊。
20. 《淮南子》，漢·劉安，商務印書館，四部叢刊。
21. 《新論》，漢·桓譚，中華書局，四部備要。
22. 《新書》，漢·賈誼，漢魏叢書影本。

23. 《法言》，漢・揚雄，商務印書館，四部叢刊。

24. 《論衡》，漢・王充，商務印書館，四部叢刊。

25. 《申鑒》，漢・荀悅，漢魏叢書本。

26. 《白虎通》，漢・班固，商務印書館，四部叢刊。

27. 《昌言》，漢・仲長統，商務印書館，四部叢刊。

28. 《中論》，漢・徐幹，商務印書館，四部叢刊。

29. 《人物志》，魏・劉邵，商務印書館，四部叢刊。

30. 《抱朴子》，晉・葛洪，中華書局，四部叢刊。

31. 《列子》，晉・張湛注，中華書局，四部叢刊。

32. 《弘明集》，梁・釋僧祐，中華書局。

33. 《廣弘明集》，唐・釋道宣，中華書局。

34. 《劉子集證》，王叔岷，台聯國風出版社。

35. 《周易老子王弼注校釋》，樓宇烈，華正書局。

36. 《全上古三代秦漢三國六朝文》，清・嚴可均輯，中文出版社。

37. 《全漢三國晉南北朝詩》，清・丁福保輯，藝文印書館。

38. 《先秦漢魏晉南北朝詩》，逯欽立輯，木鐸出版社。

39. 《昭明文選》，梁・蕭統編，文化圖書公司。

40. 《樂府詩集》，宋・郭茂倩，里仁書局。

41. 《阮嗣宗詩箋》，古直，廣文書局。

42. 《陶淵明詩箋注》，丁福保，藝文印書館。

43. 《謝康樂詩註》，黃節，藝文印書館。

44. 《陸機文賦校釋》，楊牧，洪範書局。

45. 《文心雕龍注釋》，周振甫，里仁書局。

46. 《文心雕龍校證》，王利器，明文書局。

47. 《詩品注》，陳延傑，世界書局。

48. 《世說新語箋疏》，余嘉錫，華正書局。

49. 《世說新語箋疏》，楊勇，樂天出版社。

50. 《顏氏家訓注》，趙曦江，藝文印書館。

51. 《文鏡祕府論》，周維德校點，人民出版社。

52. 《歷代名畫記》，張彥遠，商務印書館。

53. 《太平御覽》，宋・李昉等編，商務印書館。

54. 《歷代詩話》，何文煥，漢京文化公司。

55. 《百種詩話類編》，臺靜農編，藝文印書館。

56. 《兩漢魏晉南北朝文學批評資料彙編》，柯慶明編，成文出版社。

57. 《中國文學批評史》，羅根澤，明倫出版社。

58. 《中國文學批評史》，郭紹虞，成偉出版社。

59. 《中國文學批評新論》，郭紹虞，元山書局。

60. 《中國文學批評史》，劉大杰，文匯堂印行。

61. 《中國文學史》，葉慶炳，弘道文化事業公司。

62. 《中國文學發展史》，劉大杰，古文書局。

63. 《中國中古文學史》，劉師培，河洛圖書出版社。

64. 《中古文學史論》，王瑤，長安出版社。

65. 《中國美學史》第一卷（上、下），李澤厚等編，谷風出版社。

66. 《中國美學史》第二卷（上、下），李澤厚等編，谷風出版社。

67. 《中國美學史大綱》（上、下），葉朗，滄浪出版社。

68. 《中國美學史論集》（上、下），林同華，丹青圖書有限公司。

69. 《中國美術史稿》，李霖燦，雄獅圖書公司。

70. 《中國美術史》，張光福，華正書局。

71. 《中國繪畫美學史稿》，木鐸出版社。

72. 《中國繪畫史》，李渝譯，雄獅圖書公司。

73. 《中國古代繪畫理論發展史》，葛路，丹青出版社。

74. 《中國繪畫史》，俞崑，華正書局，

75. 《中國美學史資料選編》（上、下），王進祥編，漢京文化事業公司。

76. 《中國古典繪畫美學》，郭因，丹青出版社。

77. 《中國古代美學範疇》，曾祖蔭，木鐸出版社。

78. 《中國畫研究》，陳兆復，丹青出版社。

79. 《古美術論集》，黃笛子，龍泉書局。

80. 《中國古代美學藝術論》，朱孟實等，木鐸出版社。

81. 《美從何處尋》，宗白華，元山書局。

82. 《美學散步》，宗白華，世華文化社。

83. 《美的歷程》，李澤厚，元山書局。

84. 《美學與藝術》，陳從周等，木鐸出版社。

85. 《美學原理》，朱光潛等，正中書局。

86. 《美學基本原理》，谷風出版社。

87. 《中國畫論類編》（上、下），俞崑，華正書局。

88. 《中國繪畫理論》，傅抱石，華正書局。

89. 《西方美學導論》，劉昌元，聯經出版社。

90. 《當代美學論集》，丹青出版社。

91. 《詩與畫的界限》，朱光潛譯，元山書局。

92. 《籠天地於形內》，郭繼生，時報出版社。

93. 《論藝術裡的精神》，康定斯基，丹青出版社。

94. 《文藝美學》，王夢鷗，遠行出版社。

95. 《中國藝術精神》，徐復觀，學生書局。

96. 《中國文學論集》，徐復觀，學生書局。

97. 《中國文學理論》，劉若愚，聯經出版公司。

98. 《魏晉南北朝史》，王仲犖，仲信出版社。

99. 《魏晉南北朝史》，呂思勉，開明書局。

100. 《魏晉南北朝史論叢》，唐長孺，谷風出版社。

101. 《魏晉南北朝史論拾》，唐長孺，谷風出版社。

102. 《魏晉思想與談風》，何啓民，學生書局。

103. 《竹林七賢研究》，何啓民，學生書局。

104. 《向、郭莊學研究》，林聰舜，文史哲出版社。

105. 《莊子藝術精神析論》，顏崑陽，華正書局。

106. 《中國學術思想史論叢》（三），錢穆，東大出版社。

107. 《國學概論》，錢穆，商務印書館。

108. 《中國知識階層史論》，余英時，聯經出版社。

109. 《中國哲學史》，勞思光，三民書局。

110. 《中國人性論史》，徐復觀，商務印書館。

111. 《兩漢思想史》，徐復觀，學生書局。

112. 《魏晉思想》，湯錫予，里仁書局。

113. 《才性與玄理》，牟宗三，學生書局。

114. 《六朝文論》，廖蔚卿，聯經出版公司。

115. 《文心雕龍札記》，黃侃，學人出版社。

116. 《文心雕龍文論術語析論》，王金凌，華正書局。

117. 《山水與古典》，林文月，純文學出版社。

118. 《比興物色與情景交融》，蔡英俊，大安出版社。

119. 《談藝錄》，錢鍾書。

120. 《人文科學的邏輯》，卡西勒，聯經出版社。

121. 《存在主義概論》，李天命，學生書局。

122. 《中國文化新論》，聯經出版社。

123. 《漢魏六朝心理思想研究》，燕國材，谷風出版社。

124. 《先秦道家「道」的觀念的發展》，楊儒賓，台大碩士論文。

125. 《莊子心死與逐物的問題》，高澤民，台大碩士論文。

126. 《莊子神行神遇與中國文學之關係》，簡翠貞，師大碩士論文。

127. 《莊子轉俗成真之理論結構》，林鎮國，師大碩士論文。

128. 《魏晉玄論思想之研究》，林麗眞，台大博士論文。

129. 《東漢士風及其轉變》，張蓓蓓，台大碩士論文。

130. 《魏晉玄論思想之研究》，劉瑞琳，東吳碩士論文。

131. 《人物志在人性學上的價值》，顏承繁，師大碩士論文。

132. 《《世說新語》中人物品鑒之研究》，林敬姬，政大碩士論文。

133. 《魏晉任誕士風》，栗子菁，台大碩士論文。

134. 《六朝神滅不滅問題之論爭》，張振華，台大碩士論文。

135. 《漢晉人物品鑒研究》，張蓓蓓，台大博士論文。

136. 《從「弘明集」看魏晉南北朝儒釋道三家的訾應》，黃盛璟，東吳碩士論文。

137. 《六朝隱逸思想研究》，陳珍娜，輔大碩士論文。

138. 《論六朝巧構形似之言》，王文進，師大碩士論文。

139. 《六朝「風格論」之理論與實際研究》，蔡英俊，台大碩士論文。

140. 《六朝文氣論探究》，鄭毓瑜，台大碩士論文。

141. 《六朝「緣情」觀念之研究》，陳昌明，台大碩士論文。

142. 《從思維形式探究六朝文體論》，賴麗蓉，師大碩士論文。

143. 〈讀陶淵明的形影神詩〉，張亨，《現代文學》33 期。

144. 〈以形寫神辨〉，余立蒙，《北大學報》1986 年第 1 期。

145. 〈以形寫神 —— 談形象與美〉，陳望衡，《文藝理論研究》1982 年第 4 期。

146. 〈顧愷之「以形寫神」論的思想淵源和他的藝術實踐〉，溫肇桐。

147. 〈略論魏晉南北朝時期「傳神論」發展的幾個階段〉，陳綬祥，《中國畫研究》1982 年第 2 期。

148. 〈無言獨化 —— 道家美學論要〉，葉維廉，《中外文學》8 卷 5 期。

149. 〈從文學批評觀點看莊子〉，施友忠，《中外文學》3 卷 7 期。

150. 〈蘇軾的傳神說〉，熊苹耕，《古代文學理論研究》10 輯。

151. 〈言志、傳神、致用的美學思想〉，殷杰，《中國古代文學審美理論鑒識》。

152. 〈由宗炳論山水畫之「暢神」談〉，鄭毓瑜，《中外文學》16 卷 12 期。

153. 〈司空圖詩品的評鑑特色〉

154. 〈由「神與物遊」至「巧構形似」──劉勰的「形神」說及其人物畫論「形神」觀念之辨析〉，鄭毓瑜，《古典文學》第 9 集。

155. 〈文學研究的理論基礎──試論「知」與「言」〉，高友工，《中外文學》7 卷 7 期。

156. 〈文學研究的美學問題〉（上），高友工，《中外文學》7 卷 11 期。

157. 〈文學研究的美學問題〉（下），高友工，《中外文學》7 卷 12 期。

158. 〈晉末宋初的山水詩與山水畫〉，廖蔚卿，《大陸雜誌》4 卷 4 期。

159. 〈論魏晉名士的雅量〉，廖蔚卿，《台大中文學報》第 2 期。

160. 〈從文學現象與文學思想的關係談六朝巧形似之言的詩〉，廖蔚卿，《中外文學》3 卷 7 期。

161. 〈嵇康養生論思想之研究〉，李豐楙，《靜宜學報第》6 期。

162. 〈魏晉士大夫的生活藝術〉，吳天任，《大陸雜誌》42 卷 6 期。

163. 〈魏晉思想與美術〉，王德甫，《教育與文化》7 卷 1 期。

164. 〈齊謝赫六法淺釋〉，李霖燦，《大陸雜誌》38 期。

165. 〈六朝詩評中的形象批評〉，廖棟樑，《文學評論》第 8 集。

166. 〈論人物形象理論的發展〉，邱紫華，《文藝研究》6 卷。

167. 〈試論魏晉玄學與山水詩之興起〉，韓鳳娟，《中國文學史研究集》。

168. 〈自然之道與「以自然之為美」〉，漆緒邦，《古代文學理論研究》第 9 輯。

169. 〈體現與物化：從梅勞・龐帝的形體哲學看羅近溪與莊子的存有論〉，蔣年豐，《中國文化月刊》第 105 期。

170. 〈再論莊子與梅勞・龐帝〉，蔣年豐，《中國文化月刊》第 106 期。

六朝美學中的形神思想之研究

呂昇陽　著

作者簡介

呂昇陽，1967 年生，台南人。淡江大學中文系畢業，中央大學中文研究所碩士。南台科技大學通識中心講師。熱愛山林，喜從事自然書寫。

提　　要

　　形神思想的萌芽，發端於先秦，而到了六朝，便發展成一個時代的重要課題和觀念。因為在六朝的玄學、人物品鑑與藝術的理論和實踐中，在在都表現出對形神觀念、問題的高度重視。它們一方面被動的受到時代形神觀念的影響，一方面也主動的進一步處理其領域內的形神問題。所以，在如此的輾轉相成中，形神觀念便快速的在六朝這個歷史時期，增加了它的內涵和深度。

　　本篇論文撰述的動機和目的，便是想從六朝玄學、人物品鑑與藝術的理論和實踐等三方面之形神問題的關係中入手，試圖重新理出一條線索，以剖析六朝美學中形神思想的內容與發展。所以本文便由此出發而申論之。

　　第一章，首論「形」與「神」。分別從先秦兩漢與魏晉六朝，來探討形與神在哲學與美學範疇裡的義涵。

　　第二章，論人格理想的建構。透過對莊子與魏晉玄學的人格理想的解析，來闡明人格理想的建構與形神思想的關係。

　　第三章，論人物品鑑與形神思想。經由對《人物志》、《世說新語》的考察，以探討人物品評上關於「形神識鑑」的內因與外緣之問題。

　　第四章，論六朝書畫理論中的形神思想。分別透過對顧愷之、宗炳、王微與謝赫的畫論，以及土僧虔和袁昂的書論，來進一步探究這個時期書畫理論中形神思想的內蘊與性格。

　　第五章，結論。總結全文並歸納出七個主要的論證結果。

目
次

前　言

　　形神思想的萌芽，發端於先秦，而到了六朝（本文中的六朝意指魏、晉、宋、齊、梁、陳）便發展成一個時代性的重要課題和觀念。因為在六朝的玄學、人物品鑑與藝術的理論和實踐中，在在的都表現出對形神問題的高度重視。它們一方面被動的受到時代形神觀念的影響，另一方面則也主動的進一步處理其領域內的形神問題。故在如此的輾轉相成中，形神觀念便快速的在六朝這個歷史時期，增加了它的內涵和深度。而筆者撰述本篇論文的動機和目的，便是想從六朝玄學、人物品鑑與藝術的理論和實踐等三方面之形神問題的關係中入手，試圖重新理出一條線索，以明六朝美學中形神思想的內容與發展。所以本論文即由此出發，要分五章，茲簡介如下：

　　第一章論「形」與「神」，首先說明形與神在哲學範疇的義涵與在美學範疇的義涵之概要。第一節論哲學上的形神觀，旨在從先秦兩漢的傳統的哲學思想中，擇其論及形神思想且較具理論者，一一介紹，以作為探討六朝哲學上的形神觀之思想淵源之依據。第二節論美學上的形神觀，其研究進路則同於第一節，旨在探究六朝與藝術精神有關的形神理論。

　　第二章人格理想的建構。本章旨在闡明人格理想的建構與形神思想的關係。第一節莊子的人格理想，討論莊子所謂的聖人，乃是能夠體現形上之道體以成就人間世中人之道相者。並進一步申論所以成之者的修養進境。第二節玄學的人格理想，六朝玄學深受莊學的影響。而玄學因對人格理想的思考，而有形神問題的探討。第三節養生思想與人格理想，旨在透過對養形和養神的努力，以同證精神自由無限的人格。

　　第三章人物品鑑與形神思想。旨在探討人物品評上關於「形神識鑑」的

－1－

內因與外緣之問題。第一節漢末魏初的人物品鑑與《人物志》，由《人物志》中瞻形得神的觀人之法，以說明人物品鑑與形神思想的關係。第二節正始及其後的人物品鑑和《世說新語》，從《世說新語》中關於人物品鑑的豐富記載，以論證在玄學的不同時期中，人物品鑑所著重之人物風神的殊別性。

第四章六朝書畫理論中的形神思想，旨在闡明這個時期書畫理論中形神思想的內蘊與性格。第一節顧愷之畫論中的形神思想，對其傳神論產生的背景與原因加以探討，並透過對顧氏畫論的實際閱讀，以分析其傳神論的內容。第二節宗炳畫論中的形神思想，從六朝關於自然美之思想的析論，以進一步掌握〈畫山水序〉中的形神思想。第三節王微畫論中的形神思想，重新對王微〈敘畫〉作疏釋的工夫，以正確了解其為山水傳神的思想。第四節謝赫畫論中的形神思想，主要乃是透過六法之一的氣韻生動和之二的骨法用筆的析論，以掌握謝赫《古畫品錄》中的形神思想。第五節六朝書學中的形神思想。主要乃透過王僧虔的書論以明書道中神彩與形質的關係，並透過袁昂的書論以明書學中的形象批評。

第五章結論，總結全文，歸納出七個主要的論證結果。

第一章　論「形」與「神」

　　「形」與「神」，其義涵均因所屬的範疇的不同，而有其不同的指涉。
〔註1〕

　　在哲學上，「形」是指可以被感官感知的具體存在物的外在相貌。如《莊子‧天道》：「故視而可見者，形而色也。」而「神」指的則是天地萬物存在的本質，此本質是不可被感官感知的，如《易‧說卦》：「神也者，妙萬物而為言者也。」除此之外，「神」亦指稱人的精神，如《莊子‧養生主》：「臣以神遇而不以目視，官知止而神欲行。」

　　在美學上，「形」是指藝術創作中所反映的生活原型的外貌形狀。如陸機〈文賦〉：「期窮形而盡相。」其次，它亦指稱藝術作品的藝術形象。而「神」之義涵，若從美學的範疇來說，首先，它是指創作對象的個別性，即審美對象的內在的精神本質。如《抱朴子‧尚博》：「用思有限者，不能得其神也。」其次，它亦指成功的藝術作品所達到的玄境。如蔡邕〈篆勢〉：「體有六篆，要妙入神。」再者，「神」亦可指稱藝術創作者的藝術想像或思維。如《文心雕龍‧神思》：「古人云：形在江海之上，心在魏闕之下，神思之謂也。文之思也，其神遠矣。故寂然凝慮，思接千載；悄焉動容，視通萬里。……故思理為妙，神與物遊。」

　　以上乃對「形」與「神」之義涵的概略性的指陳。〔註2〕以下則依此架構，

〔註1〕　可參見台灣大學，中文所，研究生周靜佳於民國78年所提的碩士論文「六朝
　　　　 形神思想與審美觀念」一文的第一章，第一節「形神釋義」。
〔註2〕　參見《美學辭典》，釋「形」、「神」、「形似」、「傳神」（頁239，256），木鐸出
　　　　 版社。

分別從不同的範疇來對「形與神」作意義的分析與溯源的工夫。

第一節　論哲學上的形神觀

一、先秦兩漢部分

要徹底了解六朝哲學上的形神觀，我們必得先從先秦兩漢談起，因為如此方能追本溯源，詳其發展的脈絡。又因周初人文精神的覺醒，〔註3〕所以從哲學上對形神的討論，主要乃以人為中心。因此，本節關於形神的討論，擬把形神所屬的義界縮小，「形」特指人的肉體，而「神」則指稱人的精神與靈魂。以下則把自先秦以來，曾涉於形神問題的處理的著作，擇其較具理論規模者，一一討論之。

甲、荀子、司馬遷與桓譚的形神觀

中國哲學，很早就對形神這對範疇做過探討，並且隨歷史的發展而逐漸深刻，在先秦則以荀子為代表。在《荀子・天論》中有言：

> 天職既立，天功既成，形具而神生，好惡、喜怒、哀樂臧焉，夫是之謂天情。

可見荀子顯然是認為先有形，然後才有神的。沒有形也就沒有所謂的神。雖然如此，在形具而神生之後，神卻反過來成為形的主宰，所以〈天論〉又言：

> 心居中，虛以治五官，夫是之謂天君。

〈解蔽〉云：

> 心者，形之君也，而神明之主也。

可見荀子雖然認為先有形再有神，但形卻為人的精神所主宰。

至於兩漢的思想家，大體說來，其對形神的觀點，大多是屬於「形盡神滅」一派的，以下則首論司馬遷的形神觀。

《史記・太史公自序》述其父司馬談論六家要指曰：

> 至於大道之要，去健羨，絀聰明，釋此而任術。夫神大用則竭，形大勞則敝。形神騷動，欲與天地長久，非所聞也。
>
> 凡人所生者，神也。所託者，形也。神大用則竭，形大勞則敝。形

〔註3〕參見徐復觀《中國人性論史》第二章「周初宗教中人文精神的躍動」。台灣商務印書館發行。民國 73 年 7 版。

> 神離則死，死者不可復生。離者不可復反，故聖人重之。由是觀之，
> 神者生之本也，形者生之具也。不先定其神，而曰我有以治天下，
> 何由哉？〔註4〕

據太史公之言，所謂「神大用則竭，形大勞則敝。」顯然是與道家所主張的養生有關。例如《莊子·在宥》：

> 至道之極，昏昏默默，無視無聽，抱神以靜，形將自正。必靜必清，
> 無勞汝形，無搖女精，可以長生。

又《文子·下德》云：

> 老子曰治身，太上養神，其次養形。

司馬談所處的時代，正值黃老治術的餘緒，其本人又是喜道家者。所以上面論述，不出道家養生的範圍。而關於養生的問題，這裡只點到為止，將留待有關章節詳論之。

就形神生滅的角度來看，司馬談所言：「形神離則死，死者不可復生。」正是所謂「形盡神滅」的論調，但他又說：「神者生之本也，形者生之具也。」可見司馬談是認為神的重要性是大於形的。而這種「神主形從」和「形盡神滅」的觀念，也正是先秦兩漢以來，中國哲學傳統的觀念。

太史公之後，明確談到形神的問題，且值得重視的，要推西漢末、東漢初的桓譚，其在《新論·祛蔽》中有云：

> 精神居形體，猶火之然燭矣。如善扶持，隨火而側之，可毋滅而竟
> 燭。燭無，火亦不能獨行於虛空，又不能後然其炟。炟猶人之耆老，
> 齒墮髮白，肌肉枯臟，而精神弗為能潤澤外周遍，則氣索而死，如
> 火燭之俱盡矣。

桓譚之於荀子與司馬談，其發展處，乃在桓譚的「燭火之喻」，可以根據其內在的邏輯理路，明確的推出「形盡神滅」的論點，而不會令人覺得牽強臆測。

乙、王充的形神觀

從荀子、司馬遷、桓譚，我們可以發現，所謂形神思想，它從先秦到兩漢，其理論性的發展，是隱約有脈絡可尋的。而這一發展的完成者，便推東漢的王充。因為是他第一次明確提出「形朽神亡」的論斷。

當時不僅儒家學術重視陰陽五行，即使民間俗情亦然，而且鬼神方術夾

〔註4〕見《史記會注考證·太史公自序第七十》，頁14。漢京出版社。

雜盛行。故王充《論衡・論死》曰：

> 世信祭祀，以爲祭祀者，必有福，不祭祀者必有禍。

《論衡・祭意》亦云：

> 況不著篇籍，世間淫祀，非鬼之祭，信有其神，爲禍福矣。

這種迷信鬼神方術的社會現象，上自帝王，下迄販夫走足皆然。面對這樣的時代，王充要疾虛妄，即破除迷信；而在《論衡》一書中，有很多篇章，都提到這個相同的主題，諸如〈書虛〉、〈變虛〉、〈感虛〉、〈福虛〉、〈雷虛〉等等，但是筆者於此只就其與本論文之題旨相關者，擇要討論之。

在王充疾虛妄的眾多例證裡，與其形神觀念直接相關的就是他的「非鬼」的思想。換句話說，關於王充的形神觀，主要是表現在他對「人死爲鬼，有知，能害人。」這種傳統宗教迷信的否定和批判的論證中。以下則將其在〈論死〉和〈訂鬼〉二篇中，有關「形盡神滅」的理論，條列如下：

> 人之所以生者，精氣也；死而精氣滅，……滅而形體朽，朽而成灰土，何用爲鬼。

> 人之精神藏於形體之內，猶粟米在囊橐之中也。死而形體朽，精氣散，猶囊橐穿敗，粟米棄出也。粟米棄出，囊橐無復有形，精氣散亡，何能復有體而人得見之乎？

> 形須氣而成，氣須神而知。天下無獨燃之火，世間安有無體獨知之精。

> 人之死也，其猶夢也。……夫臥，精氣尚在，形體尚全，猶無所知，況死人精神消亡，形體朽敗乎！

> 人之死，猶火之滅也。火滅而燿不照，人死而知不惠，二者宜同一實。……人病且死，與火之且滅何以異？火滅光消而燭在，人死精亡而形存。謂人死有知，是謂火滅復有光也。

> 夫物未死，精神依倚形體，……已死，形體壞爛，精神散亡……，人與物同，死而精神亦滅。

由上面的例子，我們可以認識到王充的「形盡神滅」的觀點是非常徹底的。但是在形神關係的論述中，王充顯然襲用了桓譚的「燭火之喻」，只是稍作變化爲「火滅光消」罷了。所以，大陸學者燕國材便指出：

> 「火滅光消」的形象比喻並非王充所獨創，而是從桓譚的「火之然

燭」脫胎而來的。他的「火滅光消」之說，後來又被范縝所發展，

形成了神滅論的母體。〔註5〕

值得注意的是，王充和范縝雖同樣屬於「神滅論」的系統，但是兩人所要對治的時代課題卻有所不同。前者所要對治的是本土的宗教迷信，後者所要對治的是外來的佛教文化。所以關於范縝的神滅論，筆者擬在討論魏晉六朝的「神不滅論」時，再一併研究。

二、魏晉六朝部分

《弘明集》後序有言：

漢魏法微，晉代始盛。

佛教雖早在東漢，便傳入我國，但在流傳之初，卻只能附於本土的神仙方術。因此，當時國中人士對佛教的認識，亦止於是一種能去禍求福的祭祀方術而已，至於談到佛教的「佛理」，則大抵都不甚了了。〔註6〕因此，佛教的「人死，精靈隨復受形，更生。」的觀念，便沒有受到格外的重視。

但是，這種情形到了魏晉，開始有了重大的轉變，佛教的發展，漸漸放棄東漢以來齋祀的老路數，而以研求「佛理」為本。開此風氣之先者，首推魏初的朱士行，他專務經典，重學問，以研求佛理為本；魏晉南北朝的僧徒都受到他的啟發。自此以後，大乘之般若性空之佛理，在中國乃稍得流行。其後魏晉玄學興起，因佛理所言之虛無法性與道家所言之道多所符契，所以因清談之風，便大大的助長了佛理的傳播與佛教的流行。

而正因魏晉佛法的興盛，因此「形神生滅，靈魂輪迴」的問題，便開始受到國人普遍的注意。於是牟子啟其先，慧遠繼其後，到南朝而大盛。因限於篇幅，筆者乃擇其要者而述之。關於「神不滅」一派，取釋慧遠之說；關

〔註5〕見燕國材《漢魏六朝心理思想研究》，頁100，谷風出版社，民國77年6月出版。

〔註6〕湯用彤《漢魏兩晉南北朝佛教史》即曰：「然《史記・封禪書》，已稱方士為方仙道。漢末乃有太平道。而東漢王充《論衡・道虛篇》，以辟穀養氣神仙不死之術為道家。……而當時漸行佈之佛教，亦附於此種道術。牟子稱釋教曰：『佛道』。……而學佛則曰，為道，行道，學道。蓋漢代佛教道家，本可相通，而時人則亦往往並為一談。」（頁87）又云：「釋迦教義，自始即不為華人所了解。當東漢之世，鬼神之說至為熾盛。佛教談三世因果。遂亦誤認為鬼道之一，內教外道，遂並行不悖矣。」（頁89）按：湯氏之書，此以台灣・駱駝出版社，76年出版者為依據。

於「神滅」一派，則取范縝說以論之。

甲、慧遠的形神觀

自佛法在魏晉南北朝興起以後，先秦兩漢的形神觀於是被重新改造。在牟子〈理惑論〉之後，慧遠的〈形盡神不滅〉，則是個中的代表。

關於佛教「神不滅」的理論，慧遠是以傳統的「薪火之喻」來表明自己的觀點。其喻如下：

> 火之傳於薪，猶神之傳於形。火之傳異薪，猶神之傳異形。前薪非後薪，則知指窮之術妙；前形非後形，則悟情數之感深。惑者見形朽於一生便以謂神情俱喪。猶睹火窮於一木，謂終期都盡耳。〔註7〕

觀上，慧遠之說雖言之成理，然而誠如袁宏《後漢記》所云：

> 以爲人死精神不滅，隨復受形，生時所爲善惡，皆有報應。故所貴行善修道，以鍊精神不已，以至無爲而得爲佛也。……然歸於玄微深遠，難得而測。故王公大人，觀生死報應之際，莫不矍然自失。

所以我們不禁要問，佛教所講的形盡而神不滅。這「神」的義蘊爲何？

關於什麼是「神」？慧遠認爲：

> 夫神者何邪？精極而爲靈者也。精極而非卦象之所圖，故聖人以妙物而爲言。雖有上智猶不能定其體狀，窮其幽致，而談者以常識生疑，多同自亂，其爲誣也，亦已深矣。將欲言之，是乃言夫不可言，今於不可言之中，復相與而依稀。神也者，圓應無主，妙盡無名，感物而動，假數而行。感物而非物，故物化而不滅；假數而非數，故數盡而不窮。有情則可以物感，有識則可以數求。數有精粗，故其性各異；智有明闇，故其照不同。推此而論，則知化以情感，神以化傳；情爲化之母，神爲情之根。情有會物之道，神有冥移之功。但悟徹者反本，惑理者逐物耳！（見〈沙門不敬王者論〉）

又正因有悟徹反本與惑理逐物之別，故便有成佛或墜入生死流的兩種結果，所以慧遠又說：

> 是故經稱泥洹不變，以化盡爲宅。三界流通，以罪苦爲場。化盡則因緣永息，流動則受苦無窮。何以明其然？夫生以形爲桎梏，而生由化有。化以情感，則神滯其本，而習昏其照。介然有封，則所存

〔註7〕見《弘明集》卷五之〈沙門不敬王者論〉。

唯己，所涉唯動。於是靈轡失御，生塗日開，方隨貪愛於長流，豈
一受而已哉。是故反本求宗者，不以生累其神。超落塵封者，不以
情累其生。不以情累其生，則生可滅。不以生累其神，則神可冥。
冥神絕境，故謂之泥洹。泥洹之名，豈虛稱也哉。（見〈沙門不敬王
者論〉）

因此雖說「精極而爲靈者」，智愚同稟，但凡愚下劣，神爲情牽，形爲桎梏。
當此之時，其所謂「神不滅」者，乃所以說輪迴不盡之苦，因人死，精靈隨
復受形，又墜生死流。至若體極之聖，絕於萬化之表，妙盡有無之境。當此
之時，其所謂「神不滅」者，乃指因緣永息之化盡後（即不再重得形下之生），
所修得之清虛法性。

　　經由上述的分析，我們可以知道，慧遠的「神不滅」者，實有兩層意義，
一爲「冥神絕境，故謂之泥洹」之神不滅；一爲因緣生化，陷於無明之輪迴
之生者，所謂人死隨復受形的靈魂是也。

乙、范縝的形神觀

　　在南北朝，關於所謂「神滅」或是「神不滅」的大辯論理，非佛教徒的
范縝，則是主張「神滅」一派的集大成者。據《梁書》卷四十八〈范縝傳〉
所載：

縝在齊世，嘗侍竟陵王子良。子良精信釋教，而縝盛稱無佛。子良
問曰：「君不信因果，世間何得有富貴？何得有貧賤？」縝答曰：「人
之生譬如一樹花，同發一枝，俱一開蒂。隨風而墜，自有拂簾幌，
墜於茵席之上；自有關籬牆，落於糞溷之側。墜茵席者，殿下是也；
落糞溷者，下官是也。貴賤雖復殊途，因果竟在何處？……縝退論
其理，著神滅論。」

可見范縝是不信因果的，而觀〈神滅論〉一文的內容，乃是由形神之是否能
分離上，來對神滅不滅之問題措思。因此在〈神滅論〉中，首先就提到所謂
的「形神相即」的命題。

或問予云：神滅，何以知其滅也？答曰：神即形也，形即神也，是
以形存則神存，形謝則神滅也。

這段話做爲了解范縝的形神思想，是極具關鍵的。正因爲「神即形」、「形即
神」，所以形神是一而非二，故有「形存則神存」、「形謝則神滅」的論斷。但
也因此而可以預想必招來「神不滅」論者，以「形神相異」爲由而加以駁斥。

所以，范縝便進一步提出「形質神用」的觀念，以支撐先前的「形神相即」的論點。其言曰：

> 問曰：形者，無知之稱；神者，有知之名。知與無知，即事有異，
> 神之與形，理不容一。形神相即，非所聞也。答曰：形者，神之質；
> 神者，形之用。是則形稱其質，神言其用。形之與神，不得相異也。」

在「形神生滅」的論戰中，范縝之所以成為「神滅論」一派的大將，其原因在於，范縝不僅能夠提出了「形神相即」和「形質神用」的新論點，並且結構條理之外，復能對傳統的「燭火之喻」加以改良，使其臻於縝密。其例文如下：

> 問曰：神故非質，形故非用，不得為異，其義安在？答曰：名殊而
> 體一也。問曰：名既已殊，體何得一？答曰：神之於質，猶利之於
> 刀；形之於用，猶刀之於利。利之名，非刀也；刀之名，非利也。
> 然而，舍利無刀，舍刀無利。未聞刀沒而利存，豈容形亡而神在？

而「形盡神滅」一派的理論，發展到范縝的〈神滅論〉便算是大功告成了。
〔註8〕

第二節　論美學上的形神觀

論六朝「美學上」的形神觀，仍同論「哲學上」的形神觀一樣，須得從先秦兩漢談起，方能徹底。而先秦兩漢間所出現的形神理論中，若擇其具備美學思想者，則為《莊子》與《淮南子》二書。〔註9〕

〔註8〕哲學上或宗教上的形神思想，表面上似乎與本論文所標舉的「美學中的形神思想」沒有關係。但是事實上，六朝關於以佛教為主的形神之辨，卻是對文藝理論與實踐產生了很大的影響。誠如曾祖蔭在《中國古代文藝美學範疇》中所言：「西漢以後哲學領域裡的形神之辨主要是圍繞著當時盛行的讖緯迷信思想而展開，對文藝思想的影響不大。到魏晉時期，由於玄學的發展，形神之辨進入了一個新階段，並對文藝理論產生了很大影響。……例如，顧愷之的『以形寫神』論。」（頁75，76）按：曾氏之書，此以台灣·文津出版社，76年出版者為依據。

〔註9〕「美學」之於莊子，乃屬後起之觀念，因此在莊子思想起步的地方，根本沒有所謂「美學」的觀念，也就是如徐復觀先生在《中國藝術精神》中所說的「（莊子）根本沒有藝術的意欲。」但是其「由工夫所達到的人生境界，本無心於藝術，卻不期然而然地會歸於今日之所謂藝術精神之中。」（頁50）而今天筆者所用的「美學」一詞，其所範圍者，即是指向一種藝術精神的內涵而言的。

一、先秦兩漢部分

甲、莊子的形神觀

如果將形與神的關係，以肉體和精神來了解，那麼〈德充符〉一篇，便是了解莊子形神思想〔註10〕的關鍵。

〈德充符〉裡的幾則寓言，在在申明一個觀念，即是「形殘德全」。試舉其例：

> 魯哀公問於仲尼曰：「衛有惡人焉，曰哀駘它。丈夫與之處者，思而不能去也。婦人見之，請於父母曰：『與為人妻，寧為夫子妾』者，十數而未止也。未嘗有聞其唱者也，常和人而矣。……」

> 仲尼曰：「丘也嘗使於楚矣，適見㹠子食於其死母者，少焉眴若，皆棄之而走。不見己焉爾，不得類焉爾。所愛其母者，非愛其形也，愛使其形者也。……」

> 闉跂支離無脤，說衛靈公，靈公說之；而視全人，其脰肩肩。甕㼜大癭，說齊桓公，桓公說之；而視全人，其脰肩肩。

> 故德有所長，而形有所忘。

於前一例子「愛使其形者也。」下，成玄英疏曰：

> 郭注曰，使形者才德也。而才德者，精神也。㹠子愛母，愛其精神；人慕駘它，慕其才德者也。

觀上可知，在莊子看來，「形骸之外」的美醜並不重要，重要的是「形骸之內」的精神美，因為「德有所長，而形有所忘。」莊子認為真正使人心悅誠服的是人的精神而不是形體，而他這種對精神的高度重視和追求，是很具有美學意義的。因此莊子那「美在神不在形」的形神觀，便對後來魏晉時期的美學有很大的影響。

乙、淮南子的形神觀

在《莊子》之後，大量論及形神思想，且明顯受到《莊子》的影響，並在某些方面得到進一步發揮的，則為西漢前期的《淮南子》，《淮南子》的形神理論，並不是針對藝術而發的，但是卻又與美學產生關係。而形神之間，

〔註10〕莊子對形神問題的探討，並不是把它當作一個主要的命題來談的。從整篇〈德充符〉，甚至是就整部《莊子》來看，他所關注的是「道」的問題。而形神問題，則是莊子在探討道與物的問題時所派生出來的。

其雖以神爲重，卻也不廢形。

在形神思想上，《淮南子》提出了影響深遠的「君形說」。〈覽冥訓〉有言：

> 昔雍門子以哭見於孟嘗君，已而陳詞通意；撫心發聲，孟嘗君爲之增欷歍唈，流涕狼戾而不可止。精神形於內，而外諭哀於人心，此不傳之道。使俗人不得其君形者，而效其容，必爲人笑。

其下高誘注曰：「君形者，言至精爲形也。」可見在形神關係上，《淮南子》是強調神是形的主宰，神貴於形。但又如〈精神訓〉所言：

> 神將有所遠徙，孰暇知其所爲？故形有摩而神未嘗化者，以不化應化，千變萬拀而未始有極。化者復歸於無形也；不化者與天地俱生也。夫木之死也，青青去之也。夫使木生者豈木也？猶充形者之非形也。故生生者未嘗死也，其所生則死矣；化物者未嘗化也，其所化則化矣。

高誘注：「摩、滅、猶死也。神變歸於無形，故曰未嘗化。化猶死也。不化者精神，化者形骸。」

觀上可知，《淮南子》不僅認爲形統於神，而且也說明了，神是可以離開形而獨存的。但必須加以說明的是，《淮南子》並沒有因此而走向否定形的路子，我們甚至可以說，它比《莊子》更能給「形」以一個客觀而公平的地位。因爲《淮南子》一派的道家的特色，是把人的生命，分成形、神、氣三部分，並認爲三者互有影響。雖然《淮南子》確實存有神統形的思想，但它卻也認爲，形、神、氣三者，應各得其位，這才可稱爲「全其身」。而循著這樣的思路發展，便與莊子通過以「形殘」來凸顯「德全」的表達方式大不相同了。例如〈原道訓〉有言：

> 是故得道者，形神氣志，各居其宜，以隨天地之所爲。夫形者，生之舍也；氣者，生之充也；神者，生之制也，一失位則三者傷矣。……此三者不可不愼守也。……故以神爲主者，形從而利；以形爲制者，神從而害。〔註11〕

〔註11〕 《淮南子》的形神思想，其實並不是針對美和藝術而發的，從〈原道訓〉一篇，可知《淮南子》的形神思想，基本上是對道家的道與體道的養生哲學而發的。所以〈原道訓〉最後即曰「是故聖人將恬然則縱之，迫則用之；其縱之也若委衣，其用之也若發機。如是，則萬物之化無不遇，而百事之變無不應。」但又因爲《淮南子》的道家們，在很大程度上受了莊子的影響，而莊

又〈精神訓〉曰：

> 故心者，形之主也；而神者，心之寶也。形勞而不休則蹶，精用而
> 不已則竭。……

故由上引之文可知，《淮南子》是認為形、神、氣三大因素，在整個生命中有各自的功能，及其相互的影響。而要求三者各居其位。否則就會如〈俶真訓〉所言：「形苑（枯病也）而神傷。」

若從美學的觀點來看《淮南子》的形神思想，則基本上仍是繼承了《莊子》的美在神不在形的思想。雖然《淮南子》並不廢形，但美主要仍是從神而見。形只要不失位即可。故〈說山訓〉云：

> 畫西施之面，美而不可說；規孟賁之目，大而不可畏；君形者亡
> 焉。

> 高誘注：「生氣者，人形之君，規畫人形，無有生氣，故曰君形亡。」

上引高誘所說的「生氣」，也就是指人之神，即風姿、神彩。因為形貌畫得再美，但如果不能畫出人的神情之美，那還是不能令人動心的。所以〈說林訓〉另外又講到「畫者謹毛而失貌。」也還是講這個觀念。而於此文之下，高誘有注曰：「謹悉微毛而留意於小，則失於大貌。」此間所謂「微毛」實關乎形似，而「大貌」則指神似而言。所以《淮南子》的繪畫思想，明顯的表現出美在神的傾向。而繪畫是如此，音樂亦然。〈說林訓〉亦云：

> 使但吹竽，使氏厭竅，雖中節而不可聽，無其君形者也。

因為只有有節奏的聲音，而沒有君形之神，是不可能動聽的。

綜上所論，若從美學的角度來理解《莊子》與《淮南子》的形神思想，那麼我們將可以發現，《莊子》與《淮南子》在形神問題的處理上，都彰顯出一個觀念，即：「美在神不在形」。也就是說，美的關鍵，主要是在神，其次才是形。

二、魏晉六朝部分

魏晉六朝在美學上的形神思想，主要散見於玄學與人物品鑑和各個藝術類別的理論和實踐中，〔註12〕關於這一部分，則詳見於以下各章，故本小節

子的道，實即是富有藝術精神的。因此《淮南子》對形神問題的處理，雖是對道家養生哲學而發的，但卻又不期然而然的涉及了美和藝術。

〔註12〕雖說魏晉六朝的形神思想，多散見於各藝術領域的實踐和理論中，但是本論文，實則只處理繪畫和書法兩個領域。因為本論文所開出的路線，是由玄學

只討論「人物品鑑」中的形神思想，至於其他則不贅述。〔註13〕

形神問題，就人物品鑑的範圍來說，所謂「形」，指的乃是人的外在的具體形貌。所謂「神」，指的乃是人的內在的精神，其特徵是只可用心感受，不可具體指陳。又湯用彤有言，「漢人相人以筋骨，魏晉識鑑在神明。」也就是說漢人識鑑以「形鑑」為主，魏晉以「神鑑」為主。因此，我們可以通過漢人識鑑的了解，而對「形」的內蘊有進一步的認識；亦可通過對魏晉人物品評的了解，而對「神」的義涵有進一步的認識。請試論之：王充《論衡・骨相》有云：

> 人曰命難知。命甚易知。知之何用？用之骨體。人命稟於天，則有表候見於體。察表候以知命，猶察斗斛以知容矣。表候者，骨法之謂也。

王符《潛夫論・相列第二七》亦云：

> 是故人身形貌，皆有象類，骨法角肉，各有分部，以著性命之期，顯貴賤之表。……骨法為祿相表，氣色為吉凶候。……然其大要，骨法為主，氣色為候。

觀上可知，「形」的義涵變化不大，除了所謂「外在具體的形貌」的一般定義之外，在漢代的人倫識鑑中，則以指陳骨法為其時代特徵。而關於「神」的義涵，卻在魏晉的人物品藻中，得到很大的發展，以下筆者則擬從「神鑑」的概念著手進行分析。

所謂「神鑑」，基本上則是以「神」這個概念來指稱一個人的內在精神特徵。然而在魏初以劉劭為代表的才性玄理之後，屬於個體的才性個性受到普遍的重視，因此表現在《世說新語》中，對人物的稱賞，便往往以「神」這個詞再與另一個不同的詞搭配運用，諸如神氣、神姿、神檢、神穎、神明、神懷……。而這些子概念都可說是對「神」這一母概念的展開，用以表徵人因天賦之不同，所發顯出的不同的氣質、個性、智慧、才能、風采等。觀此，雖然用以品鑑的名詞多方，但其用以指稱一個人內在的風神則一。

以下，筆者則擬將《世說新語》本文及劉孝標的注中，就其有關於「神

以及人物品評所內涵和影響所及的重「神似」一派的進路。而最明確體現此一進路的，唯繪畫和書法，至於當時文藝上的巧構形似之風，基本上屬於重「形似」的一派，其既與本文重神的路數不合，故省略不論。

〔註13〕本單元論及人物品鑑時，偏重「神鑑」這個概念意義的析論，但與第三章所論人物品鑑的重點有別，第三章主要乃在闡明「神鑑」系統的實踐經驗。

鑑」的子概念中，歸納出較具美學內涵者；然後以之爲視野，以期照見在形神關係中，所謂的「神」，當它在於魏晉的人物識鑑中，到底包涵著那些義蘊。

現依《世說新語》及劉孝標的注，將其所言的「神鑑」之概念，列舉於下，如神氣、神明、神色、神矜、神姿、神鋒、精神、神候、神儁、神懷、神意；又如風姿、風韻、風格、風骨、風氣、風標、風尙、風儀、風檢、風情、風量；又如骨氣、正骨、骨幹、骨體、毛骨；又如高韻、韻度、天韻、拔俗之韻、雅正之韻、思韻、大韻、體韻等等。

而歸納以上種種名目，取其與人的內在的精神特徵，較有直接且深刻的關係者，除了「神」外，則有「氣」、「韻」、「風」、「骨」等四個概念。以下就此「神、氣、韻、風、骨」進行析論，以一窺在形神關係中，所謂的「神鑑」的概念，究竟在當時的人倫識鑑中，到底包涵著些什麼意義。

關於「神」這個概念，實是「神鑑」系統中的中心概念，它是一般原則，也是最高原則。因爲一切子概念，都得從屬，甚至依附它，才得以在「神鑑」系統中成立。而所謂「神」在《世說新語》中，當它作爲人物品鑑的用詞時，幾乎都是配合其他用詞，而以一種複詞的形式出現。例如：

謝尚神懷挺率，少致民譽。（〈賞譽〉）

謝尚年長悢忙，神穎夙彰。（同上）

（王敦）於坐振袖而起，揚槌奮擊，神氣豪上，旁若無人。（〈豪爽〉）

由以上這些品鑑的用詞的情況與習慣可知，當時人倫品鑑裡關於「神」的義涵，已非常的豐富。總的來說，「神」指稱的是人的內在的精神，但它又可配合上別的詞，而廣泛的指稱人的「神」在各個不同方面的具體的表現。

至於「氣、韻、風、骨」，就其共同的方面而言，四者皆屬於「神鑑」的概念，均是指涉人的內在的精神；若就其不同的方面來說，乃分別表徵了人的「神」在各個不同方面的具體特徵。說四者有別，然而若細究其差異，畢竟只可感受，卻難具體指陳，此正是所謂的「能知精神，則窮理盡性。」「可以意會，不能言宣。」以下則強論之。

首論「風」，因其辭之起源甚早，運用甚廣，於是在魏晉這個歷史時期的人倫品鑑中，最是難將它們從「神鑑」的總概念中再超離之而以細分。因此如徐復觀先生，在其《中國藝術精神》論及人物品鑑的「風」之一辭時，亦不見新義，其言曰：

> 魏晉之所謂精神，……主要是落在神的一面，……這種「神」，是只
> 可感受到；卻是看不見，摸不著的；中國人便常將這一類的事物、
> 情景，擬之爲「風」；所以又稱爲「風神」。……再進一步，便乾脆
> 以「風」代「神」，於是「風穎」、「風器」……等名詞，大爲流行起
> 來。（頁 156）

次論「氣」，在《世說新語》中有許多氣字，諸如「神氣」、「風氣」、「骨氣」，
而並無與「韻」字成爲複詞出現者。「氣」作爲「神鑑」的概念，類似於「骨」
的概念。均指的是由人物的品格、氣概所給人的力地、剛性地感覺。其差別
所在，乃是作爲表徵一種陽剛的精神性時，「氣」的概念，並不像「骨」的概
念那般充實飽滿。「氣」之一辭，它往往要配合上其他如「神」、「風」、「骨」
等辭而成爲「複詞」，並且憑依整個句子的語意，才能顯示其力的象徵義。例
如：

> 嵇中散臨刑東市，神氣不變。（〈雅量〉）

> 羲之高爽有風氣，不類常流也。（〈賞譽〉）

> 時人道阮思曠，骨氣不及右軍。（〈品藻〉）

又次論「骨」，這一「神鑑」的概念，就其爲作爲人物品鑑的概念來說，它是
有所發展的。若以漢代相法而論，「骨」基本上只被視爲人的骨骼的存在，類
屬於「形鑑」的範疇。但是到了魏晉，它卻已是作爲神之徵驗來論的，因通
過骨，魏晉人可以從其態勢徵見到人的精神氣質之特質。所以劉劭《人物志·
九徵》上說：「強弱之植在於骨。」又說「是故骨植氣清，則休名生焉。」此
反映在《世說新語》的則有：

> 羲之風骨清舉也。（〈賞譽〉第一○○條注引《晉安帝紀》）

> （孫權）形貌魁偉，骨體不恆。（〈容止〉第二十七條注引《吳志》）

> 祖士少風領毛骨，恐沒世不復見如此人。（〈賞譽〉）

其他如《宋書·孔覬傳》：「少骨梗有風力，以是非爲己任。」又《宋書·武
帝紀》：「高祖……身長七尺六寸，風骨奇特。」

　　觀上可知，「骨」作爲一個「神鑑」的概念，其特徵所在，乃是表徵人的
精神所體現的一種清剛之美。

　　末論「韻」。六朝人物賞美，尤其是元康以降，「神鑑」之概念多方，若
論其本色，則會聚於「韻」一概念。何耶？請試論之。

　　所謂玄學者，玄遠之學也，其體現在人物品鑑上的，便是一種清澹玄遠的審美觀。而元康名士及江左名士，雖不能真正返照於自家生命以體證玄境，但卻能在生活情調上，極力追求「玄」的姿態與意味，而表現出一種清澹玄遠的情調來。而在當時對於能表現出這樣一種風格的名士，便往往以「韻」的概念題目之。例如：

　　《晉書‧庾愷傳》：「雅有遠韻。為陳留相，未嘗以事攖心。」

　　《晉書‧郗鑒傳》：「樂彥輔道韻平淡，體識沖粹。」

　　《晉書‧曹毗傳》：「會無玄韻淡泊。」

　　《南史‧柳惔傳》：「風韻清爽。」

　　《南史‧孔珪傳》：「風韻清疏。」

　　《南史‧王鈞傳》：「其風清素韻，彌高可懷。」

　　《宋書‧王敬傳》：「敬弘神韻沖簡。」

　　觀上可知，「韻」作為一個「神鑑」系統的子概念，它主要乃用以指涉人的內在精神所表徵的一種清澹玄遠的情調之美。

　　綜上所論，我們可以說，若就人物品鑑的系統來看形神問題：所謂「形」，它指的乃是人的形體，包含了人的骨體、形貌、氣色。所謂「神」，它指的乃是人的內在精神，只可感受而不可具體指陳；若強說之，則主要包含有「氣、韻、風、骨」等幾個不同方面的特徵。

第二章　人格理想的建構

　　由漢末至魏晉，戰禍不絕，生靈塗炭，原本定於一尊的儒術和經學，卻無力振衰起弊。於是人們不能不對這種外在的權威和禮教的傳統，感到懷疑甚至否定，所以遂引發了內在人格生命的覺醒和追求。而這種「人的自覺」，若論其表現之方向則有兩點：

　　一為超越的從哲學的高度，來為人格作本體論的建構，也就是所謂人格理想的建構。而這一時期的人格理想，乃要求達到一種「不疾而速，不行而至」的「神」的境界，而這種「神」的境界，也就是超越於有限的「形」的一種「精神」上無限自由的境界。因此，形神關係的問題，在玄學建構人格理想的進路裡，便大不同於以前，而以「有限與無限」的關係出現。換句話說，形神的問題，在玄學中，即是無限如何表現於有限的問題。而關於這個格局的開展，我們可以說，乃何晏、王弼啓其先，向秀、郭象承其後。

　　在何、王、向、郭四家之外，嵇康也為人格理想的建構開了另一條進路。他因受了當時一些方術的影響，而把「養生」與「玄學對人格理想的建構」結合起來，因此，形神關係的問題，在嵇康這裡便是如何透過「養形」和「養神」的效用，而使肉體與精神契合相親的問題。

　　二為落實的體現在對人格美、個性美的尊重和欣賞。如《世說新語》的人物品鑑。

　　關於「人的自覺」所表現的兩個方向，前者固然是來自莊子所描述的理想人格的嚮慕，而後者則誠如宗白華先生所言：

　　　　晉人美的理想，很可注意的，是顯著的追慕著光明鮮潔、晶瑩發亮的意象。他們讚賞人格美的形容詞，像：「濯濯如春月柳」、「軒軒如

朝霞舉」、「清風朗月」、「玉山」、「玉樹」、「磊砢而英多」、「爽朗清
舉」都是一片光亮意象，甚至於殷仲堪死後，殷仲文稱他「雖不能
休明一世，足以明徹九泉。」……莊子的理想人格「藐姑射仙人，
綽約若處子，肌膚若冰雪。」不是這晉人的美的意象的源泉嗎？桓
溫謂謝尚「企腳北窗下，彈琵琶，故自有天際眞人想。」天際眞人
是晉人理想的人格，也是理想的美。〔註1〕

所以我們今天來討論六朝人物的理想人格，便先要對莊子的人格理想有一相
應的了解。

第一節　莊子的人格理想

一、形上的道體與人的道相

「道」，乃是老莊學說裡的最高概念，雖然老子之「道」與莊子之「道」
的義涵不盡相同，但就其言人皆以其生命面對天地萬物之全體，而所以應之
之道則同也。換句話說，他們的目的，是要人在精神上能夠與道相契合，此
即是所謂的「體道」，從而完成一個「道的理想人格」即是所謂的「人之道相」。

因此，我們若要了解老、莊學說裡的體道的「理想人格」，則必須先通過
對「道」的論證才可能有相應的了解。

在老子一書中，「道」之一辭，凡六十七見，其義多方，而差可指稱爲「得
道者之心境及人格形態上所呈現之道相」者，則只有十五、十六與二十等三
章。今以第十五章爲例：〔註2〕

〔註1〕見宗白華先生《美學的散步Ⅰ》，頁63，台北，洪範書店印行。
〔註2〕參見唐君毅《中國哲學原論——導論篇》第十一章，第七節。照唐先生的觀
　　　點，則《老子》第十五、十六、二十章，均是老子之論得道者之心境及人格
　　　形態上所呈之道相。然而筆者認爲，以上三章，其實只有第十五章所言，可
　　　以直接作如是觀。至於第十六與廿章，都須在解釋上先有個曲折才說得通，
　　　因此筆者只選擇第十五章爲例，錄於正文。今則亦將第十六章與廿章，附錄
　　　於下，以爲參考。「致虛極，守靜篤。萬物並作，吾以觀復。夫物芸芸，各復
　　　歸其根。歸根曰『靜』，是謂『復命』。復命曰『常』，知『常』曰『明』。不
　　　知『常』，妄作凶。知『常』容，容乃公，公乃全，全乃天，天乃『道』，『道』
　　　乃久，沒身不殆。」（第十六章）「絕學無憂。唯之與阿，相去幾何？善之與
　　　惡，相去若何？人之所畏，不可不畏。荒兮，其未央哉！眾，如享太牢，如
　　　春登臺。我獨泊兮其未兆，如嬰兒之未孩。儽儽兮，若無所歸。眾人皆有餘，
　　　而我獨若遺。我愚人之心也哉！沌沌兮，俗人昭昭，我獨昏昏。俗人察察，

> 古之善爲士者，微妙玄通，深不可識。夫唯不可識，故強爲之容：
>
> 豫兮，若冬涉川，猶兮，若畏四鄰。儼兮，其若客，渙兮，若冰之
>
> 將釋。敦兮，其若樸，曠兮，其若谷。混兮，其若濁。澹兮，其若
>
> 海，飂兮，若無止。
>
> 孰能濁以止，靜之徐清，孰能安以久，動之徐生。保此道者，不欲
>
> 盈。夫唯不盈，故能蔽不新成。

其中，「強爲之容」以下所陳，是爲一體道者之心境與人格狀態。

　　至於老子五千言，而其論及「體道者之心境及人格形態上所呈之道相」
者卻只寥寥見於第十五、十六、廿章，此蓋與老子之學術性格有關，因爲最
足以見老學之全體與根本精神之所在者，乃在於形而上之道之玄德本身，故
其較少直接指陳體道者之道相。

　　但是，同爲道家的莊子則不然，莊子雖同老子一樣，仍重視道之「有物混
成，先天地生。寂兮寥兮，獨立不改，周行而不殆，可以爲天下母。」〔註3〕
之形上道體之義，所以有〈大宗師〉裡對道體的無形、永存和無限性的描述：

> 夫道，有情有信，無爲無形；可傳而不可受，可得而不可見；自本
>
> 自根，未有天地，自古以固存；神鬼神帝，生天生地；在太極之先
>
> 而不爲高，在六極之下而不爲深，先天地生而不爲久，長於上古而
>
> 不爲老。

然而若論《莊子》內七篇之精神所在，則爲其所論之人生問題。因此，莊子
遂更善於即人之道相，以言人之所得於道之德。是故，誠如唐君毅先生所言：

> 莊子全書所言之至人、天人、眞人，固皆是就其人之心境及人格狀
>
> 態所具之道相上說，而即此人之道相之所在，以爲道體之所存。此
>
> 正爲以人之道相爲道之義，而特重人之道相者也。〔註4〕

由以上所論述，我們可以說莊子之言道，其異於老子者，乃在直下扣緊人生
之問題而標出人之成爲至人、神人、眞人的理想。也因在這一點上，我們可
以說，**魏晉爲玄學者**，如何晏、王弼、嵇康、阮籍，其雖於老莊並重，但若
論其精神意趣，則與莊子爲近。所以在下一節中論及魏晉人對理想人格的嚮

我獨悶悶。眾人皆有以，而我獨頑且鄙。我獨異於人，而貴食母。」（第廿章）

〔註3〕見《老子》第二十五章。

〔註4〕見唐君毅《中國哲學原論──導論篇》第十一章，第七節。台北，學生書局
印行。

慕時，則以莊子所言爲宗。

莊子的理想人格，是個能夠「遊」的人，而所謂「遊」，則是爲精神狀態得到大自由，大解放的境界。一如《莊子‧天下篇》所曰：

> 芴漠无形，變化无常，死與生與，天地並與，神明往與！芒乎何之，忽乎何適，萬物畢羅，莫足以歸，……獨與天地精神往來而不敖倪於萬物，不譴是非，以與世俗處。……上與造物者遊，而下與外死生无終始者爲友。其於本也，弘大而辟，深閎而肆，其於宗也，可謂稠適而上遂矣。

所以莊子正以這種精神狀態作爲理想人格的本質特徵。而關於這種人格的理想，當然不可能在物質世界中現實地實現，而只能是求之於自己的心，以達到一種自由解放的精神境界。這就是莊子在那個身所處的大動亂的時代裡，面對人該如何超脫苦難世界和越過生死大關，也就是面對個體存在的形（身）神（心）問題時，所提出的對應之道。而莊子開出的是一條往人格獨立和精神自由的方向，尋求解放的出路。也只有從這個角度去思索，我們才能了解爲什麼莊子的精神，會在魏晉之際突然的流行起來；同樣的，也唯有從這個角度去思索，我們方可了解，爲什麼在魏晉時期，因「人的自覺」所產生的對人格理想的企盼，竟會與莊子的人格理想遙相契接了。

若將莊子的理想人格，也即是體道之人的道相，落下一層的從名目上講，則有〈逍遙遊〉的「至人、神人、聖人」，〈大宗師〉的「眞人」，以及〈天下篇〉的「天人」。以下試擇要引述之。

〈逍遙遊〉：

> 若夫乘天地之正，而御六氣之辯，以遊无窮者，彼且惡乎待哉！
>
> 故曰，至人无己，神人无功，聖人无名。
>
> 藐姑射之山，有神人居焉，肌膚若冰雪，綽約若處子；不食五穀，吸風飲露；乘雲氣，御飛龍，而遊乎四海之外。其神凝，使物不疵癘而年穀熟。
>
> 之人也，之德也，將旁礴萬物以爲一，世蘄乎亂，孰弊弊焉以天下爲事！之人也，物莫之傷，大浸稽天而不溺，大旱金石流土山焦而不熱。是其塵垢粃糠，將猶陶鑄堯舜者也，孰肯以物爲事。

〈大宗師〉：

> 有眞人而後有眞知。何謂眞人？

古之眞人，不逆寡，不雄成，不謨士。若然者，過而弗悔，當而不自得也。若然者，登高不慄，入水不濡，入火不熱。是知之能登假於道者也若此。

古之眞人，其寢不夢，其覺無憂，其食不甘，其息深深。眞人之息以踵，眾人之息以喉。屈服者，其嗌言若哇。其耆欲深者，其天機淺。

古之眞人，不知說生，不知惡死；其出不訢，其入不距；脩然而往，脩然而來而已矣。不忘其所始，不求其所終；受而喜之，忘而復之，是之謂不以心損道，不以人助天。是謂眞人。

若然者，其心志，其容寂，其顙頯；淒然似秋，煖然似春，喜怒通四時，與物有宜而莫知其極。

〈天下篇〉：

不離於宗，謂之天人。不離於精，謂之神人。不離於眞，謂之至人。

以天為宗，以德為本，以道為門，兆於變化，謂之聖人。

案：郭象於此段文字之下，注曰：「凡此四名，一人耳，所自言之異。」觀此注文，正說明〈逍遙遊〉、〈大宗師〉、〈天下篇〉中所出現的理想人格，如「至人」、「神人」、「聖人」、「眞人」、「天人」者，其言詮的名目雖異，然而究其實質則一也。

二、莊子的修養論

眞人體道的境界，既如上文所述，那麼試問：怎樣才能企及這個與「道」同體的理想人格？換句話說，怎麼才能達到「遊」的大解放、大自在呢？這便是以下所要討論的關於「主體精神之修養」的問題。

從《莊子》內篇對所謂「至人、神人、聖人、天人、眞人」的具體描述中，我們可以發現，他們都達到一個共同的精神境界，即「道」的境界，也就是「同於大通」的境界。而其之所以能「乘天地之正，而御六氣之辯以遊無窮者。」若試問其根據為何？則可歸因於〈逍遙遊〉中所謂的「至人無己、神人無功、聖人無名」中的「無己」、「無功」、「無名」。而其中尤以「無己」一目為關鍵，因能「無己」，則自然能「無功」、「無名」。又其所謂「無己」者，實同於〈齊物論〉的「今者吾喪我」的「喪我」，而不論是「無己」抑或「喪我」，其眞實內容實通於所謂的「心齋」與「坐忘」。若此二名目的指涉，蓋皆可有雙重之義

涵，因其既可表示體道之境界，亦可指陳為主體精神修養的工夫。

因此，若透過「心齋」與「坐忘」的了解，我們更可掌握到莊子精神的核心。

〈人間世〉曰：

> 回曰：「敢問心齋。」
>
> 仲尼曰：「若一志，無聽之以耳而聽之以心，無聽之以心而聽之以氣！耳止於聽，心止於符。氣也者，虛而待物者也。唯道集虛。虛者，心齋也。」
>
> 顏回曰：「回之未始得使，實有回也；得使之也，未始有回也；可謂虛乎？」
>
> 夫子曰：「盡矣。吾語若！若能入遊其樊而無感其名，入則鳴，不入則止。無門無毒，一宅而寓於不得已，則幾矣。絕迹易，無行地難。為人使易以偽，為天使難以偽。聞以有翼飛者矣，未聞以無翼飛者也；聞以有知知者矣，未聞以無知知者也。瞻彼闋者，虛室生白，吉祥止止。夫且不止，是之謂坐馳。夫徇耳目內通而外於心知，鬼神將來舍，而況人乎！是萬物之化也，禹舜之所紐也，伏羲几蘧之所行終，而況散焉者乎！」

〈大宗師〉曰：

> 顏回曰：「回益矣。」仲尼曰：「何謂也？」
>
> 曰：「回忘禮樂矣。」曰：「可矣，猶未也。」
>
> 他日，復見，曰：「回益矣。」曰：「何謂也？」
>
> 曰：「回忘仁義矣。」曰：「可矣，猶未也。」
>
> 他日，復見，曰：「回益矣。」曰：「何謂也。」
>
> 曰：「回坐忘矣。」仲尼蹴然曰：「何謂坐忘？」
>
> 顏回曰：「墮肢體，黜聰明，離形去知，同於大通，此謂坐忘。」
>
> 仲尼曰：「同則無好也，化則無常也。而果其賢乎！丘也請從而後也。」

在解讀了「心齋」與「坐忘」之後，若我們從主體精神修養的進路來思考，便可發現莊子的思想在這裡實表現出兩點特色。

第一：莊子講主體精神的修養，是通過一套「無」（動詞）的系統，也就

是一套「消解」的系統來說的。他是要無掉一切人為的知識、觀念而顯智慧。換句話說，也就是要遣離經驗層次的假知，以把握絕對的真知，如此便能使心靈擺脫桎梏而達到自由無限的境界，此即是〈大宗師〉所謂的「知之盛也」、「是知之能登假於道者若此。」

因此，以〈大宗師〉的「坐忘」為例，其所謂的「忘禮樂」、「忘仁義」、「墮肢體」、「黜聰明」、「離形去知」，便是主體精神修養的過程中，所要無掉的人為造作與桎梏。而唯有消解了這些，才能同於大通，達到坐忘的自由無限的境界。同樣的，〈人間世〉中的「無聽之以耳」、「無聽之以心」，也同樣是一套通過消解經驗知識，以求達到唯道集虛的工夫。而莊子這一套通過「無」（動詞）以達到「無」（名詞）的修養工夫，則誠如顏崑陽先生所指出的：

> 從莊子特殊的認識系統來說，他否定知識，消解經驗，然而否定和消解，只是前置的手段，不是終極的原則。因去除種種假知，為的是要使認識主體還原到「心之初」的「本原能識」，從而從有限以開出無限。因此，莊子的心性修養工夫，不是掌握正面的價值規範，如仁、義、禮、信等，以將常心約定在其中；而是遣離相對的價值觀念，如欲望、成見等等，而使「本原能識」自然呈現。也就是使限制心靈的種種桎梏得以解開，達其自由無限，與道德合體的境界。
> 因此，他所揭示的心靈修養工夫，是「無」的遣離之法。〔註5〕

第二：這套消解經驗知識的工夫，乃是逐漸修習，由易而難的。以下仍以〈大宗師〉的「坐忘」和〈人間世〉的「心齋」為例，在〈大宗師〉裡，顏回每曰：「回益矣」，而其「忘」的順序依次為：忘禮樂，忘仁義，坐忘（即墮肢體、黜聰明、離形去知）。而〈人間世〉裡，仲尼言「心齋」亦是有其順序的，先是「無聽之以耳而聽之以心」再是「無聽之以心而聽之以氣」。

綜上可知，所謂「喪我」、「無己」的境界並不是一蹴可幾的，也就是說，修養的進境是有其階段性的。而這一路「忘」的歷程，我們則可從〈大宗師〉的「女偊得道」與〈達生篇〉的「梓慶齋以靜心」中，看得更清楚與完整。〈大宗師〉曰：

> 南伯子葵問乎女偊曰：「子之年長矣，而色若孺子，何也？」曰：「吾聞道矣。」
>
> 南伯子葵曰：「道可得學邪？」

〔註5〕參見顏崑陽先生《莊子藝術精神析論》，第四章，頁224-230，華正書局印行。

曰：「惡！惡可……子非其人也。夫卜梁倚有聖人之才而無聖人之
道，我有聖人之道而無聖人之才，吾欲以教之，庶幾其果為聖人乎！
不然，以聖人之道告聖人之才，亦易矣。吾猶告而守之，三日而後
能外天下；已外天下矣，吾又守之，七日而後能外物；已外物矣，
吾又守之，九日而後能外生；已外生矣，而後能朝徹；朝徹，而後
能見獨；見獨，而後能無古今；無古今，而後能入於不死不生。

〈達生篇〉曰：

梓慶削木為鐻，鐻成，見者驚猶鬼神。魯侯見而問焉，曰：「子何術
以為焉？」對曰：「臣工人，何術之有！雖然，有一焉。臣將為鐻，
未嘗敢以耗氣也，必齋以靜心。齋三日，而不敢懷慶賞爵祿；齋五
日，不敢懷非譽巧拙；齋七日，輒然忘吾有四肢形體也。當是時也，
無公朝，其巧專而外滑消；然後入山林，觀天性；形軀至矣，然後
成見鐻，然後加手焉；不然則已。則以天合天，器之所以疑神者，
其由是與！」

從上面的兩則故事，我們不僅可以看出在修養的進境上，由「外天下」、「外
物」、「外生」是一節高過一節。而且更發現了講求聖人之道的主體修養的工
夫的歷程，竟與藝術創作上，主體精神的修養進境是完全一致的。因為女偶
所說的「外天下」、「外物」實同於梓慶所說的「不敢懷慶賞爵祿」、「不敢懷
非譽巧拙」；女偶所說的「外生」實同於梓慶所說的「忘吾有四肢形骸」；女
偶所說的「朝徹」實同於梓慶所說的「以天合天」。所以誠如徐復觀先生在《中
國藝術精神》一書中所言：

莊子所追求的道，與一個藝術家所呈現出的最高藝術精神，在本質
是完全相同的。所不同的是：藝術家由此而成就藝術地作品；而莊
子則由此而成就藝術地人生。（頁 56）

綜上所論，可知莊子不僅在「人格理想」上，深刻地影響了魏晉的人物賞美，
而且若就「莊子之道即是藝術精神」的角度來看，其又深刻地影響了六朝的
藝術創作與理論。關於這個重要的問題，筆者將於有關章節細論之。

第二節　玄學的人格理想

「夫玄學者，謂玄遠之學。學貫玄遠，則略於具體事物而究心抽象原理。

論人事則輕乎有形之粗迹，而專期神理之妙用。」〔註6〕所以今天我們來談「玄學的人格理想」這一命題時，便自然可以發現，玄學所著重的乃在關乎「神」的問題，對所謂的「形」，只是落於言詮時，所不得不發的方便之說。

　　所謂玄學，實首倡於正始的何晏、王弼。〔註7〕而玄學之所以能建構其自身的體系，以蔚成風潮，實有賴於王弼所提出的「得意忘言」的玄學新方法。又「言意之辨」乃起於「人倫識鑑」，所以李澤厚先生在其《中國美學史》第二卷（上）第四章，在論及「魏晉玄學與美學」時，便認為，魏晉玄學的最高主題，乃在對個體人生的意義價值的思考。並且透過無限與有限的關係來對「人格理想」作一種本體論的解釋和建構。

　　因此我們可以說，玄學因對人格理想的思考，而有形神問題的探討；又因玄學自身學術性格貴乎玄遠的因素，所以它所著重探討的並不在於外在的形體而是屬於內在的精神。因此關於「神」即成整個玄學所著重思考的問題。

　　而這樣一種思考，最初則見於何晏。《三國・魏書・曹爽傳》注引《魏氏春秋》說：「惟神也，不疾而速，不行而至。」他這句話是襲用了《周易・繫辭》的觀念，原文為「夫《易》，聖人之所以極深而研幾也。唯深也，故能通天下之志。唯幾也，故能成天下之務。唯神也，故不疾而速，不行而至。」

　　何晏提出以「神明」為最高的人格理想。而透過「有無」的方法，從哲學上來探討「不疾而速，不行而至」的「神」的境界。而同時期的青年哲學家，王弼，也是循著這樣的方法，來對「神」的境界，作進一步的發揮。要皆何、王兩人所建立的人格理想的境界，即神的境界，都是一種能從有限並超越有限而達到無限的表現。其所謂的「聖人」，他所體現的是人生中一種絕對自由無待的精神境界。而魏晉玄學所建構的人格理想，便是在這一點上契接了莊子的理想人格。例如王弼在《老子注》第十六章，便曾說過：

> 無之為物，水火不能害，金石不能殘。用之於心，則虎兕無所投其
> 角，兵戈無所容其鋒刃，何危殆之有乎。

而這樣的一種超越的「無」的境界，不就是對莊子所建構的神人境界的一種繼承嗎？因此，玄學對形神的討論，便同何晏、王弼的有無問題起了關聯。

〔註6〕見湯用彤先生《魏晉玄學論稿》，「言意之辨」章。頁23。此書乃收編於《魏晉思想——甲編五種》，里仁書局印行。

〔註7〕見王仲犖先生《魏晉南北朝史》所附「魏晉南北朝大事年表」之「魏齊王曹芳正始元年條下：何晏、王弼等開始提倡玄學」頁1054。谷風出版社。

從何、王玄學中對於形神問題的處理，我們可以看出，關於對「如何去了解『形神關係』的內容和處理這個問題時所切入的角度」，其從先秦思想到魏晉玄學，可說是有所轉變的。基本上，我們可以將它略分爲三個階段如下：

第一階段：從先秦到兩漢，關於形神問題的討論，大致上是落在肉體，及與肉體相對的精神的關係的處理上。

第二個階段，是漢末魏初的人物品評的階段，而此時形神問題的討論，它已不是一般地、簡單地討論精神與肉體的關係問題，而是更爲具體的討論人的內在精神和外形的關係。而其與第一階段不同的關鍵處，乃在後者所說的內在精神，已不是一般地指和肉體相對而言的靈魂，而是指人的個性、性情、聰明、才智所展現出的氣韻、風姿和神彩等。

案：第二階段，雖開始於漢末魏初，但這一個形神系統，實一直沿續至兩晉，而與第三階段在時間中重疊。筆者之所以仍將其區分爲兩期的用意，乃在彰明，前者在本質上，實屬實踐的系統，而後者則爲理論系統。

第三階段：在正始何晏、王弼的玄學系統裡，形神關係已不再是第一期那種機械式的對比，也非第二期那種直感式的審美觀察，而是提升到了「哲學」的高度來進行討論。所以我們可以說，在何晏、王弼的玄學系統裡，對「形神關係」的切入角度與處理方式，已從上述第一期、第二期中超越上來，而昇華到一種「有限與無限」的關係。所以，何、王所認識和建構的「神」的境界，即是一種精神自由無限的理想人格的境界。

因此，我們如欲了解何晏、王弼玄學系統中的形神思想，則須從「有限與無限」的關係中去發見，亦即是從人格理想的本體論的建構中去掌握。

《晉書・王衍傳》中說：

> 魏正始中，何晏、王弼等祖述老莊，立論以爲「天地萬物皆以無爲爲本，無也，開務成務，無往而不存也。陰陽恃以化生，萬物恃以成形，賢者恃以成德，不肖者恃以免身。故無之爲用，無爵而貴矣。」

所以，在這個意義上講「聖人體無」，便是爲人格理想做了本體論的建構。因爲聖人所體的「無」的境界，即是「道」的境界，也即是何晏所講的「不疾而速，不行而至」的「神」的境界。所以，誠如韓康伯在〈繫辭傳〉：「一陰一陽之謂道」下注云：

> 道者何？無之稱也。無不通也，無不由也。況之曰道。寂然無體，

不可爲象。必有之用極，而無之功顯，故至乎神無方而易無體，而
道可見矣。故窮變以盡神，因神以明道。〔註8〕

又〈繫辭傳〉：「陰陽不測之謂神」下，韓注云：

神也者，變化之極，妙萬物而爲言，不可以形詰者也。故曰：陰陽
不測。嘗試論之曰：原夫兩儀之運，萬物之動，豈有使之然哉？莫
不獨化於太虛，欻爾而自造矣。造之非我，理自玄應。化之無主，
數自冥運。故不知所以然，而況之神。是以明兩儀，以太極爲始。
言變化，而稱極乎神也。夫唯知天之所爲者，窮理體化，坐忘遺照。
至虛而善應，則以道爲稱。不思而玄覽，則以神爲名。蓋資道而同
乎道，由神而冥於神也。

綜上所論，則誠如李澤厚先生在《中國美學史》第二卷，頁156所認爲的：

王弼所謂的「神」即是玄學所説的「無」，亦即是包統一切有限事物，
不爲任何有限事物所限定的無限。它與「無形無方」的「道」的區
別，在於「道」亦即「無」是本體，「神」則是這本體在個體中的微
妙難言的表現。」

何晏、王弼之後，仍一本「有、無」關係的理路而來建構人格理想的，則首
推向秀與郭象。向、郭之學雖仍藉著注《莊子》而顯，但是兩人建構人格理
想的用心，卻大異於莊子。他們是在調和自然與名教之衝突的立足點上來建
構理想的帝王人格，所以政治色彩極濃。

　　就郭象所建構的理想人格而言，其所謂的「聖人」，是要比莊子及何晏、
王弼所講的「神人」要落實一層來講。因郭象認爲，世間並沒有超乎現實的
聖人，例如《莊子・徐無鬼》中，載莊周藉齧缺與許由的談論謂：「舜舉乎童
土之地，年齒長矣，聰明衰矣，而不得休歸，所謂卷婁者也。」

　　郭象於此的注文則曰：

聖人之形不異凡人，故耳目之所用衰也。至於精神則始終全耳。

所以，郭象並不從所謂「之人也，物莫之傷，大浸稽天而不溺，大旱金石流
土山焦而不熱。」（《莊子・逍遙遊》）等超越現實的角度來建構其理想人格。

〔註8〕 此韓康伯注，公認是符合王弼思想的。牟宗三先生《才性與玄理》頁115亦
云：「韓康伯於王弼之略例明象之義，有無之義，默識甚熟，故輒用此觀念以
解孔門之易傳。其注大衍用王弼説，孔疏謂『韓氏親受業於王弼，承王弼之
旨。』可見其注易傳，亦甚可代表王氏之意，而同爲以老子『有無之義』爲
背景者。」

他所講的是「雖在廟堂之上，然其心無異於山林之中」的聖人。而這樣的聖人，他盡可以「戴黃屋」、「佩玉璽」而卻不失其為至至者。所以在《莊子・逍遙遊》「藐姑射之山，有神人居焉。肌膚若冰雪，綽約若處子。」下，郭象注云：

> 此皆寄言耳。夫神人，即今所謂聖人也。夫聖人雖在廟堂之上，然其心無異於山林之中。世豈識之哉！徒見其戴黃屋，佩玉璽，便謂足以纓紱其心矣；見其歷山川，同民事，便謂足以憔悴其神矣。豈知至至者之不虧哉！今言至德之人，而寄之此山。將明世所無由識，故乃託之於絕垠之外，而推之於視聽之表耳。

而聖人之所以可以終日揮形而神氣無變，正在於他能「無心以順有」、「無心而順化」，此正如郭象在〈漁夫篇〉最後的注曰：

> 夫孔子之所放任，豈直漁夫而已哉？將周流六虛，旁通無外，蠕動之類，咸得盡其所懷，而窮理致命，固所以為至人之道也。

第三節　養生思想與人格理想

一、莊子的養生論

人的生命的價值，在莊子思想中受到極高的尊崇。因此，在「貴生」的觀念之下，必然也就重視所謂的養生之道。莊子的養生思想，並不著眼在自然生命的長命為壽的這個形下的層次，他講的養生是從「全生」的高度來講的，即是從如何達到逍遙、齊物、自爾、獨化的人格理想境界來講的。因此，莊子的養生思想，便大不同於後世如道教神仙家者流的養生說。此正如牟宗三先生所說的：

> 莊子言養生，即從生有涯，知無涯說起。而所謂『知』，此可總之曰生命之紛馳，意念之造作，意見之繳繞，與知識之葛藤。此皆所謂離其自性之失當，亦即皆傷生害性者也。故養生之主，亦即在『心』上作致虛守靜之工夫，而將此一切無限追逐滅除，而重歸於其自己之具足，此即所謂「滅於冥極」也。因此，若能作虛靜渾化之玄冥工夫，始至天人、至人、神人之境，而養生之義亦攝於其中矣。此為道家養生之本義。至於落在自然生命上，通過修煉之工夫，而至長生、成仙，則是順道家而來之「道教」，已落於第二義。當然此第

二義亦必通於第一義。然原始道家卻並不自此第二義上著眼。〔註9〕
大凡講養生的，其方法要皆不出於「養形」與「養神」二端，莊子亦然。但須注意的是莊子所謂的「養形」，其義涵與進路則大不同於所謂「第二義養生說」者之流所言，因莊子所謂的養形，並不是從正面來論述積極的治養形軀之道，而是緊扣著「養神」之道來講「養形」的。關於這個不同，我們可以明顯從《莊子・在宥篇》中得到證明。其文如下：

> 黃帝曰：「聞吾子達於至道，敢問，治身奈何而可以長久？」廣成子曰：「善哉問！來！吾語汝至道。至道之精，窈窈冥冥；至道之極，昏昏默默。無視無聽，抱神以靜，形將自正。必靜必清，無勞汝形，無搖汝精，乃可以長生。目無所見，耳無所聞，心無所知，汝神將守形，形乃長生。慎汝內，閉汝外，多知為敗。我為汝遂於大明之上矣，至彼至陽之原也；為汝入於窈冥之門矣，至彼至陰之原也。天地有官，陰陽有藏，慎守汝身，物將自壯。我守其一以處其和，故我修身千二百歲矣，吾形未嘗衰。」

觀上可知。莊子養形之方有二，一為「遺形所以養形」，二為「抱神以靜，形將自正。」前者是消極的來說，即透過「遺形」以達到養形的目的；後者是積極的從「養神」之方以達到「神將守形」的效果。因為如能遺形，則「目無所見，耳無所聞，心無所知。」如能養神，則「守其一以處其和」，這便符合了莊子的養生之道，故能「神將守形，形乃長生。」而達到廣成子所謂的「我修身千二百歲矣，吾形未嘗衰」的境地，如此便可稱為「全理盡年」。

關於莊子的養生思想除了〈在宥篇〉所陳述之外，其在〈達生篇〉則明標「養形」一辭，於〈刻意篇〉則明揭「養神」一辭，筆者則試著對此兩段文句進行分析，以證筆者於〈在宥篇〉之所論良非誣也。

〈達生篇〉云：

> 養形必先之以物，物有餘而形不養者有之矣；有生必先無離形，形不離而生亡者有之矣。生之來不能卻，其去不能止。悲夫！世之人以為養形足以存生；而養形果不足以存生，則世奚足為哉！雖不足為而不可不為者，其為不免矣。
>
> 夫欲免為形者，莫如棄世。棄世則無累，無累則正平，正平則與彼

〔註9〕參見牟宗三先生《才性與玄理》第六章，頁206至208，台北，學生書局。

更生，更生則幾矣。事奚足棄而生奚足遺？棄事則形不勞，遺生則
精不虧。夫形全精復，與天爲一。天地者，萬物之父母也，合則成
體，散則成始。形精不虧，是謂能移；精而又精，反以相天。

　　觀上可知，莊子雖亦提出「養形」這個觀念，但這個觀念在養生思想中
並不正面產生其積極的作用，因它只是莊子在講「養神」這個觀念時所派生
出來的。因此，我們可以說，莊子的養生之道，主要是在「養神」而非「養
形」，所以陳鼓應先生在其《莊子今註今譯》一書中就認爲：

養生之篇，主旨在說護養生之主……精神，提示養神的方法莫過於
順任自然。外篇達生篇，通篇發揮養神之理。〔註10〕

又〈刻意篇〉所言「養神」之方曰：

若夫不刻意而高，無仁義而修，無功名而治，無江海而閒，不導引
而壽，無不忘也，無不有也，澹然無極而眾美從之。此天地之道，
聖人之德也。

故曰，夫恬淡寂漠虛無無爲，此天地之平而道德之質也。故曰，聖
人休休焉則平易矣，平易則恬淡矣。平易恬淡，則憂患不能入，邪
氣不能襲，故其德全而神不虧。

故曰，聖人之生也大行，其死也物化；靜而與陰同德，動而與陽同
波；不爲福先不爲禍始；感而後應，迫而後動，不得已而後起。去
知與故，循天之理。故無天災，無物累，無人非，無鬼責。其生若
浮，其死若休。不思慮，不豫謀。光矣而不耀，信矣而不期。其寢
不夢，其覺無憂。其神純粹，其魂不罷。虛無恬淡，乃合天德。

故曰，形勞而不休則弊，精用而不已則竭。水之性，不雜則清，莫
之動則平；鬱閉而不流，亦不能清；天德之象也。故曰，純粹而不
雜，靜一而不變，淡而無爲，動而以天行，此「養神之道」也。

此段所言養神之道，而其極高明者，則能平易恬淡與天地合德而爲聖人。

　　綜上所論，我們可以知道，「養生」這個主題，在莊子，並不是獨立把它
當作一個命題去討論，它乃是順著莊子對人格理想的建構所自然帶出來的。
而就莊子養生思想中的養形與養神二端來說，儘管「養形」的重要性遠不及
「養神」，但是兩者卻同爲養生之道，若究其工夫之極，要皆宜參造化與天合

〔註10〕見陳鼓應先生《莊子今註今譯》上冊，頁103，台灣商務印書館。

德。又〈刻意篇〉最後有云：

> 純素之道，唯神是守；守而勿失，與神爲一；一之精通，合於天倫。
>
> 能體純素，謂之眞人。

可見這種通過養生之道所達到的體道的工夫境界，與上一章所討論的——所謂通過主體精神修養工夫所達到的人格理想之境界，基本上是完全相同的。而這也就再次印證了牟宗三先生所說的：「原始道家，從主體精神作虛靜渾化之玄冥工夫，始至天人，至人，神人之境，而養生之義亦攝在其中矣。」（見《才性與玄理》）所以，在莊子的思想系統裡，我們所謂的「修養論」與「養生論」，其實都只是一種權說的分別，因爲兩者在本質上是全然相同的。既是如此，又何勞強分爲二名呢？蓋筆者實欲藉此以導出「第二義的養生論」，如道教與嵇康者流。

二、嵇康的養生論

在上文我們已經提過的，凡是落在自然生命上講養生之道以至長生、成仙的，皆非道家養生的本義，已旁落爲第二義了。本節所要討論的「嵇康的養生論」便是從此第二義上著眼。其〈養生論〉篇首即曰：

> 世或有謂神仙可以學得，不死可以力致者。或云：上壽百二十，古今所同。過此以往，莫非妖妄者。此皆兩失其情，請試粗論之。夫神仙雖不目見，然記籍所載，前史所傳，較而論之，其有必矣。似特受異氣，稟之自然，非積學所能致也。至於導養得理，以盡性命，上獲千餘歲，下可數百年，可有之耳。而世皆不精，故莫能得之。

篇末總結說：「若此以往，庶可與羨門比壽，王喬爭年，何爲其無有哉？」是以嵇康論養生，主旨在導養延年，可見其論養生乃從第二義入手。

當我們欲具體的探討嵇康的養生之道以前，則首先須對嵇康的「形神思想」有所了解，方能深刻的掌握他的「養生思想」。

嵇康雖認爲「精神影響形體」，但卻也提出「形神相互依存」的關係。所以就價值生命來說，他顯然存有精神是主，形體是從的區判，故曰：

> 精神之於形骸，猶國之有君也。神躁於中而形喪於外，猶君昏於上，國亂於下也。

但就自然生命來，他則主張形神相依存不可分離，故曰：

> 是以君子知形恃神以立，神須形以存。

因此，當嵇康這套形神思想反映在他的養生論時，便產生了兩個現象。一為：理論上，「養形」與「養神」並重。二為：就養生之道的修養順序，則自覺的先談「養神」次論「養形」。為了論證以上的推斷，筆者則於此下，先引兩段〈養生論〉的文句，再分析之。

（一）「故修性以保神，安心以全身，愛憎不棲於情，憂喜不留於意，泊然無感而體氣和平。『又』呼吸吐納，服食養身。」

（二）「清虛靜泰，少私寡欲。知名位之傷德，故忽而不營。非欲，而強禁也。識厚味之害性，故棄而弗顧。非貪，而後抑也。外物以累心不存，神氣以醇白獨著。曠然無憂患，寂然無思慮。又守之以一，養之以和。和理日濟，同乎大順。『然後』蒸以靈芝，潤以醴泉，晞以朝陽，綏以五絃。無為自得，體妙心玄。忘歡而後樂足，遺生而後身存。」〔註11〕

細分上引兩段文句，我們發現，嵇康在〈養生論〉一文中，每次明確提到具體的養生之道時，總是將「養神之方」與「養形之方」對舉成文。而且必定先談養神之方再談養形之方。例如在第（一）段引文中，以中間的『又』字為基準，以上所言乃關於養神者，以下所言乃關於養形者。而第（二）段引文中，則以『然後』二字為基準，以上言養神之方，以下言養形之方。而觀其具體之內容，則知其養神之道乃主道家之說，至於養形則在方術。

綜上所論，我們可以得到兩點結論，第一，因為嵇康的形神思想，若就價值生命來說，他顯然是有神主形從的區判，因此反映在〈養生論〉上，便是有目的先談「養神」再談「養形」。第二，若就自然生命來說，他則認為形神相互依存，不可分離。所以反映在養生論上，便是兼論養形之方與養神之方，不可有所偏廢，以求達到所謂的「形神相親，表裡俱濟。」

三、葛洪的養生論

葛洪在《抱朴子・內篇・論仙》中，引《仙經》說：

> 上士舉形升虛，謂之天仙；中士遊於名山，謂之地仙；下士先死後蛻，謂之尸解仙。

從這段引文中，我們很明顯可以看出，葛洪乃是沿續早期道教的路子來講肉體成仙的，因此他的養生之道，便也是落在自然生命中，經過修煉的工夫，

〔註11〕見《全三國文》卷四十八。

以達到「長生久視」、「形神飛升」的目的。因此若較之於原始道家的養生之
義，則葛洪所講的養生，便亦旁落為第二義。

在探討葛洪的養生論時，首先我們仍須對他的形神思想有所了解。在《內
篇·至理》中有言：

> 夫有因無而生焉，形須神而立焉。有者，無之宮也。形者，神之宅
> 也。故譬之於堤，堤壞則水不留矣。方之於燭，燭糜則火不居矣。
> 身勞則神散，氣竭則命終。根竭枝繁，則青青去木矣。氣疲欲勝，
> 則精靈離身矣。

在葛洪看來，形神是同等重要的，因為一方面，形離不開神，故曰，形須神
而立。另一方面，神也要託於形，否則，身勞則神散，甚至是氣疲欲勝，精
靈離身。所以葛洪便從他的「形神不離」的觀點出發，並繼承了早期道教的
思想而主張「肉體成仙」。

依葛洪的看法，如果能做到「正氣不衰，形神相衛，莫能傷也。」則可
長生不死，但又如何能達到這個境界呢？其關鍵則在於「養生」。而養生之道，
亦要皆可分養形之方與養神之方。又因葛洪乃屬道士，故其所言養形之方，
多言煉丹調息，此與本論文之題旨無涉，故略而不談。唯所論養神之方，部
分尚具道家面目，故選錄如下：

> 夫圓首含氣，孰不樂生而畏死哉？然榮華勢利誘其意，素顏玉膚惑
> 其目，清商流徵亂其耳，愛惡利害擾其神，功名聲譽束其體。……
> 以是遐棲幽遁，韜鱗掩藻。過欲視之目，遣損明之色；杜思音之耳，
> 遠亂聽之聲。滌除玄覽，守雌抱一，專氣致柔，鎮以恬素。遣歡戚
> 之邪情，外得失之榮辱。……反聽而後所聞徹，內視而後見無朕。
> 養靈根於冥鈞，除誘慕於接物，削斥淺務，御以愉慔，為乎無為，
> 以全天理耳。《內篇·至理》

> 人能淡默恬愉，不染不移，養其心以無欲，頤其神以粹素，掃滌誘
> 慕，收之以正。除難求之思，遣害真之累，薄喜怒之邪，滅愛惡之
> 端，則不請福而福來，不攘禍而禍去矣。《內篇·道意》

這段文字，講的是內在情欲的調養，而其意，基本上仍不外是道家養性哲學
的精神。但須在此說明的是，因葛洪實為道教之徒而非道家者流，因此在《抱
朴子》一書中，其所論述的養神之道，除了上述我們所謂的道家的養生哲學

之外，復雜有一些頗涉不經而全屬神祕的宗教經驗者。〔註 12〕

綜合本章三節所論，我們可知，所謂人格理想的建構，其進路有二，一爲通過道家所談的主體精神修養的工夫，而達到一種體道的境界。二爲順道家而來之「道教」，經由修煉、養生以達到自然生命的長生久視。但是不論是道家或是道教，雖其著眼處不同，然其建構人格理想的終極目的，卻均指向一種精神自由無限的境界，即何晏引自周易的「不疾而速，不行而至。」的「神」的境界。

再者，關於這種對人格理想所做的玄學的思考，最初雖是因緣自對人物品鑑之瞻形得神之難而發的，但是當玄學家對人格理想的建構完成並定位於所謂「神」的境界且逐漸成爲一種審美的共識之後，它卻又回頭來影響人物品評的眼光。而關於這個現象，筆者在第三章論及玄學的分期與人物品鑑時，便有理論的說明，而其實踐則昭然於《世說新語》中。

〔註 12〕關於葛洪論養生之道，其不同於原始道家而爲神秘的宗教經驗者，則如《抱朴子・內篇・至理》所言：「堅玉鑰於命門，結北極於黃庭。引三景於明堂，飛元始以鍊形。……，凝澄泉於丹田，引沈珠於五城。瑤鼎俯爨，藻禽仰鳴，瑰華擢穎，天鹿吐瓊。懷重規於絳宮，潛九光於洞冥。雲蒼鬱而連天，長谷湛而交經。履躡乾兌，召呼六丁。坐臥紫房，咀吸金英。曄曄秋芝，朱華翠莖。皛皛珍膏，溶溢霄零。治飢止渴，百痾不萌。逍遙戊己，燕和飲平。拘魂制魄，骨塡體輕。故能策風雲以騰虛，並混輿而永生也。」

第三章　人物品鑑與形神思想

　　形神問題，從先秦到兩漢，所討論的是一種簡單的精神和肉體的關係。除了《莊子》和《淮南子》以外，大抵並沒有和美學發生直接的關係。

　　但是，形神問題的發展到了魏晉南北朝，卻是如江流入海，一下子整個開闊了起來。歸究其轉變的原因，一般認爲都是受了人物品鑑的影響。因爲人物品鑑的風氣，在魏晉，尤其是在正始之後，已經到了非常普遍的地步。而人物品鑑要在瞻形得神，所以不論是「形鑑」或是「神鑑」，總得從形貌上來徵得。故《人物志》上說：

　　　　凡有血氣者，莫不含元一以爲質，稟陰陽以立性，體五行而著形，
　　　　苟有形質，猶可即而求之。〔註1〕

　　　　夫色見於貌，所謂徵神。徵神見貌，則情發於目。（同註1）

因此，從兩漢、六朝以至後世的形神問題，便隨著人物品評上「形神識鑑」的討論而全面的展開來。是故要談六朝的形神思想，首先要詳細探究的，便是人物品評與形神思想的關聯。

第一節　漢末魏初的人物品鑑與《人物志》

　　漢魏之際，中國學術有著相當大的變化，而劉劭的《人物志》便成書於這個轉變的關鍵時刻，因此《人物志》所表現的關於人物品鑑的風格與目的，

〔註1〕見《人物志·九徵第一》，頁24，台北「金楓出版社」。

便不同正始之後，〔註 2〕也就是說，《人物志》仍在一定程度上繼承了漢末以來人倫識鑑的習氣和成果。

一、《人物志》的時代背景

漢朝是個講究通經致用的時代，儒家的理想可說已初步的在漢朝的政治制度上體現出來，弔詭的是東漢末年卻是政治衰敗，生靈塗炭。究其原因，政治上用人不當也是一大原因。而用人的不當，乃歸因於察舉薦人的名不副實。此一現象，正如葛洪《抱朴子・名實篇》所云：

漢末之世，靈獻之時，品藻乖濫，英逸窮滯，饕餮得志。名不準實，賈不本物，以其通者為賢，塞者為愚。

因此，如何去考察人物，以期能辨官論材，各任所適，乃成為一個時代的迫切要求。所以在《隋書・經籍志》卷十四、子部、名家類，便錄有魏文帝《士操》一卷，劉劭《人物志》三卷。在劉劭《人物志》三卷下，並注明梁有姚信《士緯新書》一卷，魏司空盧毓《九州人志論》一卷，還有佚名的《通古人論》等等。此在當時皆屬名理之學，若論其用則如王符《潛夫論、考績篇》所云：

有號者必稱於典，名理者必效於實。則官無廢職，位無虛人。

可見漢魏之間的人物品評，精究名理，其志本在政治的名實問題，以求取真才，以為世用。

二、《人物志》的觀人之法

劉劭的《人物志》，以目的和動機而言，實屬政治實用性。但視其內容則是品鑑的。誠如牟宗三先生所言：

《人物志》是關於人的材性或體別、性格或風格的論述。這種論述，雖有其一定的詞語，因而成為一系統的論述，然而卻是一種品鑑的系統，即，其論述是品鑑的。品鑑的論述，我們可以叫它是「美學的判斷」，或是「欣趣判斷」。《人物志》裡面那些有系統的詞語都是屬於欣趣判斷的詞語，品鑑的詞語。〔註3〕

〔註 2〕 《人物志》所代表的是「漢末魏初」這時期人物品鑑的結果。而正始以後，迄於兩晉，人物品評的資料則大致見於《世說新語》一書。而兩者的不同，則在於前者乃是政治性的人物品藻，後者則是審美性的人物品藻。

〔註 3〕 見牟宗三先生的《才性與玄理》第二章，第二節──「《人物志》論人是品鑑的『對於才性的品鑑』」頁 44，台北學生書局印行。

若說人物品鑑，它是一種美學判斷，那麼必有一套觀人之法，我們強名之曰：「瞻形得神」。而關於這種品鑑方法，其實並不是劉劭的創見。因早在《大戴禮記‧文王官人》中，便有所謂的「觀色」一目，其言曰：

> 民有五性：喜、怒、欲、懼、憂也。喜氣內畜，雖欲隱之，陽喜必見；怒氣內畜，雖欲隱之，陽怒必見……五氣誠於中，發形於外，民情不隱也。喜色由然以生，怒色拂然以侮，欲色嘔然以偷，懼色薄然以下，憂悲之色纍然而靜。誠志必有難盡之色，誠仁必有可尊之色，誠勇必有難懾之色，誠忠必有可親之色，誠潔必有難污之色，誠靜必有可信之色。質色皓然固以安，偽色縵然亂以煩，雖欲改之，中色不聽也。雖變可知，此之謂觀色。〔註4〕

即使在漢代的相法中，也屢見不鮮。如王充《論衡‧骨相》有云：

> 相或在內，或在外，或在形體，或在聲氣。

王符的《潛夫論‧相列篇》第二十七亦云：

> 人之相法，或在面部，或在手足，或在行步，或在聲響。

然而我們雖明白劉劭的觀人之法是有所繼承的，但他卻有其進步的地方。最足稱道的是《人物志》裡細緻而有系統性的考察分析，它大大的超越了先秦兩漢的相術中所存在的迷信色彩。

為了深入了解劉劭的觀人之法，筆者擬將所謂「瞻形得神」這一識鑑的方法，分析如下：

〈九徵篇〉首曰：

> 蓋人物之本，出乎情性，情性之理，甚微而玄，非聖人之察，其孰能究之哉？凡有血氣者，莫不含元一以為質，稟陰陽以立性，體五行而著形；苟有形質，猶可即而求之。

> 若量其材質，稽諸五物，五物之徵，亦各著於厥體矣。其在體也，木骨、金筋、火氣、土肌、水血，五物之象也。五物之實，各有所濟。是故骨植而柔者，謂之弘毅。弘毅也者，仁之質也。氣清而朗者，謂之文理，文理也者，禮之本也。體端而實者，謂之貞固，貞固也者，信之基也。筋勁而精者，謂之勇敢，勇敢也者，義之決也。

〔註4〕《大戴禮記‧文王官人》第七十二：這一篇全是記錄文王對呂尚的話，講如何任官，如何用人。他分「六徵」、「七屬」、「九用」來剖析人事行政上的理論和實行的細則。所謂『觀色』即包括於「六徵」之中。

> 色平而暢者，謂之通微，通微也者，智之原。五質恒性，故謂之五
> 常矣。（〈九徵篇〉）

> 五常之別，列為五德。是故溫直而擾毅，木之德也；剛塞而弘毅，
> 金之德也；愿恭而理敬，水之德也；寬栗而柔立，土之德也；簡暢
> 而明砭，火之德也。雖體變無窮，猶依乎五質。（〈九徵篇〉）

可見劉劭所論人性之內容格局，基本上乃一本漢儒陰陽五行之說以論人之五
常五德。而若論其觀人之法，最要注意的則是，所謂「體五行而著形」一語，
因為「苟有形質，猶可即而求之。」如果沒有形質，那麼人物品鑑亦成虛話。
故此五行之說，實乃人物品鑑自客觀外在之形貌以徵知人內在情性的關鍵與
進路。

　　在明白了劉劭對於品鑑的思想基礎以及方法進路之後，以下則直接進入
「瞻形得神」這一主題以進行討論。

　　上文有云：「雖體變無窮，猶依乎五質」而「五質恒性，謂之五常」，故
其「剛柔明暢，貞固之徵，著乎形容，見乎聲色，發乎情味，各如其象。」
因此，便有以下觀察的結果，即：

> 心質亮直，其儀勁固；心質休決，其儀進猛；心質平理，其儀安閒。
> 夫儀動成容，各有態度：直容之動，矯矯行行；休容之動，業業蹌
> 蹌；德容之動，顒顒卬卬。（〈九徵篇〉）

> 夫容之動作，發乎心氣，心氣之徵，則聲變是也。夫氣合成聲，聲
> 應律呂：有和平之聲，有清暢之聲，有回衍之聲。夫聲暢於氣，則
> 實存貌色：故誠仁，必有溫柔之色；誠勇，必有矜奮之色；誠智，
> 必有明達之色。（〈九徵篇〉）

是故《人物志・九徵篇》末結歸曰：

> 物生有形，形有神精，能知精神則窮理盡性。性之所盡，九質之徵
> 也。然則平陂之質在於神，明暗之實在於精，勇怯之勢在於筋，彊
> 弱之植在於骨，躁靜之決在於氣，慘懌之情在於色，衰正之形在於
> 儀，態度之動在於容，緩急之狀在於言。

所以我們只要透過劉劭這個觀人之法的檢索，也就是透過「五行→五質→五
常→五德」這個系統的展開，即使人的材質體變萬殊，但我們卻能賴此而徵
質有依了。

　　雖說色貌徵驗於外，不可奄違，然而靜觀神態以知其姿質，或察其情變

以審其常度，皆只能視人之粗者。因此，在劉劭之後的顧愷之便說道：

四體妍蚩，本無關於妙處，傳神寫照，正在阿堵中。〔註5〕

而關於這個識鑑的要緊處，早在先秦便受到重視，故《孟子・離婁篇》有云：

存乎人者，莫良於眸子，眸子不能掩其惡。胸中正，則眸子瞭焉；

胸中不正，則眸子眊焉。聽其言，觀其眸子，人焉廋哉？

是故劉劭亦曰：

夫色見於貌，所謂徵神；徵神見貌，則情發於目；故仁目之精，愨

然以端；勇膽之精，曄然以強。（〈九徵篇〉）

然而眸子雖是顯示精神之樞紐，但若論及精微，則非易事。因此誠如蔣濟所論，觀其眸子，固可以知人，只是眸子傳神，其幾至微，往往可以意得，卻不能言宣。

故劉劭《人物志》便曰：

物生而有形，形有神精，能知精神，則窮理盡性。

蓋人物之本，出乎情性。情性之理，甚微而玄。非聖人之察，其孰

能究之哉？（〈九徵篇〉）

此皆是「神鑑」之難。

案：「神鑑」雖難，但卻在整個魏晉南北朝蔚為風氣。就人物品鑑來說，即在與玄學相互影響下，以各種不同的名稱、面目，表現出人物清、澹、玄、遠的風神來。其中尤以《世說新語》的記載與描敘最是精采。筆者將於以下有關之章節，再詳論之。

第二節　正始及其後的人物品鑑和《世說新語》

從劉劭的《人物志》以後，在人物品鑑的持續發展中，有兩個現象值得我們特別注意。第一是：因為「神鑑」之難，而有「言不盡意」的必然感嘆；其後這種感嘆竟提升到哲學的高度而發展成一玄學的新方法。第二個現象是因為某些歷史的因素，導致了人物品鑑放棄了原有的功利性與政治性，而朝審美的方向發展。而整部《世說新語》便是這種精神的最佳體現。以下則試從這兩個方向進行討論。

〔註 5〕見顧愷之的〈論畫〉。

一、人物品鑑與言意之辨

筆者在本章第一節中，曾經提到：人物品鑑的基本途徑，乃是從觀其外形而認識其內在精神，而這種觀人之法所以可能，則如劉劭《人物志》所言：

> 其剛柔明暢，貞固之徵，著乎形容，見乎聲色，發乎情味，各如其象。(〈九徵篇〉)

但這只是就人物品鑑的一般規則來說，其實要能完整無誤的把握人的內在精神，並非易事，故《抱朴子‧清鑒篇》有言：

> 區別臧否，瞻形得神，存乎其人，不可力爲。自非明並日月、聽聞無音者，願加清澄，以漸進用，不可頓任。

況且人物品鑑到了魏晉之際，尤其是正始以後，逐漸重視人的「神氣」，而若就此細處深論之，則不管是「形鑑」或是「神鑑」皆甚玄微而難以辨析。所以這種觀人入神，其理微妙，不可言宣的情形，則正如湯一介先生所言：

> 鑒識人倫從由外形而認識其內在精神，發展到對人物神氣認識的重視，這反映在品評人物問題上是由具體到抽象，由可知到難言之領域發展。形體可知，神氣難言，因而到曹魏之後，「言不盡意」的思想乃大爲流行，這正是當時思想發展的必然趨勢。〔註6〕

經由上面的論述，我們可以得到「言意之辨」蓋起於人物品鑑的結論。但是雖說言意之辨（言不盡意）乃推求名理應有之結果，然而這種結果卻未必能更進一步的自覺而成爲一種哲學方法之運用。所以儘管有歐陽建〈言盡意論〉中所說的「世之論者以爲『言不盡意』由來尚矣。至乎通才達識咸以爲然。若乎蔣公之論眸子，鍾、傅之言才性，莫不引此爲談証。」的盛況，但是要將這種由來尚矣的「言不盡意」，提升到一種哲學的高度，以爲一種玄學的新方法，則始於王弼的首倡「得意忘言」。〔註7〕

〔註6〕見湯一介《郭象與魏晉玄學》第八章，頁203。谷風出版社。

〔註7〕王弼用「得意在忘象，得象在忘言」的原則，以建立玄學，而這套「得意忘言」的理論，則詳見《周易略例‧明象》：「夫象者，出意者也。言者，明象者也。盡意莫若象，盡象莫若言。言生於象，故可尋言以觀象。象生於意，故可尋象以觀意。意以象盡，象以言著。故言者所以明象，得象而忘言；象者所以存意，得意而忘象。猶蹄者所以在兔，得兔而忘蹄；筌者所以在魚，得魚而忘筌也。然則言者，象之蹄也。象者，意之筌也。是故存言者，非得象者也。存象者，非得意者也。象生於意，而存象焉，則所存者乃非其象也。言生於象，而存言焉，則所存者乃非其言也。然則忘象者，乃得意者也。忘言者，乃得象者也。得意在忘象，得象在忘言。」

　　所以說，因人物品鑑「瞻形得神」的困難而有「言不盡意」的浩嘆，而這樣一種浩嘆的階段，卻維持了相當的時間，故曰：「由來尚矣」。要一直到王弼的「得意忘言」的提出，始昇華到一種哲學的方法的高度。又王弼所唱的「得意忘言」，其雖以意解，然實則無論天道人事之任何方面，悉以之爲權衡。所以因有「言意之辨」這「方法上的自覺」，故能建立有系統之玄學。

二、從《人物志》到《世說新語》

甲、論兩者的相關性

　　就對人物才德、才性之辨知和品類的傳統來說，《世說新語》是有所繼承於《人物志》的。

　　就人作爲一個特殊的存在而言，其所屬之才德、才性是因人而異的，而能對於人之不同的才德、才性，知所辨別，更區分其品類，則早在先秦典籍中就屢見不鮮，例如《論語》一書中便有「冉求之藝、祝鮀之佞，宋朝之美，孔文子之文」的區別，〔註8〕此皆是專就人之才德、性情而言的。下及兩漢，最足稱道者便是司馬遷，其所著《史記》七十列傳，便是對人之不同才德、性情所做的辨知和品類，並施以同情的了解和讚賞。而這樣一個對人之個體的存在所做的辨知和品類的傳統，下迨漢魏之際，則更能擴展其視野，而廣開政治上的用人之道。劉劭的《人物志》便是這一風氣的產物。至於《世說新語》所屬的魏晉時期，其表現於人物品鑑上的包容程度則又高於《人物志》，因爲這個時期對於不同才德、性情的人，即使無用如天地之棄材，卻也能加以欣賞和讚美。

　　從以上簡短的論述，我們便可以發現，所謂《人物志》和《世說新語》的相關性，是就人物品鑑的傳統上說的，因爲如果摒除這個人物品鑑的傳統中，兩者前後的繼承關係不談，那麼就只能如下文剋就其相異性而論述了。

乙、論兩者的差異性及其變因

　　從《人物志》到《世說新語》，可以明顯看出人物品評從政治性到審美性的轉變。

〔註8〕　《論語・憲問》：「子路問成人。子曰：若臧武仲之知，公綽之不欲，卞莊子之勇，冉求之藝，文之以禮樂，亦可以爲成人矣。」《論語・雍也》：「子曰：不有祝鮀之佞，而有宋朝之美，難乎免於今之世矣。」《論語・公冶長》：「子貢問曰：孔文子何以謂之文也。子曰：敏而好學，不恥下問，是以謂之文也。」

湯用彤先生有言：

> 魏初，一方承東都之習尚，而好正名分，評人物。一方因魏帝之好
> 法術，注重典制，精刑律，蓋均綜核名實爲歸，名士所究心者爲政
> 治人倫。〔註9〕

因此反映在當時的人物品鑑上，便不免帶有明顯的政治色彩。是以劉劭作《人物志》，特詳於鑑別人材與任用人材。故其〈自序〉言：

> 夫聖賢之所美，莫美乎聰明，聰明之所貴，莫貴乎知人。知人誠智，
> 則眾材得其序，而庶績之業興矣。

可見《人物志》著作的動機與目的，是爲政治實用的。若稽之於原典，其所詳論人事行政原理的，則首推「流業第三」，其文如下：

> 蓋人流之業十有二焉：有清節家，有法家，有術家，有國體，有器
> 能，有臧否，有伎倆，有智意，有文章，有儒學，有口辨，有雄傑。

> 凡此十二材，皆人臣之任也，主德不預焉。主德者，聰明平淡，總
> 達眾材，而不以事自任者也。是故主道立，則十二材各得其任也。……
> 是謂主道得而臣道序，官不易方，而太平用成。若道不平淡，與一
> 材同好，則一材處權，而眾材失任矣。

觀上，可知其通篇所論乃政治事功與君臣之道也。又「材能第五」亦是延續「流業第三」的理路，對於不同流品的人，將其所適任之事充分分析之；「利害第六」則是討論清節家、法家、術家、智意、臧否、伎倆等六種流品的人的行事之利弊；「接識第七」仍然不離「流業第三」的體系。凡此種種，皆可証明《人物志》之作，乃全然是爲政治服務的。

至於《世說新語》呢？就其篇目論之，〔註10〕則〈言語〉、〈文學〉、〈雅量〉、〈識鑒〉、〈賞譽〉、〈品藻〉、〈豪爽〉、〈容止〉、〈捷悟〉、〈夙慧〉……等

〔註9〕見湯用彤《魏晉玄學論稿——讀人物志》，頁12。里仁出版社。

〔註10〕唐君毅《中國哲學原論・原道篇卷二》，頁234有云：「《世說新語》首卷之載其時人之德行、言語、政事、文學，此乃初不出孔門四科之遺者。然其後諸卷之言其時人之雅量、識鑒、賞譽、品藻、規箴、寵禮、企羨，即純就人之能包容了解，而欣賞讚美之不同才性之人格，而即以此見其爲人之德者。其豪爽、容止、自新之篇，則爲就人之表現其才德之態度、容貌、或自新其德之事，而加以讚賞者。其捷悟、夙慧、巧藝之篇，則記當時人對天生之才之讚賞者。傷逝之篇，則言對所交遊之人格之懷念。餘如其任誕、簡傲之篇記個性強之人格任才傲物之事。……總而言之，則此《世說新語》，乃代表魏晉以降人對人之表現才德性情之事，有多方面之包容、了解、品鑑、讚賞之書。」

等，皆是一種對人物之才情、思理、風韻、容姿的包容、了解、品鑑和讚賞。所以較之《人物志》的政治品鑑，《世說新語》則顯得不帶有實用目的，而全然是一種審美性的人物品鑑了。

若論兩者的差異，除了上述的品鑑的動機、目的與內容皆不同外，其品鑑的方式亦成鮮明的對比。例如從前面所分析過的「流業第三」中，我們可以明顯的看出：劉劭對人物才性的品類，有著嚴謹的理性分析和明確的概念規定；可是反觀《世說新語》則多半是感性的，直觀的寥寥數語，雖說形象鮮明，卻又是不落言詮。而關於這點，我們只要從《世說新語》中，任意舉出一些例子，便可得到証明：

> 王平子與人書，稱其兒「風氣日上，足散人懷」。（〈賞譽〉）

> 時人目夏侯太初，朗朗如日月之入懷；李安國，頹唐如玉山之將崩。
> （〈容止〉）

> 撫軍問孫興公：「劉眞長何如？」曰：「清蔚簡令」。「王仲祖何如？」
> 曰：「溫潤恬和。」「桓溫何如？」曰：「高爽邁出。」「謝仁祖何如？」
> 曰：「清易令達」「阮思曠何如？」曰：「弘潤通長。」「袁羊何如？」
> 曰：「洮洮清便。」「殷洪遠何如？」曰：「遠有致思。」（〈品藻〉）

像這樣的人物品鑑，顯然都是訴諸感性、直觀的審美態度，它的特性就在於「只能意會，難以言宣。」是大大的不同於《人物志》所採取的概念的、分析的品鑑的進路。

綜上所論，在面對人物品鑑由政治性轉變到審美性的歷史事實時，我們不禁要問：為什麼會有這麼巨大的轉變？若窺其原因，則大略可分為三點。試論於下：

第一：政治環境的險惡

東漢士大夫勇於批評時政，褒貶人物，「危言深論，不隱豪強。」而這種清議的力量，竟使得「公卿以下莫不畏其貶議，屣履到門。」況且，清議末流，朋黨營私，浮華虛譽，因氣焰過高漸為秉權者所不能忍，故有黨錮之禍。致使一時英傑，破族屠身。因此過去的一種「危言覈論」、「上議執政、下議卿士。」〔註11〕的風氣，不得不有了變化。而影響所及，正如江建俊在其《漢

〔註11〕「危言覈論」見於《後漢書・郭泰傳》。「上議執政，下議卿士」見袁宏《後漢紀・桓帝延熹九年》。

末人倫鑒識之總理則》中所言：

> 一方為清議之轉向，捨具體人物任用當否之評議，變為抽象學理之
> 探討，劉劭《人物志》鍾會《才性四本論》乃此清議變相之最著者。
>
> 另一方面，為遯隱韜晦思想之漸興。（頁 39，文史哲出版社）

其後政治迫害愈烈，尤其到了「魏晉之際，天下多故，名士少有全者。」〔註12〕
而記取這樣的教訓，士大夫們為了避禍，大多明哲保身，不敢預聞世事。臧否
人物的精神，便已經完全喪失，代而起之的自然是以老莊思想為主的玄遠清澹
之學，而表現在人物品鑑上的興味，亦轉至談姿笑貌與儀容格局的欣賞了。

第二：政治制度的缺失

李澤厚先生在其著作《中國美學史》第二卷，第三章，曾就這個問題提
出他的看法，筆者認為大致可以同意，故整理其觀點如下：自漢末的清議到
魏初的九品中正制，人物品藻雖然有重德與重才的重要不同，但目的都在鑑
定人物的優劣，以供統治者的選用，按能受官。如《宋書‧恩倖傳》中所說，
「蓋以論人才優劣，非為論世族高卑。」但是，魏初九品中正的實行，所謂
「論人才優劣」很快地為門閥士族所把持壟斷，形同虛評，唯有「世族高卑」
才是真正起決定作用的東西。《晉書‧劉毅傳》中說：

> 今立中正，定九品，高下任意，榮辱在手。操人主之威福，奪天朝
> 之權勢。愛憎決於心，情偽由於己。……今之中正，不精才實，務
> 依黨利，不均稱尺，務隨愛欲。……是以上品無寒門，下品無勢族。

同書〈段灼傳〉中又說：

> 今臺閣選舉，徒塞人耳目；九品訪人，唯問中正。

故據上品者，非公侯之子孫，則當塗之昆弟也。

因此，人物品藻也就失去了它原先具有的那種事關重大的政治意義。然
而，原先包含在政治品藻中，關於「性情之理」的探究，對人物的個性、智
慧、才能的高度重視和觀察品評，反倒獲得新的意義，而朝審美的方向發展
起來。（頁 90～92）

第三：學術思想的變遷

政治環境影響學術思想，在漢魏之際尤其明顯。東漢以來，以政治實用
為主的經學系統，到了魏晉時代已漸趨衰微，繼之而起的是老莊思想的抬頭。

〔註12〕見《晉書‧阮籍傳》。

而莊子的精神，其實就是一種藝術精神的表現，就因為這種藝術精神，在正始之後普遍的流行於士大夫之間，所以很自然的會影響當時的人物品藻，走向一個超政治實用而轉入審美性質的活動了。

三、玄學的分期與人物品鑑

關於人物品鑑的「品鑑」，即所謂「題目」，並非易事。徐復觀有言：

> 大體說來，題目者須有玄學的修養，以得到美地觀照的能力，而被題目者亦絕對多數為表徵其玄學之情調，否則便沒有被題目的價值。〔註13〕

根據徐先生的觀念，我們可以有以下的推論，即「人物品評與玄學息息相關，被題目者，貴在能表現出玄學的情調。」

然而玄學的內在精神是有所發展的，所以如果玄學的內容與精神，因歷史的前進而有所轉換，即玄學的情調有所轉變時，那麼是否被題目者，也要表現出「不同的玄學情調」，而如此方有被題目的價值。

換句話說，在不同的歷史分期裡，人物品評雖然大致上依著「重神不重形」〔註14〕的方向前進，但審美的判斷，卻因玄學內在精神的變遷而有其階段性的價值觀與特色之所在。因此，在每一個不同的階段、不同的時期中，到底，題目者他是選擇怎麼的審美觀去把握審美對象的精神美？而被題目者，他又是選擇怎樣的角度，去彰顯自己那獨一無二、與眾不同的精神美呢？

關於上述所提出的這個問題，筆者認為：不論是題目者或是被題目者，他們所選擇的審美欣趣，不管是出於自覺或非自覺的，往往反映了當代的玄學內容與精神的走向。以下，則以袁宏《名士傳》的分法為例，〔註15〕將所謂「正始名士」、「竹林名士」、「中朝名士」，依序納入玄學發展的分期中〔註16〕看看是

〔註13〕徐復觀先生《中國藝術精神》第三章，第三節——「玄學的推演及人倫鑑識的轉換」，頁153。台北・學生書局印行。

〔註14〕湯用彤《魏晉玄學論稿——讀人物志》有言：「漢魏論人，最重神味。曰神姿高徹，神理雋徹，神矜可愛，神鋒太儁，精神淵著。」

〔註15〕《世說新語・文學》「有袁伯彥作《名士傳》成」條，注曰：「宏以夏侯太初、何平叔、王輔嗣為正始名士。阮嗣宗、嵇叔夜、山巨源、向子期、劉伯倫、阮仲容、王濬沖為竹林名士。裴叔則、樂彥輔、王夷甫、庾子嵩、王安期、阮千里、衛叔寶、謝幼輿為中朝名士。

〔註16〕在註15中，袁宏《名士傳》的分法，基本上是按照魏晉以來，學術思想的發展來分的。所以從正始到元康，玄學的發展，大體亦可分為以下三期：以何

否吻合了上面我們所作的推論：即「人物品鑑的審美判斷，往往因玄學內容與精神的變遷，而表徵了不同的玄學情調。」

在探討每一時期名士的不同風貌之前，首先我們該對「名士一格」，有一個總的理解和掌握。若把在《世說新語》中，得到賞譽與題目者歸納整理，我們不難發現到，這些人物，他們都從相同的或不同的方面，體現了一個時代共同的審美欣趣，即是「清、虛、簡、澹」，也就是所謂的「名士精神」。

而關於魏晉名士的特徵，筆者在此則採用牟宗三先生在《才性與玄理》的觀點：

> 然而名士者，清逸之氣也。清則不濁，逸則不俗。沈墮而局限於物質之機括，則為濁。在物質機括中而露其風神，超脫其物質機括，儼若不繫之舟，使人之目光唯為其風神所吸，而忘其在物質機括之中，則為清。……事有成規成俗為俗。俗者，風之來而凝結於事以成為慣例通套之謂。……精神落於通套，順成規而處事，則為俗。精神溢出通套，使人忘其在通套中，則為逸。逸則特顯「風神」，故俊。逸則特顯「神韻」，故清。故曰清逸，亦曰俊逸。逸則不固結於成規成矩，故有風。逸則洒脫活潑，故曰流。故總曰風流。風流者，如風之飄，如水之流，不主故常，而以自在適性為主。……逸者之言為清言，其談為清談。逸則有智思而通玄微，故其智為玄智，思為玄思。……是則清逸、俊逸、風流、自在、清言、清談、玄思、玄智，皆名士一格之特徵。（頁 68）

而在對名士風格有一個總體的掌握之後，且讓我們試著從其總體的精神中，再細分出其個性品類為三種類型，要約如下文所述。又依這三種比較細微的個性品類的區分，我們發現，它正好界義了三種不同玄學性格的名士風貌。〔註 17〕

晏、王弼為代表的正始時期；以嵇康、阮籍為代表的竹林時期；以裴頠、郭象為代表的元康時期。

〔註 17〕徐復觀先生，在《中國藝術精神》第三章，第三節——「玄學的推演及人倫鑑識的轉換」中，對袁宏《名士傳》的三分法，有進一步的闡述，他說：「三種名士，不僅在時間上有先後，在性格上亦有異同。這些名士，雖然都是玄學的中堅人物；但概略言之，正始名士，在思想上係以《老子》為主，而傅以《易》義，這是思辨的玄學。……竹林名士，在思想上實係以《莊子》為主，並由思辨而落實於生活之上；這可以說是性情地玄學。……到了元康名士，則性情地玄學已經在門第的小天地中浮薄化了，演變而成為生活情調地玄學。」

＊類型一：

所謂「在物質機括中而露其風神」，指的就是「形」雖局限於物質機括中，但「神」卻不陷於物質機括中，而在理論上體現此種精神的便是郭象的玄學。其言「聖人雖在廟堂之上，然其心無異於山林之中」，這樣的境地，如果真落實在實證實修上講，堯、舜猶將病諸，何況六朝名士！但如果就生活的表象與情調而言，則元康以降，尤其是江左名士的亦朝亦隱，可堪稱是此一玄學精神的體現。

> 案：玄學在元康以降，徐復觀先生認為：「這種玄學，只極力在語言儀態上求其合於『玄』的意味，實即求其合於藝術形態上的意味，於是玄學完全成為生活藝術化的活動了。」（參見《中國藝術精神》頁152）

＊類型二：

所謂「精神落於通套，順成規而處事，則為俗。精神溢出通套，使人忘其在通套中，則為逸。」以嵇康、阮籍為代表的「竹林七賢」，他們那「超越名教而任自然」的簡傲任真，便是這種「逸」的精神的最佳體現者。

> 案：徐復觀先生認為：「竹林名士，他們雖形骸脫落，但都流露出深摯性情。而在這種性情中，都含有藝術的性格。」（同案一的出處）

＊類型三：

所謂「逸則有智思而通玄微，故其智為玄智，思為玄思。」而這種玄思、玄智之美，則首先表現在「正始名士」何晏、王弼的思辨妙理上。

> 案：正始名士的「逸」，是思理上的「逸」，非關生命性情。所以徐復觀云：「正始名士，除了夏侯玄『有規矩局度』，為世所重外，何、王在生活上都非常庸俗。從這些名士身上並不能啟發出藝術精神。」（同案一的出處）

如果上面的分析可以成立，那麼我們便可以得到一個推論如下，即：

甲、正始名士是以析辨之妙理，而顯其人物之風神。

乙、竹林名士是以性情之率真，而顯其人物之風神。

丙、元康及江左名士，則是以生活情調的藝術化，而顯其人物之風神之美。以下則分三個單元，依次論証之。

甲、正始名士

劉勰《文心雕龍·論說篇》曰：

> 魏之初霸，術兼名法；傅嘏、王粲，校練名理。迄至正始，務欲守
> 文；何晏之徒，始盛玄論。於是聃周當路，與尼父爭塗矣。……太
> 初之〈本玄〉，輔嗣之〈兩例〉，平叔之〈二論〉，並師心獨見，鋒穎
> 精密。

王仲犖《魏晉南北朝史》附錄「魏晉南北朝大事年表」，在魏齊王曹芳正始元
年下，載記：

> 何晏、王弼等開始提倡玄學。

因此，時至正始，玄風始盛。而其影響所及，就人物品鑑來說，則是從建安
的以才性氣質為美的人格理想，轉變到一種對瀟灑風神的人格美的企慕。而
從這種審美判斷的改變，我們可以明顯看出，人物品鑑已從政治實用，過渡
到審美性質了。而關於這個時期「人格美的理想」的論述，則見於《三國志·
曹爽傳》，其注引《魏氏春秋》曰：

> 初，夏侯玄，何晏等名盛於時，司馬景王亦預焉。晏嘗曰：「唯深也，
> 故能通天下之志，夏侯太初是也。唯幾也，故能成天下之務，司馬
> 子元是也。唯神也，不疾而速，不行而至，吾聞其語，未見其人。」
> 蓋欲以神況諸己也。

但這種「唯神也，不疾而速，不行而至。」的境界，只是功在為日後的魏晉
名士規畫出一種企慕的人格理想罷了，因為在正始名士的身上並看不到這份
神明。所以當我們要識鑑正始名士風神之所在時，便只能欣賞其思辨的高致
了。又正始名士中，論個中之翹楚，乃屬王弼之高致為最。因此，今天我們
來申論「正始名士是以思辨之高致，而顯其人物風神之美」這一論題時，則
以王弼為例進行考察。

《世說新語·文學篇》載云：

> 何晏為吏部尚書，有位望，時談客盈坐。王弼未弱冠，往視之。晏
> 聞弼名，因條向者勝理語弼曰：「此理僕以為極，可得復難否？」弼
> 便作難，一坐人便以為屈。於是弼自為客主數番，皆一坐所不及。
>
> 何平叔注《老子》始成，詣王輔嗣。見王注精奇，迺神伏，曰：「若
> 斯人，可與論天人之際矣！」因以所注為《道》、《德》二論。
>
> 王輔嗣弱冠詣裴徽，徽問曰：「夫無者，誠萬物之所資，聖人莫肯致
> 言，而老子申之無已，何邪？」弼曰：「聖人體無，無又不可以訓，

故言必及有：老、莊未免於有，恒訓其所不足。」

何劭《王弼傳》說：

何晏以為聖人無喜、怒、哀、樂。其論甚精，鍾會等述之。弼與其
不同，以為聖人茂於人者神明也，同於人者五情也。神明茂，故能
體沖和以通無；五情同，故不能無哀樂以應物。然則聖人之情，應
物而無累於物者也。今以其無累，便謂不復應物，失之多矣。

又云：

然弼為人淺而不識物情。初與王黎、荀融善，黎奪其黃門郎，於是
恨黎。與融亦不終。正始十年，曹爽廢，以公事免。其秋遇癘疾，
亡時年二十四。

這樣一個早夭的青年哲學家，他以一種夙慧的智悟，試圖解決儒道的分歧，
而有所謂「聖人體無，老莊是有。」與「聖人有情」的圓融妙解。所以我們
講王弼的名士風神之所在，指的也就是他生命中那股「清新逸氣所顯的一點
智光。」（牟宗三先生之用辭）。而可惜的是，這一點智光，畢竟僅僅停留在
清談的玄思妙理中，並沒有能返照於己家生命而開顯出人格的風流之美。徒
留下「其為人淺而不識物情」的譏諷。因此，若要論及名士生命中的人格之
美，則不得不待於竹林名士的出現。

乙、竹林名士

《世說新語・任誕篇》曰：

陳留阮籍、譙國嵇康、河內山濤三人年皆相比，康年少亞之。預此
契者，沛國劉伶、陳留阮咸、河內向秀、琅邪王戎。七人常集于竹
林之下，肆意酣暢，故世謂「竹林七賢」。

注引《晉陽秋》曰：「于時風譽扇于海內，至于今詠之。」

以嵇康、阮籍為代表的「竹林七賢」，雖然他們的思想作風並不完全相同，但
多數都表現了一種蔑視禮教而崇尚自然的放達。關於這種「越名教而任自然」
的思想出現，並不是憑空發生的，而是有其政治和玄學發展的背景。

首先，就當時政治背景來看，司馬氏已專擅魏政〔註18〕而這樣一個名不正
而言不順的政治集團，卻擎出「以孝治天下」的旗幟，假「名教」之名，濫殺

〔註18〕王仲犖先生《魏晉南北朝史》附「魏晉南北朝大事年表」——魏、齊王曹芳
　　　　嘉平元年：正月，高平陵事變，曹爽、何晏等被殺，司馬懿專擅魏政。」

異己，正是所謂「魏晉之際，天下多故，名士少有全者。」而爲了反抗這樣的「假名教」，嵇康、阮籍等人於是公然反對名教，而力倡老莊的自然之說。

其次，從玄學思想的發展來看，嵇、阮的自然說，明顯的受到王弼「崇本息末」思想的影響。〔註 19〕又王弼所主張的是「以無爲本」的哲學觀，所以我們可以說，所謂崇本息末的「本」就是無，就是「道」，也就是「自然」。而「末」當然指的是「人爲的禮教」。因此，王弼「崇本息末」的思想，在司馬氏專擅魏政的「假名教」的時代，便很自然發展成嵇、阮等竹林名士「越名教而任自然」的任誕率眞了。

然而必須注意的是，嵇、阮雖然受到何、王「以無爲本」的正始玄學的重要影響，但是前者與後者卻又存在著某些本質上的差異。因爲只要稍微留心，便可發現何、王所精心建構的人格理想的「聖人」，主要是針對「帝王」而發的。然而嵇、阮所謂的「君子」、「大人」，卻指的是自然眞率的「個體人格」，它一點都不含有政治色彩。所以，在玄學思想的發展上，嵇、阮雖然受到王、何的若干影響，但是就「人格理想」這一方面而言，卻是更直接的繼承了莊學的精神。

早在莊子的時代，人性也同樣受了禮教的桎梏。所以《莊子·駢拇篇》有云：

> 有虞氏招仁義以撓天下也，天下莫不奔命於仁義，是非以仁義易其
> 性與？故嘗試論之，自三代以下者，天下莫不以物易其性矣。小人
> 則以身殉利，士則以身殉名，大夫則以身殉家，聖人則以身殉天下。
> 故此數子者，事業不同，名聲異號，其於傷性以身爲殉則一。

因此，莊子便提出了聖人法天貴眞的思想，來對抗禮教的禁錮。〈漁父篇〉曰：

> 眞者，精誠之至也。不精不誠，不能動人，故強哭者雖悲不哀，強
> 怒者雖嚴不威，強親者雖笑不和。眞悲无聲而哀，眞怒未發而威，
> 眞親未笑而和。眞在內者，神動於外，是所以貴眞也。……禮者，
> 世俗之所爲也；眞者，所以受於天也，自然不可易也。故聖人法天
> 貴眞，不拘於俗。

〔註 19〕基本上王弼的思想，仍是以「體用如一」爲主導。所以主張「守母存子」，以此調合名教與自然的衝突。但是就王弼的整個思想體系來說，並不是十分嚴密，它存在著某些矛盾。例如《老子指略》有言「見素抱樸以絕聖智，寡私欲以棄巧利，皆崇本以息末之謂也。」

而在嵇康的〈釋私論〉中，也同莊子一樣，提出反對名教而任心自然的人格理想，其文曰：

> 夫稱君子者，心無措乎是非，而行不違乎道者也。何言之？夫氣靜神虛者，心不存乎矜尚；體亮心遠者，情不繫于所欲，矜尚不存乎心，故能越名教而任自然；情不繫于所欲，故能審實而通物情。物情通順，故大道無違；越名任心，故是非無措也。是故言君子，則以無措爲主，以通物爲美。言小人，則以匿情爲非，以違道爲闕。〔註20〕

相同的，阮籍在〈大人先生傳〉中，也表現了對這種人格理想的企慕。故云：

> 夫大人者，乃與造物同體，天地並生，逍遙浮世，與道俱成。變化散聚，不常其形。天地制域於內，而浮明開達於外。天地之永固，非世俗之所及也。
>
> 昔者，天地開闢，萬物並生。大者恬其性，細者靜其形。……各從其命，以度相守。……蓋無君而庶物定，無臣而萬事理。保身修性，不違其紀。惟茲若然，故能長久。
>
> 今君立而虐興，臣設而賊生。坐制禮法，束縛下民。
>
> 禮法，誠天下殘賊亂危死亡之術耳。
>
> 今吾乃飄飄於天地之外，與造化爲友。朝飧湯谷，夕飲西海，將變化遷易，與道周始。此之於萬物，豈不厚哉？故不通於自然者，不足以言道。闇於昭昭者，不足與達明。〔註21〕

從上面有關於「理想人格」的論述中，我們可以發現，嵇康和阮籍處在司馬氏專擅魏政的「假名教」時代，由於對一個「自然率眞的人格」的嚮慕，所以他們勇於衝破禮教的網羅，直接契入莊子自由自在的藝術精神。因此，以嵇、阮爲代表的竹林名士，便多數表現了這種「越名教而任自然」的特殊風格。以下則試從《世說新語》中舉証一些形象鮮明的例子。

> 阮籍嫂嘗還家，籍見與別，或譏之，籍曰：「禮豈爲我輩設也。」（〈任誕〉）
>
> 阮籍當葬母，蒸一肥豚，飲酒二斗，然後臨訣，直言：「窮矣！」都得一號，因吐血，廢頓良久。（〈任誕〉）

〔註20〕見《全三國文》卷五十一。
〔註21〕見《全三國文》卷四十六。

> 鍾士季精有才理，先不識嵇康，鍾要于時賢儁之士，俱往尋康。康
> 方大樹下鍛，向子期爲佐鼓排。康揚槌不輟，傍若無人，移時不交
> 一言。鍾起去，康曰：「何所聞而來？何所見而去？」鍾曰：「聞所
> 聞而來，見所見而去。」（〈簡傲〉）

> 劉伶恒縱酒放達，或脫衣裸形在屋中，人見譏之，伶曰：「我以天地
> 爲棟宇，屋室爲褌衣，諸君何爲入我褌中！」（〈任誕〉）

竹林名士的任誕與簡傲，諸如此類，但是其大抵有不得不發的眞性情者在，並不像後來如胡輔之之流的「至於裸裎，言笑忘宜。」只是一味的放蕩形骸罷了。因此便有東晉時戴逵一針見血的批判曰：

> 竹林之爲放，有疾而爲顰也；元康之爲放，无德而折巾也。〔註22〕

經由以上的論述，我們便可證明，所謂「竹林名士是以性情之眞，而顯其人物風神之美」的推論，基本上是可以成立的。

丙、元康名士與江左名士

《世說新語・德行篇》曰：

> 王平子，胡毋彥國諸人，皆以任放爲達，或有裸體者。樂廣笑之曰：
> 「名教中自有樂地，何爲乃爾。」

注引王隱《晉書》曰：

> 魏末，阮籍嗜酒荒放，露頭散髮，裸袒箕踞。其後貴遊子弟阮瞻、
> 王澄、謝鯤、胡毋輔之之徒，皆祖述於籍，謂得大道之本。故去巾
> 幘，脫衣服，露醜惡，同禽獸。甚者名之爲通，次者名之爲達。」

本來，竹林名士的「越名教而任自然」的行止，之所以可貴，之所以爲美，乃在於它是一種不得不發的眞情。但是元康以來的這些貴子弟卻是無疾而爲顰者，因此令人不得不對這樣的「名教」與「自然」的衝突，作一番新的反省。而郭象的哲學思想，便是其中最具成績者。

關於郭象對「自然」與「名教」的問題的處理，大抵可從「聖人雖在廟堂之上，然其心無異於山林之中。」窺見其中的精神。在郭象看來，「自然」與「名教」是必須調和，且是可以調和的。他心中理想的人格表現，即是那種可以「俯仰萬機而淡然自若」的聖人。所以自郭象玄學一出，「名教」與「自然」似乎不再存在著激烈的衝突，仕宦一途並不妨害山林之樂，亦不妨礙其

〔註22〕見《全三國文》卷一百三十七，戴逵的〈放達爲非道論〉。

爲名士的風流。所謂「大隱於市朝」是也。而對於這樣一種「無心以順有」的精神，如果僅就生活情調上講，則元康名士，尤其是江左名士，都是有極精采的表現。但終須釐清的是，郭象玄學「終日揮形而神氣無變」的境界，落實在元康及江左名士身上，其實只是聖賢境界之無得無成的表象，甚至是假象而已。〔註23〕所以在《世說新語·輕詆篇》就有這樣的記載：

> 桓公入洛，過淮泗，踐北境，與諸僚屬登平乘樓，眺矚中原，慨然
> 曰：「遂使神州陸沈，百年丘墟，王夷甫諸人不得不任其責！」

注引《八王故事》曰：

> 夷甫雖居台司，不以事物自嬰，當世化之，羞言名教，自臺郎以下，
> 皆雅崇拱默，以遺事爲高。四海尚寧，而識者知其將亂。

《晉陽秋》曰：

> 夷甫將爲石勒所殺，謂人曰：「吾等若不祖尚浮虛，不至於此。」

可見，元康以降這種「唯顯逸氣而無所成」（牟宗三先生語）的虛無之境，是大不同於聖人實修實證的體無之化境的。但是雖說如此，到底名士風流是自有其佳處的。誠如徐復觀先生所言：「到了元康名士，只極力在語言儀態上求其合於『玄』的意味，實即求其合於藝術形態的意味，於是玄學完全成爲生活藝術化的活動了。」（《中國藝術精神》，頁 152）因此，所謂「魏晉風度」至此便表現在一種關於人的藝術形象之美的成就上，而這種藝術形象之美，乃是「以莊學的生活情調爲其內容的。」（徐復觀先生語）以下則以元康名士王夷甫爲例，就《世說新語》之所錄，以觀其清澹玄遠的藝術形相。

> 諸名士共至洛水戲，還，樂令問夷甫曰：「今日戲，樂乎？」……王
> 曰：「我與王安豐，說延陵、子房，亦超超玄著。」（〈言語〉）

注引《晉諸公贊》曰：

> 夷甫好尚談稱，爲時人物所宗。

〔註23〕若探究其原因，關鍵則在於郭象玄學，雖在其系統之內，儼然調和了自然與名教的衝突，但若運用到實際人事，卻是「不大」、「不切」。此正如牟宗三先生在《才性與玄理》所言：「王、郭之玄學，雖於老莊之本體能極相應而盡其蘊，然只是在名士氣氛下一點智光之凝結，故不可說大說切。故只是解悟之玄，而不是人生修養上之實修實証。老子雖不能至於體無，莊子雖不免於狂言，然其成爲道家要是由於對於生命之反照而發出，非只是一點智光之玄解。故王、郭之玄學，是清談玄解之玄學，而彼並非道家也。此其所以不大不切，而只爲名士氣氛下之玄學也。『不大』言其不能反照生命開種種意識，『不切』言其不能會之於己而爲存在的體悟。」（頁 81）

王夷甫嘗屬族人事，經時未行。遇於一處飲燕，因語之曰：「近屬尊事，那得不行？」族人大怒，便舉樏擲其面。夷甫都無言，盥洗畢，牽王丞相臂，與共載去。在車中照鏡，語丞相曰：「汝看我眼光，迺出牛背上。」（〈雅量〉）

注：

王夷甫蓋自謂風神英俊，不至與人校。

王戎云：「太尉神姿高徹，如瑤林瓊樹，自然是風塵外物。」（〈賞譽〉）

注引《名士傳》曰：

夷甫天形奇特，明秀若神。

王夷甫容貌整麗，妙於談玄，恆捉白玉柄麈尾，與手都無分別。（〈容止〉）

元康名士固如此，江左名士亦然。以盛名如殷浩者，時稱「淵源不起，當如蒼生何！」賞譽之高，見於《世說新語‧賞譽篇》：

殷淵源在墓所幾十年，于時朝野以擬管、葛。起不起以卜江左興亡。

然而既受拜爲揚州刺史，卻是一戰而敗，坐廢爲庶人。所以若論名士風神，則在視其言談行止的藝術氣質，而不能以實際的事功責之，因此若以語言儀態的藝術性來品鑑殷浩，則仍不失爲一風流人物。以下則從《世說新語》擇錄數條以見其風神。

王司州與殷中軍語，歎云：「己之府奧，蚤已傾寫而見；殷陳勢浩汗，眾源未可得測。」（〈賞譽〉）

注引徐廣《晉記》曰：

浩清言妙辯玄致，當時名流皆爲其美譽。

王仲祖，劉真長造殷中軍談，談竟俱載去。劉謂王曰：「淵源真可。」王曰：「卿故墮其雲霧中。」（〈賞譽〉）

注引《中興書》曰：

浩能言理，談論精微，長於老、易，故風流者皆宗歸之。

謝鎮西少時，聞殷浩能清言，故往造之。殷未過有所通，爲謝標榜諸義，作數百語，既有佳致，兼辭條豐蔚，甚足以動心駭聽。謝注神傾意，不覺流汗交面。殷徐語左右：「取手巾與謝郎拭面。」（〈文學〉）

從上面的論述，以及王衍、殷浩的實例，我們可以發現，即使郭象的哲學，

為當時的士大夫那種欲仕欲隱的矛盾情結，找出了一條大大方方的出路，即所謂「聖人雖在廟堂之上，然其心無異於山林之中。」但是實際上，這終究只是抽象哲思所孤懸出的一份理想，因為具有高蹈山林的玄遠胸懷者，其大多不諳廟堂庶務。因此證之上文類型一的所謂的「在物質機括中而露其風神」，元康名士及江左名士所成就的不過只是生活情調上的玄意。但若說少具此一理想的格局姿態者，則《世說新語》中但見謝安一人。

謝安「神識沈敏，風宇條暢」，初無意仕進，故《晉書》卷七十九、列傳第四十九〈謝安傳〉有云：

> 初辟司徒府，除佐著作郎，並以疾辭。寓居會稽，與王羲之及高陽許詢、桑門支遁遊處，出則漁弋山水，入則言詠屬文，無處世意。

《世說新語‧文學篇》記載：

> 支道林、許、謝盛德共集王家，謝顧謂諸人：「今日可謂彥會。時既不可留，當共言詠，以寫其懷。」許便問主人：「有莊子不？」正得〈漁父〉一篇。謝看題，便各使四座通。支道林先通，作七百許語，敘致精麗，才藻奇拔，眾咸稱善。謝後粗難，因自敘其意，作萬餘語，才峰秀逸，既自難干，加意氣擬託，蕭然自得，四坐莫不厭心。
>
> 支謂謝曰：「君一往奔詣，故復自佳耳。」

注引《文字志》曰：

> 安神情秀悟，善談玄遠。

但是謝安除了具有名士言語行止的高致之外，亦復有經國的氣概非凡。故《世說新語‧雅量篇》有言：

> 謝太傅盤桓東山時，與孫興公諸人汎海戲，風起浪湧。孫、王諸人色並遽，便唱使還，太傅神情方王，吟嘯不言。舟人以公貌閑意說，猶去不止。既風轉急，浪猛，諸人皆諠動不坐。公徐曰：『如此將無歸？』眾人即承響而回。於是審其量，足以鎮安朝野。

所以當謝安東山再起，便能一戰而敗苻堅的百萬大軍，且神情自若。一如〈雅量篇〉所載：

> 謝公與人圍棋，俄而謝玄淮上信至，看書竟，默然無言，徐向局。客問淮上利害。答曰：「小兒輩大破賊。」意色舉止，不異於常。

所以說，謝安這種「俯仰萬機而淡然自若」的風神，即使是一種姿態，但卻是在某種程度上體現了郭象玄學的人格理想。

第四章　六朝書畫理論中的形神思想

第一節　顧愷之畫論中的形神思想

　　中國繪畫思想，最早見諸於先秦諸子。〔註1〕然而此一時期的繪畫理論，都是片片斷斷，不成系統，要一直到東晉顧愷之的出現，中國古典繪畫美學的思想，才能自成一個完整的體系。

　　關於顧愷之的繪畫著作，主要有見於唐張彥遠所編著的《歷代名畫記》中的三篇，即〈論畫〉、〈魏晉勝流畫贊〉、〈畫雲台山記〉。〔註2〕若論其中心思想，則曰：「傳神」，重要觀念則有「以形寫神」、「遷想妙得」、「傳神寫照」等等。以下則就顧愷之「傳神論」的產生因素及具體內容，分兩小節依次論之。

一、傳神論的產生背景與原因

　　顧愷之畫論中傳神思想的產生，其因素多端。

　　第一：顧愷之「傳神論」的提出，同魏晉玄學的影響有關。

〔註1〕先秦諸子的繪畫思想，簡介如下：
　　　（一）孔子《論語・八佾》有「繪事後素」的思想。
　　　（二）《莊子・外篇・田子方》有「儃儃然不趨，受揖不立」並「解衣般礴」的真畫者。
　　　（三）《韓非子・外儲說》中有論「犬馬」與「鬼魅」於畫之難易的談論。
〔註2〕顧愷之畫論，見於《歷代名畫記》的有〈論畫〉、〈魏晉勝流畫贊〉、〈畫雲台山記〉三篇，然而〈論畫〉和〈魏晉勝流畫贊〉兩篇文章，李澤厚認為有篇目上的問題，而陳傳席則認為原來《歷代名畫記》的篇目並無錯誤，筆者於此但採用後者的觀點。

顧愷之作為東晉時代一位著名的畫家，深深受到當時權貴和名士的喜愛。例如《晉書・顧愷之傳》曰：「愷之在桓溫府，（桓溫）常云：『愷之體中，痴黠各半，合而論之，正得平耳。』故俗傳愷之有三絕：才絕，畫絕，痴絕。」又《世說新語・巧藝》曰：「謝太傅云：『顧長康畫，有蒼生來所無。』」於是顧愷之遂能因之而躋身上流，而得與桓溫、謝安、殷仲堪、桓玄、羊欣等東晉名士相交往。又因名士貴能談玄，所以從思想上來說，顧愷之必然受到當時流行的玄學以很大的影響。又所謂玄學，即玄遠之學也。湯用彤《魏晉玄學論稿》有言：

> 按玄者玄遠，宅心玄遠，則重神理，而遺形骸。神形分殊，本玄學
> 之立足點。

而顧愷之「傳神論」的美學思想，便是上述玄學精神的體現。

第二：顧愷之「傳神論」的提出，同當時人物品鑑的風氣有關。

人倫識鑑興起於東漢末年，當時品評的標準，仍以道德、操守為衡量，一直要到曹魏時代，摒落氣節，首重才性之能。而下迄兩晉，人物品藻更從政治性的眼光，轉變到審美性的品鑑。從此，人的內在精神之超越流俗，成了品評的最高標準，而因此一內在精神之殊別而顯的才性、性分、氣質、風貌與情調，遂成了品評的重點所在。因此當這種審美判斷，成為一種「題目」的共識時，所謂的魏晉風度中，超迹放達、風神散朗的形象，便成為一代美的理想，並導致「重神」意識的勃興。

而這種「重神」的傾向，最明顯的記載於《世說新語》的人物品藻中，像「神明」、「神鋒」、「神氣」、「神色」、「神情」、「神懷」、「神姿」、「風神」等等，又這些屬於「神鑑」的概念，幾乎成了當時題目用辭的主要讚美詞。

既然當時整個審美習尚是如此，因此活躍於東晉名流之階的顧愷之，其畫論所主張的「傳神」思想，顯然是有受到人物品評中「重神」意識的影響。

第三：顧愷之「傳神論」的提出，與當時佛教的形神觀有密切的關係。

佛教哲學，在兩晉時代，對藝術有相當大的影響。尤其是到了東晉，佛教造像藝術有著很大的發展，而藝術家所創造的佛像之精神所在，其實正是對慧遠、支道林等名僧所提出的形神理論的實踐。〔註3〕因此從六朝的壁畫、

〔註3〕東晉名僧慧遠的形神思想，大要如下：「神也者，圓應無主，妙盡無名，感物而動，假數而行。感物而非物，故物化而不滅，假數而非數，故數盡而不窮。」（〈沙門不敬王者論〉，《弘明集》卷五）

造像，到北朝的石窟藝術，都在在體現出一種屬於佛的幽深超妙的神明境界。而顧愷之為瓦棺寺所作的《維摩詰》佛像，〔註4〕便是其中堪稱高妙者。因此，唐代張彥遠在《歷代名畫記》中遂稱道：

> 遍觀眾畫，唯顧生畫古賢，得其妙理……顧生首創維摩詰像，有清贏示病之容，隱几忘言之狀，陸與張皆效之，終不及矣。

可見，顧愷之「傳神論」的繪畫思想之產生，實與當時的佛教哲理以及佛像繪畫的藝術實踐，有著很大的關係。

第四：顧愷之「傳神論」的提出，是對先秦、兩漢繪畫美學傳統的繼承與發展。

大體說來，在東晉顧愷之以前，國人對繪畫的觀念，大抵不離「存形」與「鑑戒」的看法。繪畫尚無其獨立的藝術價值，而只是作為其他的附庸。

繪畫的寫實精神，首先明確的表現在韓非的《外儲說左上》，其言曰：

> 客有為齊王畫者，齊王問曰：「畫孰最難者？」曰：「犬馬最難。」
> 「孰最易者？」曰：「鬼魅最易。夫犬馬者，人所知也，旦暮罄於前，不可不類之，故難。鬼魅，無形者，不罄於前，故易之也。」

例中所言難易者，指的便是形似的問題。因此漢人之論畫，一般也都著眼在形似上，例如東漢王充在其《論衡‧別通》有言：

> 人好觀畫者，圖上所畫，古之列人也。見列人之面，孰與觀其言行？
> 置之空壁，形容具存，人不激勸者，不見言行也。

王充之所以否定繪畫的價值，在於他對繪畫的認識，只限於「存形」，並不能看出畫的內在精神與本質。

在王充稍後的王延壽，其對繪畫的認識，除了「存形」與「鑑戒」之外，則進一步接觸到了畫中人物的內在精神。其〈魯靈光殿賦〉中，即對繪畫提出了「寫載其狀，託之丹青」與「隨色象類，曲得其情」的要求。〔註5〕而其

〔註4〕唐、張彥遠《歷代名畫記》記曰：「長康又曾於瓦棺寺北小殿畫《維摩詰》，畫訖，光彩耀目數日。《京師寺記》云：興寧中瓦棺寺初置，僧眾設會，請朝賢鳴剎注疏。其時士大夫莫有過十萬者，既至長康，直打剎注百萬，長康素貧，眾以為大言。後寺眾請勾疏，長康曰：宜備一壁，遂閉戶往來一月餘日，所畫《維摩詰》一軀，工畢，將欲點眸子，乃謂寺僧曰：『第一日觀者請施十萬，第二日可五萬，第三日可任例責施。』及開戶，光照一寺，施者填咽，俄而得百萬錢。」

〔註5〕王延壽〈魯靈光殿賦〉見於《昭明文選》第十一卷。其文有言：「圖畫天地，品類群生，雜物奇怪，山神海靈。寫載其狀，託之丹青，千變萬化，事各繆

所謂「寫載其狀」，是求形似；而所謂「曲得其情」，是求神似。因爲這裡的「情」，實含有對象內在精神的意思，可見王延壽已初步具有繪畫要求形神兼備的觀念。而這種觀念則爲顧愷之的「以形寫神」說，提供了理論的基礎。

　　然而眞正在繪畫美學上，給顧愷之「傳神論」以決定性的影響的，則推《淮南子》的「君形說」，〈說林訓〉上說：

　　　畫西施之面，美而不可悅；規孟賁之目，大而不可畏。君形者亡焉。

這就是說，畫家在創作人物畫時，不能只是刻畫外在形體的相似，重要的是力求表現出繪畫對象的神氣。否則必將「謹毛而失貌」，亦即是高誘注所言的「謹悉微毛而留意于小，則失其大貌。」而其所謂「微毛」，即指形似；所謂「大貌」，則屬神似。

　　《淮南子》的繪畫思想，是有所繼承了莊子的美學精神，但是除了特重傳神之外，《淮南子》卻並不忽略寫形。這當然與其在〈原道訓〉中以「形者，生之舍。」「神者，生之制。」並主張「以神爲主」則「形從而利」的哲學思想密切相關。所以，總的來說，《淮南子》中，重視形神兼備，並特重傳神的繪畫思想，實是顧愷之「以形寫神」，形神兼備論的先聲。

二、「傳神論」的內容析論

　　《世說新語・巧藝》記載了一則顧愷之的繪畫思想，曰：

　　　顧長康畫人，或數年不點目精。人問其故，顧曰：「四體妍蚩，本無關於妙處，傳神寫照，正在阿堵中。」

在顧愷之的這段話中，不僅提出了「傳神寫照」的重要命題，並且告訴了我們，四體固然是表現人體美所不可缺少的，但若要求將人物畫從表現人體美的層次，提升到精神美的高度時，則不得不捨形體妍蚩的追求，而專注於能夠傳達出人物內在精神的眼睛。所以，他在〈魏晉勝流畫贊〉中便說：

　　　人有長短，今既定，遠近以矚其對，則不可改易闊促，錯置高下也。凡生人亡有手揖眼視而前無所對者，以形寫神而空其實對，荃生之用乖，傳神之趨失矣。空其實對則大失，對而不正則小失，不可不察也。一像之明昧，不若悟對之通神也。

在這裡，顧愷之又提出了兩個重要的觀念，即「以形寫神」與「實對」。所謂「實對」，講的是當人在手揖眼視的時候，眼睛必定望著一定的對象。而創作

　　形，隨色象類，曲得其情。」

人物畫若想把阿堵這個傳神的關鍵處畫好，則首須注意，不可讓眼睛空其實對。否則所創作的人物畫就不能傳神。

又所謂「以形寫神」，講的是人物內在精神的表現，必須通過外在形體的描繪，〔註6〕才能達到。我們若進一步的解釋，也可以這麼說，形體的摹寫是手段，寫神才是目的，所以「形」之於「神」，是處於從屬的地位。

而顧愷之在「以形寫神」之後，緊接著說「荃生之用乖，傳神之趨失矣。」〔註7〕這裡顯然走的是玄學家所謂「得魚忘荃」亦即所謂「得意忘言」的思路。所以湯用彤《魏晉玄學論稿》中便認為：「顧氏之畫理，蓋亦得意忘形學說之表現也。」（頁38）既然有了這一層了解，我們便可以確定顧愷之是把「形」看作是用以「傳神」的，也就是說，「形」只是為了達到「傳神」這個目的的手段，而其本身並無獨立於「神」的價值。然而必須辨明的是，顧愷之所不取的是「空陳形似」的形，但卻不忽視與「寫神」相聯的「形」的美的價值。所在〈魏晉勝流畫贊〉中便說：

> 若長短、剛軟、深淺、廣狹，與點睛之節，上下、大小、醲薄，有
>
> 一毫小失，則神氣與之俱變矣。

所以，若從美學的精神來看顧愷之的形神思想，我們可以看出顧愷之提出的形神思想，是較同於《淮南子》中所謂形、氣、神三位並重的思想，而不像《莊子》那樣比較不強調「形」在美學上的正面意義，而這也與魏晉的審美觀有絕對的關係。因為魏晉人固然認為神似高過形似，但卻也稱賞美姿容，此正是〈論畫〉中所說的：

> 美麗之形，尺寸之制，陰陽之數，纖妙之迹，世所並貴。

也因顧愷之這種重神卻不廢形的繪畫思想，所以當他在品評前人的作品時，既能識鑑神似之失，亦能品評形似之美。這可由〈論畫〉中的〈小列女〉及〈列士〉二則，得到証明：

> 面如恨，刻削為容儀，不盡生氣。又插置大夫支體，不以自然。然

〔註6〕顧愷之的「傳神論」是建立在形體寫實的基礎之上的，而什麼才是顧氏「形的概念」的究竟呢？林同華先生在丹青出版社所印行的《中國美學史論集》中認為：「顧愷之畫人物，並不是在眼睛這個關節點上之外，就不加留意，相反，他認為形的概念，包括眼睛和其他足以表達人物性格和情操的形體細節，包括為刻畫和表現人物所需要的典型環境。」（頁81）

〔註7〕荃者，筌也。即捕魚的籠子。典出《莊子・外物》：「荃者所以在魚，得魚而忘荃；蹄者所以在兔，得兔而忘蹄；言者所以在意，得意而忘言。」

服章與眾物既甚奇，作女子尤麗，衣髻俯仰中，一點一畫，皆相與成其艷姿，且尊卑貴賤之形，覺然易了，難可遠過之也。（〈小列女〉）

有骨俱。然藺生恨急烈，不似英賢之慨。以求古人，未之見也。於秦王之對荊卿，及復大閑。凡此類，雖美而不盡善也。（〈列士〉）

除此之外，在閱讀了顧愷之〈論畫〉所論及的十九幅作品的評語中，我們卻也發現了另一個不容忽視的問題，即是在這些實際的批評中，顧愷之多次的使用了「骨」這個概念，茲條列如下：

重疊彌綸有骨法。然人形不如〈小列女〉也。（〈周本紀〉）

雖不似今世人，有奇骨而兼美好，神屬冥芒，居然有得一之想。（〈伏義、神農〉）

季王首也，有天骨而少細美。至於龍顏一像，超豁高雄，覽之若面也。（〈漢本紀〉）

大荀首也，骨趣甚奇，二婕以憐美之體，有驚劇之則。若以臨見妙裁，尋其置陳布勢，是達畫之變也。（〈孫武〉）

作人，形骨成，而制衣服慢之，亦以助醉神耳。（〈醉客〉）

關於上引之文，到底顧愷之所用「骨」之一辭的意思如何，歷來有多種解釋。〔註8〕而筆者則認為，顧愷之所謂的「骨」，既和形之美有關，亦和人物內在的精神有關。何以見得？且証之如下，比如在〈列士〉一條中，首言「有骨俱」，末言「雖美而不盡善」可知這時骨的觀念，是指涉美麗之形的，而與之相對的是「善」的概念，此處「善」之所指乃是人的精神內質、氣韻、神態。又〈伏義、神農〉中，講「有奇骨而兼美好」；〈漢本紀〉中，講「有天骨而少細美」，可知在這裡所謂的「骨」，乃是與形之美相對的概念，其主要指涉的是人的精神與氣質。

所以，觀上可知，關於顧愷之在〈論畫〉中所使用的「骨」的義涵，實

〔註8〕顧愷之畫論中關於「骨」之一辭的使用，其義涵除了筆者陳述者外，至少還有以下兩種說法。一為豐子愷在〈中國的繪畫思想〉一文中，翻譯介紹日人・金原省吾的畫六法論的見解時說：「骨法是骨氣表出的傾向。顧愷之為骨氣定兩種意義：第一，是力的積重持續，表示著力的深度。第二，是把第一的性質與別的相關連而看的，與『美好』或『細美』相對立。」（見華正書局所發行的《中國書畫論集》頁74）二為張少康《古典文藝美學論稿》所云：「顧愷之〈論畫〉中評〈漢本紀〉畫云：『有天骨而少細美。』所謂『天骨』即是風骨，所謂『細美』即是指形似之美而言。」（頁71）

有兩層意思。然而這兩層意思，實有相通的可能，因為屬於形體的骨，仍有
成為神氣之骨的可能性，而這個轉折，就如同林同華先生所言：

> 傳神也要注意人物的骨骼，骨骼不僅是「形」，而且是「形」向「神」
> 的過渡；不僅是外表和形式，而且是向靈魂和內容的過渡。〔註9〕

綜上所論，可見顧愷之繪畫美學的中心思想，乃是「以形寫神」。而其中所講
的「實對」與「骨法」等觀念，都是以形寫神的重要進路和手段。然而若想
準確且深入的掌握對象的眼神和骨法，所透顯出的人物的本質與特質，除了
仔細觀察之外，尚須有一份超於象外的感悟領會。因此，顧愷之又從畫家創
作心靈的角度，提出了「遷想妙得」的命題。他在〈論畫〉中有言：

> 凡畫，人最難，次山水，次狗馬。台榭，一定器耳，難成而易好，
> 不待遷想妙得也。此乃巧歷不能差其品也。

所謂「遷想妙得」，簡單的說，就是透過藝術的想像，妙得對象之神。根據上
面的引文可知，顧愷之所謂的「遷想妙得」主要是就人物畫而言，並不包括
無生命的台榭定器。若究其原因，乃在於人物畫要求傳神始為上品。所以當
畫家在描繪對象之時，一定要從對象的有限形體中超脫出來，而進一步掌握
對象的抽象之神。而這一條進路，便是「遷想妙得」，因唯有經過遷想妙得的
工夫，才能完全的實踐以形寫神的目的。而在《世說新語・巧藝》中，就有
兩則著名的故事，堪稱是因了「遷想妙得」的工夫而達到「傳神」效果的明
證。其例引述如下：

> 顧長康畫裴叔則，頰上益三毛。人問其故？顧曰：「裴楷儁朗有識具，
> 正此是其識具。看畫者尋之，定覺益三毛如有神明，殊勝未安時。」

> 顧長康畫謝幼輿在巖石裡。人問其所以，顧曰：「謝云：『一丘一壑，
> 自謂過之。』此子宜置丘壑中。」

根據上面的例子，我們可以發現，顧愷之在創作裴楷和謝鯤的畫像時，正是
看準了這兩人的個性及風神所在，並發揮了創作主體的藝術想像。於是在裴
楷的頰上加三毛，以形著其神識的高妙；將謝鯤置於岩壑裡，以形著其隱逸
的風神。而這種匠心獨運的藝術形象的塑造，便是顧氏「遷想妙得」的作用
與結果。

〔註9〕　見林同華《中國美學史論集》頁84，丹青出版社，民國77年再版。

第二節　宗炳畫論中的形神思想

一、六朝關於自然美的思想

　　子曰：「仁者樂山，智者樂水。」（《論語・雍也》）劉寶楠《論語正義》中，註腳說，所謂「仁者樂山」就是「言仁者願比德於山，故樂山也。」因此以這種所謂「君子比德」的觀點去欣賞山水之美，乃是中國儒家對於自然美的一個傳統的審美觀。所以下迄漢代大儒董仲舒，亦在其《春秋繁露・山川頌》中，以「君子取譬」的道德觀來說明山水之所以為美。他說：

> 山則巃嵷巍崔，摧嵬扇巍，久不崩弛，似夫仁人志士……。

> 水則源泉混混沄沄，晝夜不竭，既似力者……。

然而魏晉以來，隨著人物品藻和玄學、佛學的興發流行，人們開始對自然山水之美的觀念，有了很大的改變。自然之所以美，它不再緊扣著道德來說，自然之所以美，可以是在於它體現了宇宙本體「道」的魅力，也可以是在於它是人類自由無限心的安放處。前者則如顧愷之〈虎丘山序〉所云：

> 吳城西北有虎丘者，含眞藏古，體虛窮玄。

又如孫綽在〈遊天台山賦〉所云：

> 太虛遼廓而無閡，運自然之妙有，融而為川瀆，結而為山阜。嗟台
> 嶽之所奇挺，實神明之所扶持。（《全晉文》卷六一）

後者則多見於《世說新語》，茲擇數條如下：

（一）簡文入華林園，顧謂左右曰：「會心處不必在遠。翳然林水，便自有濠濮間想也。覺鳥獸禽魚，自來親人。」（〈言語〉）

（二）荀中郎在京口，登北固望海云：「雖未睹三山，便自使人有凌雲意。」（同上）

（三）王司州至吳興印渚中看，歎曰：「非唯使人情開滌，亦覺日月清朗。」（同上）

（四）王子敬云：「從山陰道上行，山川自相映發，使人應接不暇。若秋冬之際，尤難為懷。」（同上）

（五）司馬太傅齋中夜坐，于時天月明淨，都無纖翳，太傅嘆以為佳。謝景重在坐，答曰：「意謂乃不如微雲點綴。」（同上）

（六）郭景純詩云：「林無靜樹，川無停流。」阮孚云：「泓崢蕭瑟，實不可言。每讀此文，輒覺神超形越。」（〈文學〉）

（七）孫興公爲庾公參軍，共遊白石山。衛君長在坐。孫曰：「此子神情都不關山水，而能作文。」庾公曰：「衛風韻雖不及卿，使人傾倒處亦不近。」……（〈賞譽〉）

（八）謝太傅稱王脩齡曰：「司州可與林澤遊。」注引〈王胡之別傳〉曰：「胡之常遺世務，以高尚爲情。」（同上）

（九）《晉陽秋》曰，鯤隨王敦下，入朝見太子……太子從容問鯤曰：「論者以君方庾亮，自謂孰愈？」對曰：「縱意丘壑，自謂過之。」（〈品藻〉第十七條注引）

（十）謝車騎道謝公遊肆，復無乃高唱。但恭坐捻鼻顧睞，便自有寢處山澤間儀。（〈容止〉）

（十一）孫綽〈庾亮碑文〉曰：「公雅好所託，常在塵垢之外……方寸湛然，固以玄對山水。」（〈容止〉第二四條注引）

綜上所引，則第十一條中的「固以玄對山水」一語，更是道破了六朝人物對山水賞美的時代之特色所在。因此誠如徐復觀先生在《中國藝術精神》一書所言：

> 因爲有了玄學中的莊學向魏晉人士生活中的滲透，除了使人的自身成爲美地對象以外，才更使山水松竹等自然景物，都成爲美地對象。由人的自身所形成的美地對象，實際是容易倒壞的；……更因爲由魏晉時代起，以玄學之力，將自然形成美地對象，才有山水畫及其他自然景物畫的成立。因此，不妨作這樣的結論，中國以山水畫爲中心的自然畫，乃是玄學中的莊學的產物。不能了解到這一點，便不能把握到中國以繪畫爲中心的藝術的基本性格。（頁236）

二、〈畫山水序〉中的形神思想

〈畫山水序〉篇首曰：

> 聖人含道應物，賢者澄懷味象。至於山水，質有而趣靈，是以軒轅、堯、孔、廣成、大塊、許由、孤竹之流，必有崆峒、具茨、藐姑、箕首、大蒙之遊焉。又稱仁智之樂焉。夫聖人以神法道而賢者通，山水以形媚道而仁者樂，不亦幾乎？

本段實爲了解宗炳〈畫山水序〉中的形神思想的關鍵所在。首先，我們面對的第一個問題，便是該對文中所謂的「道」作何理解。學術界上對此一問題，

一般說來可歸納爲兩派說法。以「道」爲莊學之道，亦即藝術精神的，則以徐復觀先生在其《中國藝術精神》一書所論爲代表。〔註10〕而大陸學者李澤厚先生在其《中國美學史》第二卷則持不同的看法，其文如下：

> 在思想上，宗炳是當時著名的佛教理論家，曾著有長篇論文〈明佛論〉。宗炳企圖以佛統領儒道，認爲在佛學中不但包含了，而且更深刻的闡明了儒道兩家思想，如他說：「孔氏之訓，資釋氏而通。」又說：「彼佛經也，包五典之德，深加遠大之實；含老、莊之虛，而重增皆空之盡。」以佛統儒道是宗炳的根本思想，也是他的〈畫山水序〉的根本思想。有人認爲〈畫山水序〉的思想全屬莊學的表現，這是不符合實際的。（頁577）

李氏既認爲宗炳這篇〈畫山水序〉的整個思想都建立在佛學基礎之上，所以李氏所認爲的〈畫山水序〉的「道」，即是佛學之道。

關於上述兩派說法，筆者則持徐氏之所論。蓋因通觀〈畫山水序〉一文，實看不出有任何佛學的思想，況且文中所舉「是以軒轅、堯、孔、廣成、大塊、許由、孤竹之流，必有崆峒、具茨、藐姑、箕首、大蒙之遊焉。」實明顯屬於莊學的人物與地名。〔註11〕所以，我們並不能因爲宗炳的崇佛，便斷定連他的藝術論都是爲佛教服務的。李澤厚這種對「知人論世」方法論的運用，在其施於宗炳〈畫山水序〉的論述中，則處處有牽強的地方。〔註12〕因此，儘管宗炳的崇佛是個事實，但是我們卻認爲〈畫山水序〉中所謂的「道」，

〔註10〕參見徐復觀《中國藝術精神》，頁239。

〔註11〕宗炳〈畫山水序〉中所舉的聖賢、地名，其見於《莊子》者，至少有以下所列者。

「堯……往見四子藐姑射之山。」（〈逍遙遊〉）

「黃帝將見大隗於具茨之山。」（〈徐无鬼〉）

「黃帝……聞廣成子在空同之上，故往見之。」（〈在宥〉）

「孤竹二子北至首陽山。」（〈讓王〉）

〔註12〕李澤厚於《中國美學史》中處處將宗炳的〈明佛論〉及〈畫山水序〉這兩篇範疇不同，性質迥異的文章，牽強比附。例如以「聖人含道應物」一句的解釋來看，李氏公然無視於宗炳所受玄學家王弼所謂聖人神明茂而應物無累的觀念的影響，而謂：「宗炳所說的道，則是統領儒、道、玄的佛學的『道』。宗炳〈明佛論〉說：『夫佛也者非他也，蓋聖人之道。』聖人以其神明所含的佛學之道應接萬物，『形』雖滅而『神』仍可以獨存，當然也就不會爲任何明物所累。」李氏所論宗炳的〈畫山水序〉，其乖違牽強者，諸如此類，不勝枚舉。

只可以是老莊之道。因為文中提到的「澄懷味象」的重要觀念，不就是宗炳在〈明佛論〉中所說的，「若老子、莊周之道，松喬列眞之術，信可洗心養身。」的老莊思想嗎？

在解決了「道」的性格的歸屬之後，可推知所謂「聖人含道應物」的「聖人」，也只能是道家式的聖人了，而唯有作如此解，才能符合魏晉玄學中的人格理想。誠如王弼所言「聖人茂於人者神明也，……神明茂，故能體沖和以通無；……應物而無累於物者也。」此正是宗炳〈畫山水序〉所謂的「聖人含道應物」的最好註解。

宗炳在提及「道」與「聖人」之後，接著說：「至於山水，質有而趣靈。」又曰：「夫聖人以神法道而賢者通；山水以形媚道，而仁者樂。」〔註13〕觀上之辭可知，山水質雖是有，而其趣則是靈。山水之所以能吸引聖賢的遊歷，是因為它不僅有千巖競秀、萬壑爭流的美麗之形，最重要的是山川之質是有，但卻又蘊涵並體現了道之精神本體的內在魅力。

〈畫山水序〉接著又云：

> 余眷戀廬、衡，契闊荊、巫，不知老之將至。愧不能凝氣怡身，傷跕石門之流，於是畫象布色，構茲雲嶺。

> 夫理絕於中古之上者，可意求於千載之下。旨微於言象之外者，可心取於書策之內。況乎身所盤桓，目所綢繆。以形寫形，以色貌色也。

> 且夫崐崙山之大，瞳子之小，迫目以寸，則其形莫覩，迴以數里，則可圍於寸眸。誠由去之稍闊，則其見彌小。今張絹素以遠映，則崐、閬之形，可圍方寸之內，豎劃三寸，當千仞之高。橫墨數尺，體百里之迴。是以觀畫者，徒患類之不巧，不以制小而累其似，此自然之勢。如是，則嵩、華之秀，玄、牝之靈，皆可得之於一圖矣。

在〈畫山水序〉首段中，〔註14〕宗炳歸結說：「山水以形媚道，而仁者樂。」因為山水之中存有道的靈趣，所以高蹈之士如宗炳者，亦酷喜遊賞。據《南史・隱逸傳》所載：

〔註13〕儒家以山水作為道德精神的比擬，故子曰：「智者樂水，仁者樂山。」宗炳之文乃脫始於此。

〔註14〕關於〈畫山水序〉中段落的分法，筆者乃採用大陸學者陳傳席先生《六朝畫論研究》中的分法。此書於民國80年初版，由台灣，學生書局印行。

（宗炳）好山水，愛遠遊，西陟荊、巫，南登衡岳，因結宇衡山，欲懷尚平之志。有疾還江陵，嘆曰：「老疾俱至，名山恐難遍睹，唯澄懷觀道，臥以遊之。」凡所遊履，皆圖之於室，謂之「撫琴動操，欲令眾山皆響。」

可知宗炳畫象布色，構茲雲嶺的原因，乃為「澄懷觀道，臥以遊之。」〔註15〕所以在這種意欲觀道的情形下，講「以形寫形，以色貌色。」，講「患類之不巧，不以制小而累其似。」其意義就不是像一般寫實主義者，只是客觀的描摹自然，尋求形式上的再現而已。因他乃是要通過描繪山水之形，以表現出某種精神實體，也就是所謂的「玄牝之靈」。

〈畫山水序〉接著又云：

夫以應目會心為理者，類之成巧，則目亦同應，心亦俱會。應會感神，神超理得。雖復虛求幽岩，何以加焉？又，神本亡端，棲形感類，理入影迹。誠能妙寫，亦誠盡矣。

於是閒居理氣，拂觴鳴琴，披圖幽對，坐究四荒，不違天勵之藜，獨應無人之野。峰岫嶢嶷，雲林森眇。

聖賢映於絕代，萬趣融其神思。余復何為哉，暢神而已。神之所暢，孰有先焉。

觀上所言，「（理、神）雖復虛求幽岩，何以加焉？」「誠能妙寫，亦誠盡矣。」這就是前文中所謂「構茲雲嶺」、「澄懷觀道，臥以遊之。」何以可能的理論基礎。因為「神本無端」，是在感官上所無從把握的，所以「神」必須藉著實質的、具體的「形」來呈顯。而且因「神」的「棲形感類」，道之精靈便進入了山川之形中，因此人類只要能澡雪精神，即能「澄懷味象」，便能「應目會心為理」，此正是所謂的「目擊道存」。又若如此達境之人，倘能妙寫形容，把這種境界表現於畫作之中，那麼便能使觀畫者，「應會感神，神超理得，雖復求幽岩，何以加焉？」所以人之主體，若可以「閒居理氣」、「澄懷觀道」，那麼即能「披圖幽對，坐究四荒，不違天勵之藜，獨應無人之野。」神理既

〔註15〕在上面的論述中，有一個觀念，值得特別提出來加以討論的就是「澄懷觀道」與「澄懷味象」，它既是藝術心靈的修養，亦是山水畫的作用。所謂「澄懷」，其實就是老子的「滌除玄覽」，就是莊子的「心齋」的工夫與境界。而這個問題，我們在前面的章節，其有關莊學主體精神修養的部份已有詳論。所以可知宗炳〈畫山水序〉中所要觀的道，所要味的象，實屬老莊之學的範疇。

得，是爲「暢神」，是爲逍遙遊。

　　綜上所論，可知宗炳在顧愷之爲人物畫提出「以形寫神」的觀念之後，復把「傳神論」應用到山水畫的範圍，並有了初步且正確的理論論述，這是宗炳爲山水畫及畫論所作的重要貢獻。〔註16〕

第三節　王微畫論中的形神思想

　　王微〈敘畫〉的寫作時間，大約和宗炳〈畫山水序〉是屬於同一時期，因此我們可以說，這兩篇中國最早的，眞正的山水畫論，都是同一歷史背景下的產物。所以，王微和宗炳都受到當時玄學中道家思想的影響，而且其爲人也，「素無宦情」、「棲丘飮谷」，堪稱玄學清澹玄遠之風的實踐者。故張彥遠《歷代名畫記》卷六論曰：

> 圖者所以鑒戒賢愚，怡悅情性。若非窮玄妙之意表，安能合神變乎天機。宗炳、王微，皆擬迹巢由、放情林壑。與琴酒而自適，縱烟霞而獨往。各有畫序，意遠跡高。不知畫者，難可與論。因著於篇，以俟知者。

宗炳畫論中的形神思想，已於上一小節中論及，而王微〈敘畫〉中所謂「本乎形者融靈」的中心思想，其實質仍同於宗炳〈畫山水序〉的「山水，質有而趣靈」的觀點一樣，均是就山水畫中所存在的形神問題，提出一套自家的解釋方法。以下乃將王微〈敘畫〉之文整理如下，並略加疏釋：

> 辱顏光祿書
> 以圖畫非只藝行。成當與《易》象同體。而工篆隸者，自以書巧爲高。欲其並辯藻繪，覈其攸同。

上面這段話，主要在說明，繪畫不只是一般工匠的技術之事，因圖畫的價值是與聖人的經典《易》象同體，這是非常進步的思想。在王微之前，不曾有人這樣明白的把繪畫的藝術提高到與聖人經典同體的高度。〔註17〕又因〈敘

〔註16〕宗炳和顧愷之同時代而略遲，在這個時期，繪畫仍以人物畫爲主。因此宗炳不僅對山水畫方面有理論上的貢獻，其本身亦爲一人物畫家，所以謝赫《古畫品錄》第六品中，即有評宗炳一條。

〔註17〕繪畫一事，在先秦兩漢，大抵上是被視爲畫工之流所從事的鄙事，而到了魏晉，則士大夫能畫者漸夥，繪畫也更強調其鑑戒的重要意義。如曹植〈畫贊〉之序上言：「觀畫者見三皇五帝，莫不仰戴；見三季暴王，莫不悲惋；……是知存乎鑑戒者，圖畫也。」曹植這樣的觀點，使繪畫獲得相當高的地位，但

畫〉所論乃專在山水畫，而山水畫之所以能達到與《易》象同體的高度，乃因山水本身，其「本乎形者融靈」。否則儘管圖畫是「非止藝行」，但也不可能是可「與《易》象同體」了。

> 夫言繪畫者，竟求容勢而已。且古人之作畫也，非以案城域、辯方州、標鎭阜、劃浸流。本乎形者融靈，而動變者心也。靈無所見，〔註18〕故所託不動。目有所極，〔註19〕故所見不周。

上面所言，首先說明了山水畫並非圖經，它是無關於實用的。接著所提到「本乎形者融靈」至「故所見不周」，則是〈敍畫〉中形神思想的核心。所以唯有正確的了解這段文意，方可無誤地掌握王微山水畫的形神思想之旨。依筆者研究的心得，且作疏釋如下：

> （山水）畫之所本，乃以具體的山水之形爲基礎，而這個自然山川之形，其實是通於，或者說是融有神靈的（亦即如宗炳所言，山水質有而趣靈。）然而雖說這神靈是這自然山川所本具，但是人若要能從山的第一自然中，發現其第二自然；也就是說，若要在視之以目（在此，目之義涵，同於《莊子·人間世》「心齋」論中的「無聽之以耳」的生理官能義，而非〈外物篇〉中所謂目徹曰明的境界。），而得其形之後，更進一步去識其所含之神靈，則須靠人心的感應（此即宗炳所言的「應目會心」）。

而王微在此明白的點出「心的能動作用」，也就使得藝術實踐中的主體與客體，因此而有了契接之點。但是如果心之官不思，既不能玄照，則所視之山水，其靈無所見，那麼這時作爲寓寄山水之靈的山水之形，就不能顯其生動有趣的形象。所以說，目有所極（指生理官能的有限性），則所見不周（指只見山水之形而不見其神靈）。經過上面論述，視野既明，則可對〈敍畫〉作全盤的觀照。以下試析〈敍畫〉之餘文以覽其全體。

　　仍不及王微將繪畫藝術提升到與經典同體的高度。

〔註18〕徐復觀《中國藝術精神》作「止靈亡見」，但明·王世貞所編之《畫苑》，以及清《佩文齋書畫譜》均作「靈無所見」。按，和下文「目有所極」相聯，筆者認爲「靈無所見」正與「目有所極」互爲對文，故可從。

〔註19〕徐復觀先生《中國藝術精神》頁244，轉錄〈敍畫〉之文，第二段終於「止靈無見，故所托不動。」第三段始於「目有所極，故所見不周。」字句之校勘已詳前註，故此註不再贅言。但是關於徐先生的段落之別，筆者認爲不甚妥貼，因「靈無所見，故所托不動」與「目有所極，故所見不周。」明顯是相對成文。所以理應合於同一段視之。

> 於是乎，以一管之筆擬太虛之體；以判軀之狀，畫寸眸之明。曲以
> 為嵩高，趣以為方丈。以髮之畫，齊乎太華。枉之點，表夫隆準。
> 眉額頰輔，若晏笑兮；孤岩鬱秀，若吐雲兮。橫變縱化，故動生焉。
> 前距後方，（則形）出焉。然後，宮觀舟車，器以類聚；犬馬禽魚，
> 物以狀分。此畫之致也。

從「以一管之筆」至「表夫龍準」，一言以蔽之，曰：「以有限寫無限也」。所以在繪畫上，倘能達到「以一管之筆，擬太虛之體。」（亦即心之官已行，則如顏延之在〈庭誥〉中所言：「夫象數窮則太極著，人心極而神功彰。」故能以有限之體寫就無限之神。）那麼就能縱橫有限之畫布，變化無窮之靈趣。果真如此，則作品便能「動生」（即「靈出」），而達到傳山水之神的藝術境界。

又，誠如張彥遠《歷代名畫記》所言，以氣韻求之，則形似在其間耳。所以作畫如果能夠「橫縱變化，故動生焉。」那麼「前距後方」，自然「其形出焉」，以上就是繪畫的大概情況。

> 望秋雲，神飛揚，臨春風，思浩蕩。雖有金石之樂，珪璋之琛，豈
> 能髣髴之哉。披圖按牒，效異《山海》。綠林揚風，白水激澗。嗚呼，
> 豈獨運諸指掌，亦以明神降之。此畫之情也。

上文所論，乃指透過藝術中山水的賞美活動，所達到的暢神的效果。換句話說，就是從圖畫中所表現出的「秋雲」、「春風」、「綠林」、「白水」的生動形象，可以使人的形神飛越，寄慨無端。繪畫如是，文學之巧構形似亦如是，所以《世說新語・文學》中載阮孚每讀郭景純詩「林無靜樹，川無停留」，「輒覺神超形越」便是這個道理。然而山水畫如果只是「運諸指掌」的技術，它便不可能給人如斯的興發；究其原因，乃在繪畫一事，亦是畫家神明的傾注。以上所言，便是繪畫的情實。

經過上面的疏証，我們發現，王微的〈敘畫〉同宗炳的〈畫山水序〉一樣，都要求山水畫的本質在於「寫山水之神」。很顯然的，宗、王二人的山水畫論必定是受到顧愷之「傳神論」的影響。而顧愷之的「傳神論」是針對人物畫而發的，宗、王二人則把這套形神思想，應用到山水畫中去，例如〈敘畫〉中的「以判軀之狀，畫寸眸之明。」〔註20〕即是所謂「以形寫神」。而宗、

〔註20〕《莊子・外物》：「目徹為明，耳徹為聰，鼻徹為顫，口徹為甘，知徹為德。」
《疏》：「徹，通也。」因此，所謂「畫寸眸之明。」是指能畫出那因目徹為明所照見的對象之神。相反的，如果寸眸未明，眼睛的功用只局限在生理的

王二人這套爲山水傳神的理論，是有蒼生以來所無。也因他們打破了以前只有人物畫才能傳神的觀念，因此使得後來的畫論，咸認爲不論是人物或是山水、花鳥、竹石等，皆要傳神。所以，宋・鄧椿在《畫繼》卷九中有言曰：

> 畫之爲用大矣……能曲盡者，止一法耳，一者何也，曰傳神而已矣。

> 世徒知人之有神，而不知物之精神。

由此可見，宗、王二人，爲山水傳神的理論，實給後世國畫以很大的啓發和影響。

第四節　謝赫畫論中的形神思想

謝赫生卒年不詳，唐・張彥遠《歷代名畫記》把他列爲南齊的畫家，而其著作《古畫品錄》，則可考証乃成書於梁朝。〔註21〕所以我們姑且這麼說：「謝赫是由齊入梁的人物。」

在謝赫的《古畫品錄》開頭，有一段序文，其文曰：

> 雖畫有「六法」，罕能盡該；而自古及今，各善一節。「六法」者何？

> 一、氣韻生動是也；二、骨法用筆是也；三、應物象形是也；四、

> 隨類賦彩是也；五、經營位置是也；六、傳移模寫是也。〔註22〕

而我們今天來探討謝赫畫論中的形神思想，則主要著重在其所謂的「氣韻生動」，其次則是「骨法用筆」。

　　感官功能，那麼作畫時便只能畫出對象之形，而不能傳其神。

〔註21〕在謝赫的《古畫品錄》所品評的畫家中，以被列爲第三品第九人的陸杲爲最晚。其文如下：「體致不凡，跨邁流俗。時有合作，往往出人。點畫之間，動流恢服。傳於後者，殆不盈握。……」根據文中所謂「傳於後者，殆不盈握。」可知《古畫品錄》成書必在陸杲卒年之後，而《梁書》卷二六有〈陸杲傳〉，文中有云：「（陸）中大通元年加特進中正如故，四月卒，年七十四。」所以可以肯定《古畫品錄》必成書於中大通四年之後，即公元532年之後。又姚最著《續畫品》，此書成書年代必在謝赫的《古畫品錄》之後。而據《四書全書總目提要》中，謂：「今考書中（續畫品）稱梁元帝爲湘東殿下，則作是書時，猶在江陵即位之前。」又按江陵即位乃是公元552年，故綜上所論，可知《古畫品錄》乃成書於532～552年之間，也就是成書於梁代。

〔註22〕關於六法的句讀問題，一般均沿用唐・張彥遠的句讀。可是近人錢鍾書卻認爲張彥遠的句讀是錯誤的，而該作如下的斷句：「六法何者？一、氣韻，生動是也；二、骨法，用筆是也；三、應物，象形是也；四、隨類，賦彩是也；五、經營，位置是也；六、傳移，模寫是也。」（見《管錐編》第四冊頁1353。北京，中華出版社）關於錢先生的看法，亦言之成理，但本論文仍從舊說。

一、釋「氣韻生動」

在討論「氣韻生動」這個概念義涵之時，首先，我們須對「氣韻」與「生動」的關係，做一下分析。試就《古畫品錄》的全文來看，並沒有運用到「生動」一詞，而在姚最的《續畫品》中評到謝赫時，則有「氣韻精靈，未窮生動之致」的話語。故可知生動一詞，實只是作為氣韻的效果的修辭，它只是一種自然帶出來的描述性用語，也就是說，「生動」一詞，只是作為對「氣韻」的一種形容，而並沒有獨立的意義。所以，今天我們來討論「氣韻生動」這個命題時，其主要著眼點，就在針對「氣韻」二字作一番析論。

「氣韻」一詞，在謝赫《古畫品錄》中，有其作為一個概念所該具備的完整義涵，然而若進一步析論之，則「氣」與「韻」應各為一義。這可証知於謝赫在《古畫品錄》中，在對吳、晉、宋、齊、梁五代畫家所作的實際批評。通觀全書，其所使用「氣」字者，共有六處：

> 評衛協的「頗得壯氣。」
>
> 評張墨、荀勖的「風範氣候，極妙參神。」
>
> 評顧駿之的「神韻氣力，不逮前賢。」
>
> 評夏瞻的「雖氣力不足，而精彩有餘。」
>
> 評晉明帝的「頗得神氣。」
>
> 評丁光的「乏於生氣。」

其用「韻」字者，則有四處：

> 評陸綏的「體韻遒舉。」
>
> 評顧駿之的「神韻氣力。」
>
> 評毛惠遠的「力遒韻雅。」
>
> 評戴逵的「情韻連綿。」

觀上可知，「氣」、「韻」兩字，除了序引的「氣韻生動」之外，並無連用者，可知「氣」與「韻」，雖有關聯，但實各為一義。由此，以下則可分別對「氣」與「韻」二義加以分析討論。

甲、氣韻的氣

作為繪畫理論的「氣韻」這一概念，乃根源於人物品鑑中，注重人物風神的觀念而來的。所以我們今天來討論「氣韻」一詞中「氣」的涵義，便要

扣緊著人的內在精神來談，如此才能中肯的闡釋謝赫的繪畫理論。

「氣」之一辭，在中國發端甚早，至兩漢則益受重視。因為漢代是以「氣」為基礎來談宇宙論和生命哲學的，所以若就人的形神關係的角度來看，「氣」既是人的肉體生命，即自然生命存在的根源，同時又與人的精神、才質密切相關。這在王充的《論衡》中便可得到証明。其言曰：

> 人稟元氣於天，各受壽夭之命，以立長短之形。（〈無形〉）

> 夫人之所以生也，陰陽氣也。陰氣主為骨肉，陽氣主為精神。（〈訂鬼〉）

下迨建安時期，曹丕在《典論‧論文》中提出了「文以氣為主」的命題，並有言「齊氣」、「逸氣」、「高妙之氣」者，可知這時氣的義涵，乃與人的感性的自然生命有關。所以因為天賦秉氣的不同，則主體的個性、氣質、情調、風度也就各有面目。而落實於文藝上便有不同的風格。

然而一個字辭的含義，往往隨著時代的變遷而有不同的義涵。在建安時期，曹丕正式將「氣」與文學創作關聯起來談，便是對王充時代其所謂「氣」的概念有所進展。而當歷史走到南朝的齊、梁時代，則「氣」的內容又有了新義。例如劉勰《文心雕龍‧明詩》稱建安的詩是「慷慨以任氣」；而鍾嶸《詩品》謂曹植的詩是「骨氣奇高」，說到劉楨其人「仗氣愛奇」，論其詩曰：「真骨凌雲」。可知齊、梁時代，如劉勰、鍾嶸者流，不僅認為「氣」與自然生命的秉賦有關，而且「氣」又多出了一種風格上的意義，即「清剛之美」。所以復觀先生在《中國藝術精神》一書便說：

> （氣）魏晉南北朝時代，則多作分解性的說法。……若分地說，則所謂「氣」，常常是由作者的品格、氣概，所給予於作品中的力地、剛性地感覺；在當時除了有時稱「氣力」、「氣勢」以外，便常用「骨」字加以象徵。（頁 164）

徐氏這樣的了解，若証之於謝赫的《古畫品錄》，則有：

> 評衛協，說他「雖不該形妙，頗得壯氣。」

> 評顧駿之，說他「神韻氣力，不逮前賢。」

> 評夏瞻，說他「氣力不足，而精彩有餘。」

> 評丁光，說他「筆迹輕贏」、「乏於生氣」。

觀上可知「氣」之一辭，在謝赫的觀念裡，實有「力遒」的意義。

乙、氣韻的韻

　　「氣韻」的「韻」，其作為一個獨立概念的涵義，實要比前文所談「氣」要來的深刻且複雜。

　　若考「韻」字之起源，則經籍無韻字，諸子無韻字，漢碑亦無韻字。而蔡邕〈琴賦〉有「繁弦既抑，雅韻乃揚。」曹植〈白鶴賦〉「有聆雅琴之清韻。」〔註23〕所以說，「韻」之一字，殆起源於漢魏之際。

　　「韻」字最早使用於音樂，但音樂的韻與謝赫所謂「氣韻生動」的「韻」，並無直接關係。真正與繪畫上的「韻」的觀念直接相關的是，在魏晉玄風下，人倫識鑑中所用的「韻」的概念。以下則將《世說新語》及劉孝標的注中，有關「韻」的品鑑概念，擇其要者而條列於下：

　　　　（一）〈言語〉第十八條注引〈向秀別傳〉：「秀字子期，少為同郡山濤所知，又與譙國嵇康、東平呂安友善，並有拔俗之韻。」

　　　　（二）〈言語〉第三十條疏引〈衛玠別傳〉：「玠穎識通達，天韻標令……娶樂廣女。裴叔道曰：『妻父有冰清之姿，婿有璧潤之望。』」

　　　　（三）〈言語〉第三十九條注引〈高坐別傳〉：「和尚天姿高朗，風韻遒邁。」

　　　　（四）〈雅量〉第十五條注引〈孚別傳〉：「孚風韻疏誕，少有門風。」

　　　　（五）〈品藻〉：「冀州刺史楊準，二子喬與髦，……頠性弘方，愛喬之有高韻。謂準曰：『喬當及卿，髦少減也。』廣性清淳，愛髦之有神檢。……論者詳之，以為喬雖高韻而檢不匹……。」

　　　　（六）〈識鑑〉第十五條注引〈王彬別傳〉：「彬……爽氣出儕類，有雅正之韻。」

　　　　（七）〈賞譽〉第七十一條注引《語林》：「有人目杜弘治……初若熙怡，容無韻。」

　　　　（八）〈賞譽〉第六十條注引《晉陽秋》：「充……思韻淹濟，有文章才情。」

　　　　（九）〈賞譽〉第三十一條注引〈王澄別傳〉：「澄風韻邁達，志氣不群。」

　　　　（十）〈賞譽〉：「孫興公為庾公參軍，共遊白石山，衛君長在座。孫曰：『此子神情都不關山水，而能作文。』庾公曰：『衛風韻雖不及卿，傾倒處亦不近。』孫遂沐浴此言。」

〔註23〕蔡邕〈琴賦〉見《全後漢文》卷六九○；曹植〈白鶴賦〉見《三國文》卷一四○，皆錄於《全上古兩漢三國六朝文》。清、嚴可均輯，世界書局。

（十一）〈任誕〉：「阮渾長成，風氣韻度似父。」

視上可知，「韻」的觀念在人物品評上的運用，總的來說，乃指人物清澹玄遠的精神風貌。但若細分來說，則因每個人天賦秉「氣」的不同，也就形成不同情味的韻。所以在用「韻」這個概念去題目人物時，便常常需要在「韻」字之前，加上一個有形容詞之效用的用語，如前舉的「天韻」、「風韻」、「高韻」、「雅正之韻」、「拔俗之韻」……等等皆是。所以亦由此而可發覺出「氣」與「韻」的密切關係處。而「韻」的概念，若就其由人物品鑑的觀念，轉向繪畫上的品評用語來說，則它的涵義，便是要求人物畫將一個人的風姿神貌，生動的表現在畫面上。

二、釋「骨法用筆」

「骨法」，原是古代相術的一個用語，它指的是人的骨體相貌。而這個骨體相貌，並不是單純指人的骨骼、形體的那種物質性的客觀的存在，而是可以表徵出人的壽夭、禍福、窮通、貴賤的。所以東漢王充在其《論衡·骨相》中便云：

> 人命稟於天，則有表候見於體。察其表候以知命，猶察斗斛以知容
> 也。表候者，骨法之謂也。

可知早在漢代，人們早就認爲人的內在精神是與人的外在的骨體相貌有密切的關聯。而這個思想，在魏晉人物畫興盛的階段，更是被借用來說明人物畫中所存在的傳神問題。開其風氣並有所著作的則推東晉的顧愷之，而關於顧氏對「骨法」觀念的運用，筆者已於顧愷之的畫論中的形神思想之單元作過析論，此處則不再贅述。我們現在所要討論的則是，謝赫《古畫品錄》之六法中的「骨法用筆」一條。

通觀謝赫於《古畫品錄》中的實際批評，可於第一品，評張墨、荀勖條中見「骨法」一詞，其文如下：

> 風範氣候，極妙參神，但取精靈，遺其骨法。若拘以體物，則未見
> 精粹。若取之外，方厭膏腴，可謂微妙也。

在這裡，「骨法」與「精神」對舉。可知「骨法」在此，乃意指「一般形體」，即人的第一自然。也就是說謝赫於評張墨、荀勖條中，對「骨法」一詞的使用，乃取其最原始意義，即指人的骨骼、形體而言的。但是作爲謝赫所創的六法之二的「骨法用筆」而言，以上的這層了解只是基礎的、初步的，因「骨

法用筆」的特色，乃在於它的意義乃是針對於可以「寓神於形」的形而顯的，即是針對人的第二形體，也就是人的第二自然而顯其特殊意義的。所以「骨法用筆」，它是與傳神，即與「氣韻生動」的形成有密切關係的。

但是証之《古畫品錄》，我們則發現，「骨法」之詞難尋，唯「用筆」的觀念則甚夥。以下則將《古畫品錄》中，於其所評各家之有涉及「用筆」的觀念者，詳列於後：

> 體韻遒舉，風彩飄然。一點一拂，動筆皆奇。（評第二品陸綏）
>
> 畫有逸方，巧變鋒出。（評第三品姚曇度）
>
> 格體精微，筆無妄下。（評第三品顧愷之）
>
> 畫體周贍，無適弗該。出入窮奇，縱橫逸筆。力遒韻雅，超邁絕倫。其揮霍必也極妙。（評第三品毛惠遠）
>
> 斟酌袁、陸，親漸朱藍。用筆骨梗，甚有師法。像人之外，非其所長也。（評第三品江僧寶）
>
> 意思橫溢，動筆新奇。（評第三品張則）
>
> 體致不凡，跨邁流俗。時有合作，往往出人。點畫之間，動流恢服。（評第三品陸杲）
>
> 用意綿密，畫體簡細，而筆迹困弱，形制單省。（評第五品劉頊）
>
> 雖略於形色，而頗得神氣。筆迹超越，亦有奇觀。（評第五品晉明帝）
>
> 善於傳寫，不閑其思。至於雀鼠，筆迹歷落，往往出群。（評第五品劉紹祖）
>
> 雖擅名蟬雀，而筆迹輕羸。非不精謹，乏於生氣。（評第六品丁光）

觀上可知，凡用筆可佳者，即有「骨法」，也必定在某程度上體現了「氣韻生動」的要求。然而怎樣才算好的用筆呢？一曰有力，二曰新奇。前者如評毛惠遠、江僧寶、晉明帝者，後者如評陸綏、張則者。而最後所要說明的是，「骨法用筆」與中國繪畫造型的基礎，「線」，有密切的關係，關於這一部份則留待以下論及書法的單元再予申論。

三、謝赫「氣韻說」與顧愷之「傳神說」之比較

作為謝赫《古畫品錄》六法之首的「氣韻生動」，若從形神關係的角度來

理解，就是要求畫家要能生動的表現出人物的內在精神來。所以元人楊維楨在《圖繪寶鑑・序》中即曰：

> 故論畫之高下者，有傳形，有傳神。傳神者，氣韻生動是也。

可見，繪畫上要求氣韻生動，也即是要求傳神。我們若証之謝赫《古畫品錄》中所評的「第一品」的五人，也就明顯可以看出謝赫繪畫美學的最高標準，乃在於傳達出人物的風骨與精神，也即是要求「神似」。其評：

> 陸探微：「窮理盡性，事絕言象。」

> 曹不興：「觀其風骨，名豈虛成？」

> 衛協：「雖說不備形妙，〔註24〕頗得壯氣。」

> 張墨、荀勗：「風範氣候，極妙參神，但取精神，遺其骨法。」〔註25〕

觀上可知，謝赫於其所評的第一品人中，如其所謂的「窮理盡性，事絕言象。」「風骨」、「壯氣」，所謂「風範氣候，極妙參神。」若論其所達到的氣韻生動的境界，基本上是同於顧愷之傳神思想中所謂的傳神之神的內蘊的；因其均指向一種同玄學與佛學的精神相關聯的超越而玄妙難言之神的境界，是所謂的「神屬冥茫」之神。

但是謝赫在顧愷之的傳神論之後，復提出他的「氣韻生動」的命題，除了有所繼承於顧氏之外，我們亦發現：謝赫的「氣韻說」實比顧氏的「傳神說」要來得詳細、具體，也較易真切地把握。比如說，顧氏的傳神論，主要講的是「神」和「骨」的概念。而謝赫的氣韻說卻能即此而更進一步加以闡明之。所以同是指涉「神」的概念，顧氏單以「神」字況之，而謝赫則擴而

〔註24〕謝赫以「氣韻生動」為六法之首要，並以之為評畫的最高標準，可見被謝赫列為第一品的衛協的畫，必當達到氣韻生動的標準。況且謝赫又說「畫有六法，罕能盡該，唯陸探微、衛協備該之矣。」那麼為什麼謝赫又說衛協是「不備形妙」呢？可見這個形妙的形，只是一般的形貌的形，也即是人的第一自然的形，這是與藝術的傳神與否不相干的形。因與藝術相關的形，乃指形神合一的「風姿神貌」，也即是徐復觀《中國藝術精神》所稱的人的第二自然。也即是陳傳席在《六朝畫論研究》所稱的人的第二形體。所以對於謝赫所評的衛協之辭，我們唯有作如是解方可通，而此一道理可與下一個註解相匯通。

〔註25〕既遺其骨法，又何精神之可取，其理由同上註。所以唐、張彥遠，在《歷代名畫記》卷一〈論畫六法〉中，即言：「彥遠試論之曰：古之畫，或能移其形似，而尚其骨氣，以形似之外求其畫；此難與俗人道也。今之畫，縱得形似而氣韻不生；以氣韻求其畫，則形似在其間矣……若氣韻不周，空陳形似。筆力未道，空善賦彩，謂非妙也。……今之畫人，粗善寫貌，得其形似，謂則無其氣韻。具其彩色，則失其筆法。豈曰畫也？」

充之曰：「神韻氣力」、「體韻遒舉，風彩飄然」、「力遒韻雅」、「精彩有餘」、「情韻連綿，風趣巧拔」、「體法雅媚」等等。而之於顧氏所講的「骨」的概念，謝赫則補充「用筆」的概念以申明之，如「一點一拂，動筆皆奇」、「出入窮奇，縱橫逸筆」、「用筆骨梗」、「意思橫逸，動筆新奇」、「筆迹超越，亦有奇觀。」等等皆是。

　　顧、謝二人畫論上關於「神似」一方的比較如上，至於兩人對「形似」問題的看法，亦值得稍作分析。

　　基本上，顧、謝二人，其論畫的重點都是放在傳神方面。但是兩人亦都不忽略形似。所以顧氏有言「美麗之形」，而謝赫亦言「精微謹細」、「一點一拂」。然而因為兩者所處時代的不同，顧、謝因此對「形似」的重視之程度，便有了深淺。顧愷之所處的東晉，玄學餘波仍盛，所謂得意忘言之談，必有所影響於顧氏。而謝赫所處的齊梁時代，正值宮廷文藝勃興之風，因此所謂人物畫亦多作婦人仕女；方此時，創作繪畫，不得不入觀察詳審、姿態雅媚之途。是故，謝赫對形似的要求，實有甚於顧愷之者，又其落於藝術創作亦顯此一傾向，所以謝赫評顧愷之，遂將之列為第三品，並曰：

　　　　格體精微，筆無妄下。但迹不逮意，聲過其實。

而謝赫自己的繪畫又是如何呢？姚最在《續畫品》中，便評之曰：

　　　　寫貌人物，不俟對看，所須一覽，便工操筆。點刷研精，意在切
　　　　似；目想毫髮，皆無遺失。麗服靚妝，隨時變改；直眉曲鬢，與
　　　　世事新。別體細微，多自赫始；遂使委巷逐末，皆類效矉。至於
　　　　氣韻精靈，未窮生動之致；筆路纖弱，不副壯雅之懷。然中興以
　　　　後，象人莫及。

綜上所論，謝赫的「氣韻說」乃脫胎自顧愷之的「傳神說」，並予以發展規格之。除此之外，同時也在思想的淵源上受到漢人骨法說的影響。所以，我們可以說，謝赫的氣韻說乃是涵攝了傳神與骨法兩種觀念而提出的評畫新標準，但是因為謝赫本身所處的時代風向使然，於是他不僅注重繪畫應該達到「窮理盡性，事絕言象。」的傳神境界，而且也欣賞「精微謹細」的形似之美。

第五節 六朝書學中的形神思想 〔註26〕

　　雖說書畫同源，但是畢竟又有所區別。因為繪畫創作，不管是人物畫或是山水畫，都是有個客觀的創作對象的存在，所以繪畫中所說的傳神，最主要的乃是傳物之神。但是書法則不然，它並不是有一個客觀的、具體的、外在的描繪對象，所以誠如揚雄《法言·問神》所言：「書，心畫也。」因此，書法上談傳神，談以形寫神，就不是去傳創作對象之神，而是偏重於傳所謂的創作主體之神。而所謂創作主體之神，它可以意指創作主體感性的情意，也可以是指與人品有關的風姿神貌。前者如：

　　東漢·蔡邕〈筆論〉所云：

　　　　書者，散也。欲書先散懷抱，任情恣性，然後書之。

而落實於藝術創作，有唐·孫過庭《書譜》論王羲之的書法曰：

　　　　寫《樂毅》，則情多怫鬱；書《畫讚》，則意涉瑰奇；《黃庭經》則怡
　　　　懌虛無；《太師箴》又縱橫爭折，暨乎蘭亭興集，思逸神超，私門誡
　　　　誓，情拘志慘，所謂涉樂方笑，言哀已歎。

是以清、劉熙載《藝概》卷五有云：

　　　　筆性墨情，皆以其人之性情為本。

　　　　鍾繇〈筆法〉曰：「筆迹者，界也。流美者人也。」右軍〈蘭亭序〉
　　　　言：「因寄所託」，「取諸懷抱」，似亦隱寓書旨。〔註27〕

後者則如明、汪珂玉在《墨花閣雜誌》所云：

　　　　晉人書雖非名法之家，亦有一種風流蘊藉之態，緣當時人士以清簡
　　　　為尚，虛曠為懷，修容發語，以韻相勝，落筆散藻，自然可觀。」

　　　　（轉引自熊秉明《中國書法理論體系》頁112）

誠然，魏晉是書法的一個黃金時代，而這時代的書法，所謂「風流蘊藉」者，即是一種人生觀的流露，亦是充分反映著當時士大夫階級的精神生活與情調。

　　但是以上所析，無論是前者或後者，當其形著於筆、墨、紙、硯，而為一存在的「藝術形象」之後，則均要求這一「藝術形象」須得能表現出「神

〔註26〕因為關於書法美學中形神思想的論述，筆者並沒有花太多篇幅去闡釋，字數
　　　　既不足以獨立為一章，所以基於書畫同源的觀點，便將這一部份的論述，納
　　　　入畫論的章節中一併討論。

〔註27〕見清、劉熙載《藝概》卷五《書概》，頁 169。華正書局印行。民國 74 年 6
　　　　月初版。

彩」來才算成功。而所謂「神彩」，即指的是一種精神性的書法美，它往往透顯出「骨力」的生動形象。〔註28〕又，書法美學中對「骨」、「力」、「筋」的稱美，若溯其源，則與人物品藻中「神鑑」的概念人有關聯。所以李澤厚《中國美術史》卷二即云：

> 「骨」、「筋」概念被引入書法理論，它的美學意義首先就在於把藝術的美同生命的力聯繫了起來。（頁510）

然而，魏晉人物品藻的關鍵，雖說首重於人之內在的風骨韻度，但是亦能欣賞外在的姿容美。這種審美態度是與魏晉人追求一種「光明鮮潔，晶瑩發亮。」的人格理想有關。而當這種重神而不廢形，甚至是要求形神兼備的美學理想，影響了書法的理論與創作時，便有了王僧虔：「神彩為上，形質次之，兼之者方可紹於古人。」的觀念產生。而對於這種書法純造型之美的肯定與欣賞，早在南齊王僧虔和西晉的書學理論中，便已表現出這種強調華美、鮮艷的審美傾向，茲列於下：

> 紛華燦爛，絪縕卓犖，一何壯觀！繁縟成文，又何可玩！……仰而望之，郁若霄霧朝升，游烟連雲；俯而察之，漂若清風屬水，潂瀾成文。（成公綏：〈隸書體〉）

> 惟六書之為體，美草法之最奇。……字要妙而有好，勢奇綺而分馳。……其布好施媚，如明珠之陸離。其發翰攄藻，如春華之楊枝。其提墨縱體，如美女之長眉。（楊泉：〈草書賦〉）

> 紛擾擾以綺靡，中持疑而猶豫。……馳騁放手，雨行冰散，高者翰屬，溢越流漫。忽班班而成章，信奇妙之煥燦，體磊落而壯麗，姿光擂以璀璨。（索靖：〈草書狀〉）

綜上所論，可知中國書法的發展，到了魏晉六朝，明顯的形成一種審美標準，即是將神彩、骨力放在首位，但又強調神彩和形質，骨力和媚趣的有機的結合。以下則試就王僧虔和袁昂的書論〔註29〕為代表，以析論魏晉六朝書學中

〔註28〕這裡所言之骨力，與所謂晉人尚韻之說並不衝突，此正如劉熙載《藝概》所言：「南書溫雅，北書雄健。北書以骨勝，南書以韻勝。然北自有北之韻，南自有南之骨也。」（頁150）

〔註29〕書論中關於形神思想的論述，南齊王僧虔是其代表，在王僧虔之前並未見到像他這樣的將書法中的「形質」與「神彩」區分且對兩者的關係加以論述的著作。而王僧虔之後的書論者，如梁武帝、庾肩吾等，則於書學中的形神思想並沒有更深刻的見解。於是本節乃以王僧虔的書論為主，至於其他的作者

的形神思想。

一、王僧虔的書論

書論中，第一位明確提出「神」與「形」的美學關係，首推南齊王僧虔的〈筆意贊〉，其文如下：

> 書之妙道，神彩爲上，形質次之，兼之者方可紹於古人。以斯言之，豈易多得？必使心忘於筆，手忘於書，心手達情，書不妄想，是謂求之不得，考之即彰。（《書苑菁華》卷十八）

而這種分別「形」與「神」，並要求「形神兼備」的思想模式之產生的歷史因緣，顯然是同顧愷之和宗炳、王微畫論中的形神觀念的論述一樣，均是當時藝術創作與理論，受到魏晉玄學中的形神思想的理論之影響，所自然出現的一種反映和表現。

關於〈筆意贊〉中所謂的「神彩」與「形質」的內涵，其要與本節前文所論相同，此處不再贅述。值得注意的是，王氏復由形與神的關係，別引出「骨力」與「媚趣」的概念，並施於其對各家的實際批評中。以唐張彥遠《法書要錄》卷一〈王僧虔書論〉爲本，試擇其要者條列如下：

> 郗超草書，亞於二王。緊媚過於父，骨力不及也。
>
> 孔琳之書，天然絕逸，極有筆力規矩。
>
> 蕭思話，全法羊欣，風流趣好，殆當不減，而筆力恨弱。
>
> 謝綜書，其舅曰：緊潔生起，實爲得賞，至不重羊欣，欣亦憚之。
>
> 書法有力，恨少媚好。

觀上可知，所謂「骨力」與「緊媚」，實屬相對的概念，然而王氏又言「筆力恨弱」、「恨少媚好」，可知王氏對書法的審美標準，乃建立在一種「力」與「媚」的對立且統一的形象之上。所以，他在〈筆意贊〉的〈贊〉中便講到「骨豐肉潤，入妙通神。」

在了解王氏審美標準之後，有一點值得探討的即是有關「筆力」的問題。在王氏的書學思想中，沒有筆力，便沒有「骨力」，此正與題爲衛夫人作的《筆陣圖》之理念相同，其言：

之著述，只當作論說時的參考資料，並不增立單元以析之。至於袁昂的《古今書評》，因爲其對書法作品的形象批評方式，實乃魏晉六朝書評中的主要方式，故亦特立一單元以析論之。

善筆力者多骨，不善筆力者多肉。多骨微肉者謂之筋書，多肉微骨
謂之墨豬。多力豐筋者聖，無力無筋者病。(《佩文齋書畫譜》卷三)
而講到「筆力」，便是緊扣著書法藝術美之特點來說的，因為中國書法可稱之
為線的藝術，而線的縱橫變化，端賴毛筆書寫的特殊效果，若得其妙者，不
僅可以產生勁道與韻律，更能體現出創作者的生命情境。所以李澤厚《中國
美學史》第二卷便曰：

中國書法的線是具有運動感和立體感的線，當這樣一種抽象的線被
視為就像是人體，它應該有「骨」有「筋」，表現出生命運動的力量，
從而顯示出書法的美。而因了這樣的認識，遂使「骨」和「筋」成
了中國書法藝術創造中的根本。(頁 509)

若形神兼備，「以斯言之，豈易多得。」於是王僧虔在〈筆意贊〉中就論及，
「必使心忘於筆，手忘於書，心手遺情，書筆相忘，是謂求之不得，考之即
彰。」而這樣一種創作主體的精神境界，不禁讓我們想起《莊子·外篇·田
子方》中，那一個「解衣般礴」的畫家，因唯有如此，才能締造一個完整的
藝術實踐，如王僧虔〈書賦〉中所言的：

情憑虛而測有，思沿想而圖空。心經於則，目像其容，手以心麾，
毫以手從，風搖挺氣，妍熔嫵功。

如此方可達到書法上形神兼備的美學要求，如〈書賦〉所言的：

形綿靡而多態，氣陵厲其如芒。故其委貌也必妍，獻體也貴壯，迹
乘規而騁勢，志循檢而懷放。

二、袁昂的書論

　　袁昂是由齊入梁的人物，著有《古今書評》，此書並沒有在王僧虔之後，
復對書法中的形神思想作進一步的發揮，然而袁昂對書法的批評方式（形象
批評），卻是明顯受到魏晉人物品藻中「題目」方法的影響。以下則試擇其以
自然之形象來比擬書法風格與精神的例子，條列於下：

蕭子雲書如上林春花，遠近瞻望，無處不發。

崔子玉書，如危峰阻日，孤松一枝，有絕望之意。

師宜官書，如鵬羽未息，翩翩自逝。

韋誕書如龍威虎振，劍拔弩張。

　　索靖書如飄風忽舉，鷙鳥乍飛。

　　鍾繇書意氣密麗，若飛鴻戲海，舞鶴遊天，行間茂密，實易難過。

以上這種形象批評。就像熊秉明先生所說的：

　　這是從書法的物質形迹，揣摹到精神內容。又把這精神內容，作了

　　形象化的描寫。〔註30〕

可見形象批評的進路，其實就是一種「以形寫神」的方法的運用，而這在魏晉六朝是討論書法問題的主要方式。〔註31〕雖然唐孫過庭在其《書譜序》中曾批評說：「至於諸家勢評，多涉浮華，莫不外狀其形，內迷其理。」然而如果比方得當，此種形象批評，卻是很可以傳神達意的。

〔註30〕見熊秉明《中國書法理論體系》頁 14，谷風出版社。

〔註31〕六朝關於形象批評的運用，當然不只局限在書法的領域裡，如詩文等其他文藝，皆舉用不鮮。雖然形象批評有其主觀的曖昧性，但它因注重形象的概括性，具有一語道破，直達傳神的效果，所以一直是中國古典文藝批評的重要特徵之一。

第五章　結　論

綜合前面幾章的論述，可以歸納出以下幾個結論：

一、「形」與「神」，其義涵均因所屬範疇的不同，而有其不同的指涉。本篇論文關於形神問題的討論，主要乃以六朝美學中形神思想為論題的重點，但對於中國傳統哲學思想中的形神觀亦予論述。基本上，傳統哲學中對形神問題的討論，形乃指稱人的肉體，神則指與肉體相對的精神、心靈或靈魂而言。故從先秦的荀子，兩漢的司馬遷、桓譚、王充，以及六朝的慧遠、范縝，均有關於形神存滅的論述。而關於美學上（這裡意指與藝術精神有關的理論）的形神觀，則前有《莊子》、《淮南子》的美在神不在形的重神思想，故有以後六朝各藝術部門中講形神兼備而以傳神為主的形神觀。

二、六朝玄學家對於人格理想的建構，是建立在他們的玄學形神觀之上的。而這個時期的玄學家，普遍受到先秦老莊思想的影響而認為，人的精神是一種可以超越形軀而與天地之精神之道冥合的主體心靈。所以在六朝（尤其是正始時期），對所謂人格理想的建構，乃要求達到一種「不疾而速，不行而至」的「神」的境界。而這種「神」的境界，也就是超越於有限的「形」的一種「精神」上自由無限的境界。

三、關於人格理想的建構，其進路有二，一為作主體精神的修養，一為作「養生」的工夫以達到長生久視的境地。而前者所作的虛靜渾化的玄冥工夫，養生之義亦攝於其中，此為道家養生之本義。至於後者乃是落在自然生命上來說，較之於原始道家的養生，便已是第二義。但是不管是第一義，或是第二義的養生思想，均與論者本身所持的形神思想有密切關係。這便表現在論者對養形養神之二方在養生進程中的主從性的差別對待上。故以先秦莊

子來說，因其重神輕形的思想之影響，所以其言養生之道，主在養神，而神得其養，則形將自正。至於六朝的玄學家談養生，則多落於第二義上，因其既受當代玄學精神重神理的影響，亦頗雜有道士神仙之說的世俗觀念，故其論養生，則在理論上，「養形」與「養神」並重。如嵇康、葛洪者流。又，雖其所受之道家或道教的影響之深淺不一，以致著眼處有所不同，然其建構人格理想的終極目的，卻均指向一種精神自由無限的境界。

四、人物品鑑的進路，要在瞻形得神。因此受了人物品鑑之風盛行的影響，魏晉六朝的形神問題便受到普遍的重視。又，雖說人物內在普遍的情性可大致從客觀外在的形貌以徵知，但若究其細微玄妙處，則非常人可及，故有言不盡意的浩嘆，故曰：言意之辨起於人物品鑑。

五、不同時期的人物品鑑的觀人之法雖同屬瞻形得神，但若論其動機與目的則有所差異，我們若從《人物志》到《世說新語》來看，便可明顯看出人物品評從政治性到審美性的轉變。又，若更細論之，則在兩晉審美性的人物品鑑中，其雖大致依著「重神不重形」的方向前進，但人物品鑑的審美判斷，卻往往因著不同時期中玄學與精神的變遷，而表徵了不同的玄學情調。故以袁宏《名士傳》中所分的「正始名士」、「竹林名士」、「中朝名士」為例，便有三種不同風神的體現。其區分如下：甲、正始名士是以思辨之妙理，而顯其人物風神之美。乙、竹林名士是以性情之真率，而顯其人物風神之美。丙、元康及江左名士，則以生活情調的藝術化而顯其人物風神之美。

六、東晉顧愷之畫論中形神思想的產生與當時的玄學、人物品鑑和佛學中對形神問題的高度重視有很大的關係。顧愷之認為人物畫要能傳神始為上品，故提出「以形寫神」的命題。而繪畫的能夠傳神與否，其重點並非只在外貌的相似，故曰：「四體妍蚩，本無關於妙處，傳神寫照，正在阿堵中」。所以當畫家在描繪對象的時候，一定要從對象的有限形體中超越出來，而進一步掌握對象內在的抽象之神。這一條進路，便是「遷想妙得」，而唯有經過遷想妙得的工夫，才能完全實踐以形寫神的理想。又，在顧氏之後，於人物畫論中有所成就的，首推南齊謝赫的《古畫品錄》，而其六法之一的「氣韻生動」說更是影響深遠。而繪畫要求氣韻生動，基本上也即是要求傳神，但是謝赫的「氣韻說」卻要比顧愷之的「傳神說」更具體且豐富。

七、宗炳的〈畫山水序〉和王微的〈敘畫〉是我國正式山水畫論最早著作。兩者均認為山水畫的本質，乃在於「寫山水之神」。而這種為山水傳神的

思想，顯然受到顧愷之人物畫「傳神論」的影響。然而爲人物傳神易解，爲山水傳神，則須有個曲折。故宗炳言「山水以形媚道」、「山水質有而趣靈」。王微言「本乎形者融靈。」換句話說，山川之質雖是有，但卻蘊涵並體現了道之精神本體。而這裡的「道」，其性格則是莊學的。所以六朝人物對山水的賞美，便不再緊扣著道德來說，而是要以玄對山水。

參考書目

（一）經學類

1. 《十三經注疏》（學海堂本），藝文印書館。

（二）史學類

1. 《史記》，司馬遷撰，鼎文書局。
2. 《漢書》，班固撰，鼎文書局。
3. 《後漢書》，范曄撰，鼎文書局。
4. 《三國志》陳壽撰，鼎文書局。
5. 《魏書》，魏收撰，鼎文書局。
6. 《晉書》，房玄齡撰，鼎文書局。
7. 《南史》，李延壽撰，鼎文書局。
8. 《宋書》，沈約撰，鼎文書局。
9. 《南齊書》，蕭子顯撰，鼎文書局。
10. 《梁書》，姚思廉撰，鼎文書局。
11. 《陳書》，姚思廉撰，鼎文書局。
12. 《後漢紀》，袁宏撰（四庫全書本），商務印書館。

（三）子學類

1. 《老子注》，王弼注，樓宇烈校釋，華正書局。
2. 《老子周易王弼注校釋》，樓宇烈校釋，華正書局。
3. 《莊子集釋》，郭慶藩撰，華正書局。
4. 《荀子集解》，楊倞注，王先謙集解，世界書局。

5. 《韓非子集釋》，陳奇猷撰，華正書局。

6. 《列子集釋》，楊伯峻撰，華正書局。

7. 《淮南鴻烈集解》，劉安撰，利文典集解，文史哲出版社。

8. 《春秋繁露》，董仲舒撰，世界書局。

9. 《法言》，揚雄撰，中華書局。

10. 《新論》，桓譚撰，中華書局四部備要。

11. 《論衡校釋》，王充撰，黃暉校釋，商務印書館。

12. 《潛夫論箋》，王符撰，汪繼培箋，大立出版社。

13. 《人物志》，劉劭撰，金楓出版社。

14. 《抱朴子》，葛洪撰，中華書局。

15. 《顏氏家訓集解》，顏之推撰，王利器集解，明文書局。

16. 《弘明集》，僧祐撰，中華書局。

（四）哲學論著類

1. 《中國人性論史》，徐復觀撰，商務印書館。

2. 《兩漢思想史》，徐復觀撰，學生書局。

3. 《中國哲學原論》，唐君毅撰，學生書局。

4. 《才性與玄理》，牟宗三撰，學生書局。

5. 《歷史哲學》，牟宗三撰，學生書局。

6. 《道家與神仙》，周紹賢撰，中華書局。

7. 《周秦道論發微》，張舜徽撰，木鐸出版社。

8. 《漢魏兩晉南北朝佛教史》，湯用彤撰，駱駝出版社。

9. 《魏晉思想》，湯用彤等撰，里仁書局。

10. 《郭象與魏晉玄學》，湯一介撰，谷風出版社。

11. 《中國古代思想史論》，李澤厚撰，漢京出版社。

12. 《向郭莊學之研究》，林聰舜撰，文史哲出版社。

13. 《先秦道家與玄學佛學》，方穎嫻撰，學生書局。

14. 《桓譚研究》，董俊彥撰，文史哲出版社。

15. 《王符思想研究》，黃盛雄撰，文史哲出版社。

16. 《抱朴子內外篇思想析論》，林麗雪撰，學生書局。

17. 《漢魏六朝心理思想研究》，燕國材撰，谷風出版社。

（五）文學論著類

1. 《中國文學發展史》，劉大杰撰，華正書局。

2. 《中國文學批評史》，郭紹虞撰，文史哲出版社。

3. 《中國文學史》，葉慶炳撰，學生書局。

4. 《中國文學論集》，徐復觀撰，學生書局。

5. 《中國文學理論》，劉若愚撰，聯經出版社。

6. 《古典文學探索》，王夢鷗撰，正中書局。

7. 《莊子及其文學》，黃錦鋐撰，東大圖書。

8. 《六朝文論》，廖蔚卿撰，聯經出版社。

9. 《魏晉風氣與六朝文學》，朱義雲撰，文史哲出版社。

10. 《比興物色與情景交融》，蔡英俊撰，大安出版社。

（六）美學論著類

1. 《美學》，黑格爾撰，朱光潛譯，里仁書局。

2. 《藝術論》，托爾斯泰撰，耿濟之譯，遠流出版社。

3. 《美育書簡》，席勒撰，丹青出版社。

4. 《美學的面向》，馬庫色撰，南方出版社。

5. 《論藝術裡的精神》，康定斯基撰，丹青出版社。

6. 《森塔亞納美學箋註》，王濟昌撰，業強出版社。

7. 《西洋六大美學理念史》，劉文潭譯，聯經出版社。

8. 《文藝心理學》，朱光潛撰，漢京出版社。

9. 《美學再出發》，朱光潛撰，青出版社。

10. 《美學散步》，宗白華撰，洪範書局。

11. 《美學論集》，李澤厚撰，駱駝出版社。

12. 《美的歷程》，李澤厚撰，元山書局。

13. 《美學與藝術》，陳從周等撰，木鐸出版社。

14. 《現代美學》，劉文潭撰，商務印書館。

15. 《西方美學導論》，劉昌元撰，聯經出版社。

16. 《西洋美學與藝術批評》，劉文潭撰，環宇出版社。

17. 《美的範疇論》，姚一葦撰，開明書局。

18. 《藝術史與藝術批評》，郭繼生撰，書林出版社。

19. 《藝術魅力的探尋》，林興宅撰，谷風出版社。

20. 《美學與藝術詮釋》，丁履撰，復文出版社。

21. 《文學與美學》，龔鵬程撰，業強出版社。

22. 《藝術手記》，蔣勳撰，雄獅出版社。

23. 《美的沈思》，蔣勳撰，雄獅出版社。

24. 《藝術美與欣賞》，戚廷貴撰，丹青出版社。

25. 《中國美學史》，李澤厚、劉綱紀撰，谷風出版社。

26. 《中國美學史大綱》，葉朗撰，滄浪出版社。

27. 《中國美學思想史》，敏澤撰，齊魯書社。

28. 《中國美學史論集》，林同華撰，丹青出版社。

29. 《中國古代美學藝術論》，朱光潛等撰，木鐸出版社。

30. 《中國古代文藝美學範疇》，曾祖蔭撰，文津出版社。

31. 《古典文藝美學論稿》，張少康，淑馨出版社。

32. 《六朝美學》，袁濟喜撰，北京大學出版社。

33. 《山水與美學》，伍蠡甫撰，丹青出版社。

34. 《藝概》，劉熙載撰，華正書局。

35. 《談藝錄》，錢鍾書撰，書林書店。

36. 《中國藝術精神》，徐復觀撰，學生書局。

37. 《中國詩歌藝術研究》，袁行霈撰，五南出版社。

38. 《莊子藝術精神析論》，顏崑陽撰，華正書局。

39. 《莊子思想及其藝術精神之研究》，鄭峰明撰，文史哲出版社。

（七）美術類

1. 《畫苑》，王世貞撰（四庫全書本），商務印書館。

2. 《佩文齋書畫譜》，清、康熙敕編，新興書局。

3. 《畫繼》，鄧椿撰（四庫全書本），商務印書館。

4. 《歷代名畫記》，張彥遠撰，廣文書局。

5. 《中國美術史》，張光福撰，華正書局。

6. 《中國美術史論集》，金維諾撰，明文書局。

7. 《中國美術史略》，閻麗川撰，丹青出版社。

8. 《潘天壽美術文集》，潘天壽撰，丹青出版社。

9. 《豐子愷論藝術》，豐子愷撰，丹青出版社。

10. 《古美術論集》，黃苗子撰，丹青出版社。

11. 《中國古典繪畫美學》，郭因撰，丹青出版社。

12. 《中國繪畫理論》，傅抱石撰，里仁書局。

13. 《六朝畫論研究》，陳傳席撰，學生書局。

14. 《中國書畫論集》，黃賓虹等撰，華正書局。

（八）書法類

1. 《法書要錄》，張彥遠撰，藝文印書館。
2. 《書苑菁華》，陳思撰（四庫全書本），商務印書館。
3. 《藝舟雙輯疏證》，包世臣撰，祝嘉疏證，華正書局。
4. 《廣藝舟雙輯疏證》，康有爲撰，祝嘉疏證，華正書局。
5. 《孫過庭書譜箋證》，孫過庭撰，朱建新箋證，華正書局。
6. 《書學格言疏證》，祝嘉疏證，木鐸出版社。
7. 《書學史》，祝嘉撰，文史哲出版社。
8. 《中國書法簡論》，潘伯鷹撰，華正書局。
9. 《書法論叢》，沈尹默撰，華正書局。
10. 《書法美學談》，金華智撰，華正書局。
11. 《中國書法理論體系》，熊秉明撰，谷風出版社。

（九）論文期刊類

1. 〈六朝形神思想與審美觀念〉，周靜佳撰，臺大碩士論文。
2. 〈六朝神滅不滅問題之論爭〉，張振華撰，臺大碩士論文。
3. 〈六朝「緣情」觀念研究〉，陳昌明撰，臺大碩士論文。
4. 〈王羲之書體析論〉，楊雅惠撰，師大碩士論文。
5. 〈論六朝巧構形似之言〉，王文進撰，師大碩士論文。
6. 〈六朝詩評中的形象批評〉，廖棟樑撰，輔大碩士論文。
7. 〈魏晉清談名士之類型及談風之盛況〉，林麗眞撰，《書目季刊》一七卷 3 期。
8. 〈從世說新語看魏晉清談論辨的主題〉，林麗眞撰，《書目季刊》一〇卷 4 期。
9. 〈莊子「道」的意義之解析〉，陳鼓應撰，《大陸雜誌》四三卷 3 期。
10. 〈晉末宋初的山水詩與山水畫〉，廖蔚卿撰，《大陸雜誌》四卷 4 期。
11. 〈中國畫與物之形象〉，程曦撰，《大陸雜誌》一二卷 12 期。
12. 〈中國繪畫的寫實精神〉，莊申撰，《大陸雜誌》一七卷 4 期。
13. 〈南齊謝赫「六法」淺釋〉，李霖燦撰，《大陸雜誌》三八卷 1 期。
14. 〈支道林在玄學興盛時代的地位〉，劉果宗撰，《中華文化復興月刊》五卷 7 期。
15. 〈神思與想像〉，張淑香撰，《中華文化復興月刊》八卷 8 期。
16. 〈書法之藝術性質〉，王壯爲撰，《中華文化復興月刊》二卷 8 期。

17. 〈魏晉南北朝的繪畫與美學思想〉，袁德星撰，《中華文化復興月刊》五卷 4 期。

18. 〈晉室南遷與山水畫的崛起〉，王禮溥撰，《中華文化復興月刊》七卷 2 期。

19. 〈無言獨化：道家美學論要〉，葉維廉撰，《中外文學》八卷 5 期。

20. 〈試論文學與其他藝術的關係〉，張靜二撰，《中外文學》一六卷 12 期。

21. 〈由宗炳山水畫之「暢神」談司空圖《詩品》的評鑑特色〉，鄭毓瑜撰，《中外文學》一六卷 12 期。

22. 〈談國畫的六法〉，呂子文撰，《文藝復興》153 期。

23. 〈中國畫論之形成〉，田曼詩撰，《文藝復興》109 期。

24. 〈中國繪畫美學的研究〉，李沛撰，《文藝復興》134 期。

25. 〈中國山水畫與老莊思想〉，陳明玉撰，《文史哲學報》26 期。

26. 〈魏晉南北朝之清談〉，林瑞翰撰，《文史哲學報》36 期。

27. 〈世說新語別解——容止篇〉，張蓓蓓撰，《文史哲學報》37 期。

28. 〈世說新語別解——任誕篇〉，張蓓蓓撰，《文史哲學報》38 期。

29. 〈文心雕龍的辭氣論——兼論辭氣品鑑與人物品鑑的關係〉，鄭毓瑜撰，《臺大中文學報》1 期。

30. 〈嵇康養生思想之研究〉，李豐楙撰，《靜宜學報》2 期。

（十）其　他

1. 《文心雕龍注釋》，劉勰撰，周振甫注，里仁書局。

2. 《世說新語校箋》，劉義慶撰，徐震堮校箋，文史哲出版社。

3. 《全上古兩漢三國六朝文》，嚴可均輯，世界書局。

4. 《管錐編》，錢鍾書撰，北京，中華書局。

5. 《詩品注》，鍾嶸撰，汪中注，正中書局。